作者自序

風情萬種！
大馬多元文化魅力

在大馬可以深深體會到多元文化的完美融會！在這裏可以感受馬來人、華人和印度人的傳統民族風情，還有獨特的峇峇娘惹文化。

作者簡介

屠慧珊 Scarlett To
Email：
unbelsorrisodallitalia@gmail.com
FB專頁：
Scarlett To 旅遊玩樂誌
www.facebook.com/
unbelsorrisodallitalia
YouTube：
Scarlett To 旅遊玩樂誌
www.youtube.com/c/ScarlettTo
IG：
@scarlett_to
@scarlett_to_foodie

喜歡旅行、喜歡攝影、喜歡美食！有幸踏上「旅行叢書作者」的這一條路，全因一次悠長的意大利旅居生活。期間於各大社交平台和媒體，分享旅行照片、小眾遊記、地道體驗和旅遊資訊，經常幻想「旅行」可以變成一份工作。

首都吉隆坡擁有迷人的都市魅力，有眾多令人嘆為觀止的摩天大廈，走出時尚購物中心，轉入大街小巷，亦能體現到老吉隆坡的舊城韻味。於繁華夜市或老式檔口品嚐地道美食，更是遊客們必會做的事情。

被列入為世界文化遺產的檳城和馬六甲，古城中心保留了昔日繁華的氛圍，滿街都是老房子和充滿人情味的老店，彷彿步入了時光隧道般，回到那些年代。

不得不提還有渡假天堂浮羅交怡，以及翠綠宜人的金馬崙高原，如此多樣化的馬來西亞，永遠綻放著攝人的魅力！

馬來西亞 [contents]

「地圖碼」使用方法：
每個景點後面附有地圖碼，前半部分是該景點所在地圖的頁數；後半部分則是其位置的座標。

MAP: P.181 B2
地圖頁數 —— 地圖座標

提 提 你

* 馬來西亞許多景點門票都會分為國民票價和非國民票價，此書所列出的門票價格一概為非國民價（Non Malaysian）。

浮羅交怡

馬六甲

怡保

金馬崙高原

新山

* 本書所列價錢，除特別標明，均為馬幣（RM），現時港元兌換馬幣匯率約為 1.67，即 RM$100=HK$167，僅供參考。

吉隆坡

■ 鬼仔巷 (Kwai Chai Hong)

　　走進巷內，就像回到了60年代吉隆坡的唐人街！一班當地藝術家在小巷裡畫滿了懷舊又寫實的壁畫，重塑上年代街頭巷尾的生活面貌，讓當地人紛紛前來尋找記憶，也讓遊客們體會當地的昔日情懷。

詳細介紹：P.063

大馬人氣新焦點！

檳城

■ 食物狂想館 (Wonder Food Museum)

　　想跟巨大化大馬美食瘋狂打卡？在檳城就有一間十分有趣又可長知識的美食博物館。館裡透過大大小小的美食模型去介紹當地飲食文化，以及世界各地料理的冷知識，讓人盡情打卡之餘，也可增廣見聞。

詳細介紹 P.128-129

▌雲頂天城世界主題樂園
(Genting SkyWorlds Theme Park)

雲頂高原

建在海拔1千8百公尺的雲頂高原上，經過了近10年的大翻身，終於在2022年重新開幕！整個主題樂園佔地26英畝，在9個主題區裡設了20多項刺激好玩的遊樂設施，屬遊覽雲頂的一大亮點！

詳細介紹：P.098-101

▌布特拉清真寺
(Masjid Putra)

布城

被稱為「太子城」的布城，是馬來西亞政府的行政中心。這裡除了是著名的新興城市，其粉紅清真寺更被稱為全國最夢幻的清真寺之一！整座建築優雅亮麗，內在的粉色穹頂更是焦點所在，吸引不少遊客特意造訪。

詳細介紹：P.116

■莎羅馬行人天橋 吉隆坡
(Pintasan Saloma)

於2020年啟用後，隨即成為當地打卡熱點！橋樑共安裝了4千多顆LED燈泡，每當夜幕降臨，橋身會亮起閃耀變幻的光芒，燃亮夜空，令吉隆坡的夜色更添璀璨。

 詳細介紹：P.036

 槟城

■鬼怪博物館
(Ghost Museum Penang)

以來自世界各地的鬼怪為主題，設置了多個令人毛骨悚然的佈置場景，逼真度高，令人心驚膽跳又興奮！館內還提供一些拍照用的服裝和道具，讓遊客可以化身道士斬妖除魔，也可扮成駭人的殭屍，絕對是另類打卡的好去處。

詳細介紹：P.132-133

■ 生命之河 吉隆坡
(River of Life)

令人嘆為觀止的河流修復工程！河水過濾後瞬間化成水霧從岸邊噴灑出來，配合藍光營造出仙氣十足的迷霧秘境，更被英國《獨立報》評選為世上10大最美河岸。

詳細介紹：P.075

檳城

■ 彩虹天空步道
(Rainbow Skywalk)

位於光大廣場頂部The TOP Penang的觀景台裡，建有一個令人腿軟的空中圓弧玻璃步道！踏上透明玻璃走一圈，眼前和腳下盡是城市美景！夜景更是浪漫迷人。

詳細介紹：P.134-135

必吃大馬地道美食

■ 肉骨茶 (Bak Kut Teh)

推介
錫米才瓦煲胡椒肉骨茶
（詳細介紹見P.088）

分為潮州及福建兩大派別，馬來西亞的肉骨茶多數為福建派，湯頭顏色較深，並加入中藥材、豬肉、豬骨及香料等材料熬製而成，帶有香濃的藥材味。

■ 燒雞翼

阿羅街夜市最具代表性的小食，外皮金黃香脆，肉質嫩滑，更是一眾港台明星的必食之選。

推介
黃亞華燒雞翼
（詳細介紹見P.049）

必吃 大馬地道美食！

推介
Madam Kwan's
（詳細介紹見P.035）

■ 椰漿飯 (Nasi Lemak)

譯音「辣死你阿媽」，以椰漿及斑蘭葉混入米飯煮熟，以增加香味。配上咖喱雞、雞蛋、花生碎、小鳳尾魚、青瓜切片等配料拌食，啖啖香濃椰汁味。

推介
阿羅街夜市
（詳細介紹見P.048）

■ 沙嗲串燒

夜市最常見的小食，用炭火烤熟，再蘸上沙嗲醬，配以青瓜、洋蔥佐食。通常有雞肉及牛肉選擇，一般最少需購買8至10串。

推介
唐人街勝記
（詳細介紹見P.072）

■ 老鼠粉

因其麵身較短像老鼠的尾巴而得名。以瓦煲煮熟，最後加入蔥花、肉碎及生雞蛋等配料拌食。

推介
Wild Coriander
（詳細介紹見P.225）

推介
大寶小食
（詳細介紹見P.220）

必吃大馬地道美食

巴東牛肉伴藍花飯 (Beef Rendang)

充滿娘惹風味的菜式，牛肉濃郁入味，在這間餐廳還可一次過品嚐椰漿飯、香米白飯、薑黃糯米飯和藍蝶花飯。

海南雞飯粒

特色在於飯粒以人手搓成球狀，以方便進食，入口帶有雞油香味，形成獨特風味。再配合肉質嫩滑的白切雞一起拌食，一流！

峇峇叻沙（前）、娘惹酸叻沙（後）

峇峇叻沙較重沙嗲味；娘惹酸叻沙則味道較辣，兩者均附有豆卜、蝦肉、青瓜及炸物等配料。

珍多冰

軟綿刨冰加入糖水及色素糖漿，底部有涼粉及紅豆等配料，味道略甜。

龍井擂茶湯飯

以茶入饌，混有豆角、松子、紅蘿蔔等配料，再加入擂茶拌飯，口感清新。

白咖啡

當地著名飲品，由於炒咖啡豆時不會加糖，故顏色較淺。入口香滑，味道較甜。

推介
Madam Kwan's
（詳細介紹見P.035）

推介
紫藤茶館
（詳細介紹見P.244）

推介
南香茶餐室
（詳細介紹見P.245）

推介
馳名文冬口芽菜雞（老字號）
（詳細介紹見P.242）

■ 芽菜雞

兩道菜式分開上，但當地人通常會一次過點齊兩款菜式。芽菜以天然地下泉水種植，故口感爽脆；雞肉非常嫩滑，充滿雞味。

■ 雞湯沙河粉

以雞湯作為湯底，河粉非常滑溜。通常會配以芽菜雞一起食用。

推介
馳名文冬口芽菜雞（老字號）
（詳細介紹見P.242）

■ 豆漿&豆花

不含石膏，標榜健康食品，豆花嫩滑香甜，豆漿清甜。

推介
黎記豆奶豆腐花連鎖店
（詳細介紹見P.246）

推介
新關仔角夜市
（詳細介紹見P.166）

■ 炒粿條 (Char Kuey Teow)

隨處可吃到的名物。又稱「炒貴刁」，以豬油猛火快炒粿條，加入雞蛋、蝦仁、魚餅、豆芽、黑醬油、豬油渣等配料將其炒香，非常香口。

推介
新關仔角夜市
（詳細介紹見P.167）

■ 亞參叻沙 (Asam Laksa)

以鮮魚熬製的湯頭，加入薄荷葉、洋蔥、香茅、辣椒、黃瓜、亞參醬及去骨馬鮫魚等配料。吃前可加入蝦膏，味道酸酸甜甜，很開胃。

推介
新關仔角夜市
（詳細介紹見P.167）

■ 囉吔 Rojak

以當地水果為主要材料，如菠蘿、青瓜、沙葛等，拌上蝦醬及花生碎佐食，口感清爽，味道酸酸甜甜的。

推介
Sri Ananda Bahwan Restaurant
（詳細介紹見P.151）

■ 印度拉茶
(Teh Tarik)

　　起源於馬來西亞居住的印度人，將茶放於兩個杯子重複拉來拉去，拉出甜味與幼滑口感，味道與港式奶茶相近。

■ 印度薄餅
(Roti Canai)

　　炸至金黃色的酥脆薄餅，可蘸上各款醬汁拌食。

推介
Sri Ananda Bahwan Restaurant
（詳細介紹見P.151）

推介
柔佛再也夜市美食街
（詳細介紹見P.294）

■ 烏達烏達
(Otak Otak)

　　夜市常見小食。將魚肉攪碎，加入少許辣椒、黃薑及椰汁等香料，最後以蕉葉包裹烤熟，口感軟腍。

推介
檳城律馳名潮州煎蕊
（詳細介紹見P.153）

■ 煎蕊

　　混合黑糖、椰奶、綠色煎蕊及紅豆的刨冰，鹹鹹甜甜的味道，入口冰涼，非常消暑。

提提你
煎蕊由大馬盛產的斑蘭葉提煉而成，帶有淡淡的芋頭香，為當地的常見食材。

推介
新關仔角夜市
（詳細介紹見P.167）

■ 莫莫查查
(Bubur Cha Cha)

　　加入椰汁、紅豆、彩色啫喱、芋頭等多種配料於軟綿刨冰拌食。

推介
華美茶餐室
（詳細介紹見P.288）

■ 咖央多士

　　抹上咖央醬的多士口感香脆，咖央帶有香濃椰香。

馬來榴槤小介紹

榴槤是馬來西亞水果之王,特點是從樹上熟,自己掉下來後才供應市場!品種超過2百個!而每年5月至9月都是大馬榴槤當造的季節。

編號解碼

大部分馬來榴槤都會以英文字母「D」再加數字作其編號,是按照在當地農業部註冊時的先後次序而得的號碼,就如:貓山王是D197,而黑刺是D200。

名字解碼

不同品種的馬來榴槤都有自己的名字,大部分都是果農因應其品種的味道和特點而自行命名的。

榴槤迷召集!
在地品嚐新鮮果王

8 大榴槤品種

名氣最響

D197　貓山王 Musang King	
當造期	6 月初至 8 月初
果肉色澤	黃姜色

特點 底部一般有容易辨識的五角星標誌,有些甚至是六角星。肉厚核小,味道濃郁有奶油香,回味甘甜。

最高級別

D200　黑刺 Black Thorn	
當造期	7 月底至 8 月初
果肉色澤	橙黃

特點 來自檳城的「樹上黃金」,因外殼遍布帶有黑點的細刺而得名。口感如奶油般滑順,入口甜美,尾調偏苦回甘,層次豐富。產量極低,價格高,是大馬最名貴的榴槤。

帶酒香

D24　XO／山頂XO

當造期	8月初至9月中
果肉色澤	淡黃色

特點　是D24蘇丹王的亞種。口感綿密，甜味適中，味道像白蘭地帶點甘苦酒香，因而得名。特點是果核比較大。產量多，價格親民。

D160　竹腳
Tekka

當造期	7月至8月
果肉色澤	淡黃色略帶綠色

特點　打開後，果殼中間會有一排「小黃牙」。入口味道較淡，微苦帶甜有回甘。產量較少。

D163　葫蘆
Horlor

當造期	6月初至7月尾
果肉色澤	金黃色

特點　一般體型較大，因外表像葫蘆而得名。曾於1988年榴槤比賽中勝出而聲名大噪。果肉厚實，口感綿密，味道清香，略微帶苦。

D198　金鳳凰
PuangManee

當造期	6月初至7月
果肉色澤	黃金奶白

特點　體型較小，核扁肉厚。口感幼滑，吃起來苦中帶甜有餘韻。

CP值高

D175　紅蝦
Red Prawn

當造期	6月至8月
果肉色澤	橙紅色

特點　主要來自檳城。肉質細滑甜香，奶油味濃。價格大眾化。

初嚐之選

D13　金包
Golden Bun

當造期	6月中至7月中
果肉色澤	深橙色

特點　主要來自柔佛。果肉柔軟，甜味較重，榴槤氣味不太濃，易入口，適合喜歡甜味和初嚐榴槤的朋友。

Tips
不可外帶榴槤到酒店，也不可攜帶榴槤上巴士或公共交通。

榴槤迷召集

在地品嚐大馬榴槤

吉隆坡

詳細介紹見：P.057

■ 榴槤BB四季果園

在市中心裡的榴槤專賣店，除了提供即開榴槤，還特意供應榴槤拼盤，讓人可一次過品嚐多款時令榴槤。店裡還有售賣一系列自家品牌的榴槤精品和小食。

詳細介紹見：P.091

■ 榴槤鮮生

在SS2榴槤市場裡的大型榴槤專賣店，多個品種的榴槤每天從農場直運，設有舒適闊大用餐區，除了即開即食各款榴槤，也販賣許多榴槤製品。

詳細介紹見：P.090

■ 帝一榴－榴槤開心坊

著名大馬榴槤品牌帝一榴於SS2榴槤市場裡的專賣店，提供多款當造即開榴槤，設有舒適亮麗用餐區，以及多個榴槤打卡位，可以邊食邊打卡。

必吃 肉骨茶名店！

提提你

肉骨茶小知識

　　源於馬來西亞巴生的地道美食，當地人稱為「Bak Kut Teh」（福建閩南話），雖叫茶，但其實不含茶葉成份。是以豬肉、豬骨配合藥材及香料熬成湯，再加上枸杞、玉竹、黨參、桂皮、熟地、當歸、大蒜、茴香、甘草、川芎、胡椒、丁香、八角、桂香等藥材烹調而成。具有祛濕、補氣、補血、活血等多種食療功效。除了排骨，肉骨茶店亦會提供豬的不同部位及配菜選擇，例如三層肉、豬腳、豬腸、豆卜及金針菇等。

起源

　　有多個不同說法，當中最廣泛流傳的是昔日遠渡南洋馬拉謀生的華人，都以勞力賺取生活費，例如在碼頭做苦力及採錫礦當礦工等。為補充體力及適應熱帶潮濕氣候，於是將便宜又常見的藥材，與豬肉豬骨熬製成湯料拌飯吃，既能驅寒，同時又營養豐富。現時主要分為兩大派別：新加坡的潮州派及馬來西亞的福建派，前者主要以胡椒調味，味道清甜微辣；後者則以豉油調味，帶有香濃的藥材味。

一般吃法

　　通常拌白飯或以油條蘸湯吃，店家亦會提供醬油、蒜蓉、辣椒等配料，食客可因應個人喜好調配醬汁，用作蘸排骨拌食。最後，可再點一壺中式濃茶，以清走油膩感。吃完肉骨茶的配料，大部分茶店都可以免費加添湯頭，故非常抵吃。

▌華美肉骨茶

位於新山的老字號肉骨茶店！為求食客可品嚐傳統風味，店家堅持使用炭火去烹調，入口味道香濃，香氣四溢。

詳細介紹：P.293

▌陶陶居肉骨茶

店家以全馬首創和唯一的燉盅藥材肉骨茶而闖出名堂，每天慢火燉煮三小時且限量供應，帶有濃郁藥材香。

詳細介紹：P.088

▌寶香綁線
　肉骨茶

首間進駐購物商場的肉骨茶品牌連鎖店，豬肉以傳統古法綁線方法熬製，並有多個不同部位可供選擇。

詳細介紹：P.046

▌新峰肉骨茶

在當地極具名氣的大型肉骨茶店，曾當選《光明日報》「全國20佳肉骨茶」，日賣過百鍋肉骨茶。

詳細介紹：P.051

▌水晶肉骨茶

前身為新山著名老店「木清肉骨茶」，由資深員工接手後易名重開，同樣以炭爐烹調肉骨茶，確保原汁原味。

詳細介紹：P.293

▌錫米才瓦煲
　胡椒肉骨茶

首創味道微辣的胡椒肉骨茶，富有濃郁胡椒香，曾獲當地《光明日報》「全馬20佳肉骨茶」殊榮。

詳細介紹：P.088

▌旭日肉骨茶

超過30年歷史的老字號，屬傳統福建派風格的肉骨茶，用以18種珍貴藥材熬足12小時而成，火候十足。

詳細介紹：P.060

▌阿喜肉骨茶

同樣擁有超過30年歷史，在2023年第一版《吉隆坡檳城米芝蓮指南》中獲得必比登推介。

詳細介紹：P.060

必吃肉骨茶名店

吉隆坡

馬六甲

售賣點：
各大超市、Beryl's專門店
詳細介紹見
P.047

Beryl's Chocolate

馬來西亞著名朱古力品牌，特色口味眾多，包括有Tiramisu、榴槤、士多啤梨等等。

售賣點：
各大超市、土產店
詳細介紹見
P.107；218

粿加蕉DoDol

用椰糖造的傳統馬六甲糕點，帶有濃郁椰香味，口感軟糯清甜。另有榴槤及斑蘭口味。

必買大馬手信！

MyKuali檳城白咖喱麵

被美國知名即食麵達人Hand Lienesch的網站「The Remen Rater」，評為2014年「全球10大即食麵」的第一名，麵質彈牙，湯汁帶有香濃咖喱味。

檳城

售賣點：
各大超市及士多

售賣點：
各大超市及士多

MyKuali檳城福建蝦麵

採用天然蝦醬製成的蝦麵，附有辣椒醬及炸油蔥，能提升味道的層次，麵條更富有彈性！

檳城

淡汶餅

又稱豆沙餅，是檳城傳統酥餅，一咬下去滿口酥脆，綠豆餡甜中帶鹹。

詳細介紹見
P.154、156、157、161

詳細介紹見
P.157

鹹切酥

以胡椒及南乳調味，味道鹹香，口感鬆脆。

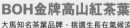

詳細介紹見
P.261

BOH金牌高山紅茶葉

大馬知名茶葉品牌，挑選生長在氣候涼爽的金馬崙高原的優質茶葉，茶味香濃。

金馬崙高原

水果茶包

帶有香濃茶香，更含有多款水果清香，包括檸檬、士多啤梨、香橙等口味。

詳細介紹見
P.262

馬六甲

售賣點：
各大超市、士多及
Mamee Jonker House有售
詳細介紹見
P.222

媽咪咖喱叻沙杯麵

無數港人的童年回憶小食，其實原產於馬六甲。內有豆卜及肉乾等多種配料，麵質爽滑，味道香辣。

肉骨茶湯包

混合藥材及多款香料，只要自行加入豬肉及豬骨熬煮即可。

售賣點：
各大超市、土產店

詳細介紹見
P.200

手工海參皂
Gamat Soap

Gamat於大馬是指海參，大馬傳統可治療各種疾病。適用於敏感皮膚及曬傷等問題，具有滋潤皮膚的功效。

浮羅交怡

馬六甲

榴槤果醬

榴槤控必買！味道香濃，質感細滑，充滿天然榴槤果香，可以用來塗多士吃。

售賣點：
三叔公
詳細介紹見
P.218

荳蔻膏

用天然荳蔻子提煉而成，有效對付蚊叮蟲咬，含有止癢消腫、驅風等功效。

售賣點：
各大超市及士多有售
詳細介紹見
P.219

馬六甲

雲頂高原 雲頂天城世界主題樂園

Genting SkyWorlds Theme Park

於2022年重新開幕！除了有刺激的機動遊戲，也有老少咸宜的玩樂設施。必玩推薦有：加入了4D科幻特效的「獨立日：絕地反擊」和懸掛式滑翔機「森巴滑翔」！於APP內還新增了免費虛擬排隊功能，不用等候即可大玩特玩。

詳細介紹：P.098-101

馬來西亞人氣樂園！

雲頂高原 天城室內遊樂園

Skytropolis Indoor Theme Park

充滿歡樂氣氛的室內主題公園！內裡共有20多款適合不同年齡層的遊樂設施，包括刺激度滿分的室內過山車和經典可愛的摩天輪。整個樂園滿佈五光十色的霓虹燈，奪目繽紛，是親子玩樂好去處。

詳細介紹：P.102-103

新山 樂高樂園

LEGOLAND Malaysia

座落靠近新加坡邊境的新山，佔地廣達76公頃，劃分為8大主題園區，其中最受歡迎的有「Star Wars Miniland」，吸引一眾星戰粉絲慕名朝聖。旁邊更有亞洲首個Lego水上樂園！

詳細介紹：P.274-283

雙威 ● 雙威水上樂園
Sunway Lagoon

是大馬首屈一指的主題樂園！距離吉隆坡市中心僅約25公里，園區裡除了有水上玩樂設施，也有機動遊戲、動物園和挑戰膽量的極限活動，配合周邊大型購物中心和多間酒店，很適合前來玩盡一整天。

詳細介紹：P.108-111

檳城 ● 逃生冒險主題樂園
ESCAPE

共有30多個冒險玩樂設施，包括各類攀爬、滑索、繩索和水上滑梯，其中亮點絕對是全球最長滑水道「The Longest」，總長1111公尺，獲得了健力士世界紀錄認證，滑完全程需時4分鐘！

詳細介紹：P.178-179

怡保 ● 打捫雙威水上迷失樂園
Lost World of Tambun

藏身在大自然石岩景觀之中，擁有8大園區，玩樂設施包括水上樂園、機動遊戲、動物園、錫礦樂園、歷奇活動等，於晚間整個樂園更會搖身一變成為了夢幻的溫泉世界！是放鬆心身的好地方。

詳細介紹：P.252-255

阿羅街夜市

詳細介紹：P.048-049

屬吉隆坡最具名氣的夜市，每天由傍晚至凌晨營業，大街兩旁開滿美食攤檔和馳名食店，其中黃亞華燒雞翼和明記燒魚地道又惹味，自多年前起已被眾多吉隆坡遊客列入了必吃清單。

大馬
人氣夜市特集！

吉隆坡周邊

SS2夜市

每逢週一傍晚開始，於吉隆坡周邊的八打靈再也SS2街區會舉行大型夜市，販售多款人氣街頭美食，而附近更是當地著名的榴槤集散地，吸引不少遊客前來品嚐即開榴槤，然後再掃街吃貨。

詳細介紹：P.091

檳城

新關仔角夜市

屬檳城最著名的夜市，距離喬治市市中心僅15分鐘車程，設有超過百個地道美食攤檔，除了有馬拉和華人美食外，還有印度小吃攤檔。天天營業，每晚都擠滿來吃貨的本地人和遊客，十分熱鬧！

詳細介紹：P.166-167

馬六甲

雞場街文化坊夜市

　　每逢週五至週日的傍晚至午夜，整條雞場街搖身一變成為熱鬧的夜市！從街頭至街尾開滿地道小攤檔，售賣各式街頭小吃和土產，除了是當地居民週末的休閒聖地，也吸引了許多遊客前去掃街湊熱鬧。

詳細介紹：P.217

新山

柔佛再也夜市美食街

　　週二平民美食聖地！於距離新山市中心約15公里外的柔佛再也，每逢週二設有很具人氣的夜市，整條美食街長達600米，開滿了各式各樣的小食攤檔，選擇甚多且價錢相宜，是遊客們體驗街頭風味的好地方！

詳細介紹：P.294-295

檳城

新金山飲食中心

　　營業至晚上約23:00的飲食中心，有20多年歷史，位置就在喬治市市中心，十分便利！裡面開滿了多間美食攤檔，包括炒粿條、咖喱魚頭、福建蝦麵等，地道又有風味。

詳細介紹：P.162-163

建議行程路線！

吉隆坡 雲頂高原 布城
5天精華遊！

雲頂高原
Genting
Highlands

黑風洞
●Batu Caves

吉隆坡
Kuala Lumpur

布城
Putrajaya

吉隆坡　峇都丁宜
布城　喬治市
雲頂高原　升旗山

Day 1
香港/台北✈吉隆坡

多元文化的傳承－吉隆坡 Kuala Lumpur

住宿：吉隆坡
　　登上吉隆坡塔，在觀景台和玻璃之盒欣賞城中景色。之後前往經典地標雙子塔逛逛打卡和享用晚餐，再到莎羅馬行人天橋和生命之河欣賞夜色。

吉隆坡 Day 2

住宿：吉隆坡
　　早上乘車前往黑風洞參觀。中午到茨廠街一帶體會唐人街的熱鬧，然後到訪風韻十足的鬼仔巷並在附近吃地道午餐，午後到中央藝術坊尋找特色紀念品，晚上到阿羅街夜市享受街頭美味。

印度教朝聖地－黑風洞Batu Caves

Day 3
吉隆坡－布城－吉隆坡

住宿：吉隆坡
　　早餐後乘車前往布城作一天悠閒之旅！到訪粉紅清真寺和鐵清真寺2大著名回教堂，然後乘坐遊船遊覽布城湖。傍晚乘車回到吉隆坡，前往SS2榴槤市場品嚐即開榴槤。

大馬行政首府－布城 Putrajaya

雲中的娛樂城－雲頂高原Genting Highlands

Day 4
吉隆坡－雲頂高原－吉隆坡

住宿：吉隆坡
　　乘車前往雲頂作一天遊！坐纜車登上高原玩盡主題樂園，傍晚再到雲頂Outlet盡情購物，之後乘車回去吉隆坡。

Day 5
吉隆坡✈香港/台北

　　到地道肉骨茶店吃早午餐，再前往武吉免登附近和柏威年廣場逛街購物。下午準備前往機場回程。

檳城 浮羅交怡
6天慢活遊！

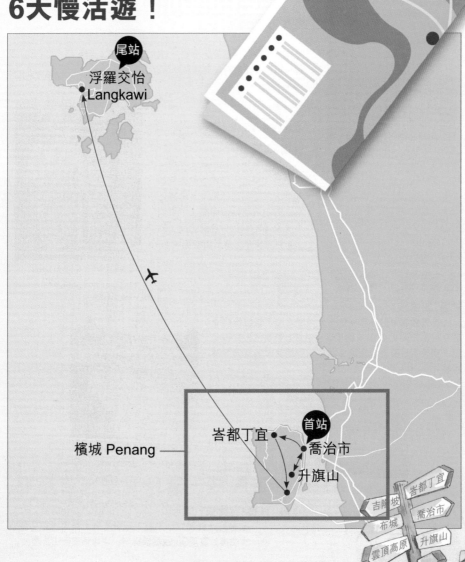

尾站
浮羅交怡
Langkawi

檳城 Penang

峇都丁宜

首站
喬治市

升旗山

峇都丁宜
吉隆坡
喬治市
布城
雲頂高原
升旗山

世界文化遺產－喬治市 George Town

Day 1

香港/台北✈檳城喬治市

住宿：喬治市

在喬治市到訪很具檳城韻味的僑生博物館和張弼士故居，再到打卡一流的食物狂想館參觀，漫遊壁畫街，晚上前往新關仔角夜市享用當地美食。

檳城喬治市－升旗山 *Day 2*

住宿：喬治市

從喬治市乘車前往極樂寺參觀，然後乘坐纜車登上升旗山，在生態公園熱帶雨林中漫步，再到森林咖啡廳用餐。午後回到喬治市，到訪鬼怪博物館玩玩打卡，日落前登上THE TOP，在觀景玻璃步道欣賞日夜景色。

檳城最高點－升旗山 Penang Hill

Day 3

檳城喬治市－峇都丁宜

住宿：峇都丁宜

早上乘車前往逃生冒險主題樂園和蝴蝶園，玩一整天後住在峇都丁宜沙灘區，在大自然中享受休閒美好時光。

大馬渡假免稅天堂-浮羅交怡 Langkawi

檳城✈浮羅交怡 *Day 4*

住宿：浮羅交怡

從檳城坐飛機飛往浮羅交怡，下午到訪海底世界和手工藝中心，晚上在海鮮餐廳或沙灘區用餐。

Day 5 浮羅交怡

住宿：浮羅交怡

參加半天團乘船到紅樹林探險，或是參加一天跳島遊，暢玩水上活動。晚上到夜市逛逛。

浮羅交怡✈香港/台北 *Day 6*

早上遊覽東方村，乘坐浮羅交怡纜車登上山頂飽覽風景，或到瓜鎮神鷹廣場附近逛逛，下午前往機場準備回程。

多元大都會
吉隆坡(Kuala Lumpur)

　　馬來西亞首都，位於大馬半島的西岸，面積達243平方公里，集合政治、經濟及文化於一身的大都會。馬來語名字Kuala Lumpur，前者解作河口、後者是淤泥，意指泥濘的河口，因最早建城於鵝麥河及巴生河的交匯處而得名，當地人通常簡稱為「KL」。吉隆坡以大馬人、華人及印度人三族為主要族裔，糅合多種族文化的特色，體現不同面貌的風土人情。

吉隆坡實用資料

前往吉隆坡交通

吉隆坡國際機場（Kuala Lumpur International Airport）位於吉隆坡以南約50公里的雪邦，1998年啟用，1號航廈 KLIA主要負責國際航班，而於2014年投入服務的2號航廈 klia2則是廉價航空及內陸航班的大本營。機場有提供免費接駁巴士來往KLIA和klia2。

機場由日本著名建築師黑川紀章設計，中央設有露天空間，四周則被熱帶雨林包圍。

Tips

國際航班
以下航空公司現時有提供從香港或台灣直航至吉隆坡的航班：
香港-吉隆坡：國泰航空CX、馬來西亞航空MH、亞洲航空AK、馬來西亞峇迪航空OD 等。
台灣-吉隆坡：中華航空CI、長榮航空BR、馬來西亞航空MH、亞洲航空AK、馬來西亞峇迪航空OD 等。

Info
電話：+60387762000
地址：Kuala Lumpur International Airport, Sepang, Selangor
網址：airports.malaysiaairports.com.my

機場交通

a.機場快線 KLIA Ekspres

2002年正式通車，連接吉隆坡國際機場與吉隆坡市中心，全設只設3個站，包括2號航廈「KLIA T2」站、1號航廈「KLIA T1」站和位於吉隆坡市中心的中央車站「KL Sentral」站。最高時速達160公里／小時，全程只需28分鐘。每20分鐘一班，班次頻密。

可快速抵達市中心，是當地人及旅客最常用的交通工具。

b.機場支線 KLIA Transit

全程共有6個站，除了設有機場快線那3個站，另外還途經南湖鎮站（Bandar Tasik Selatan）和布城／賽城站Putrajaya & Cyberjaya等地，全程39分鐘。於繁忙時間每15分鐘1班，非繁忙時間則每30分鐘1班。而由機場至市中心KL Sentral的價格跟機場快線是一樣，但兩者的車票是不可互換的。

Info
機場快線/機場支線
票價：成人單程RM\$55、來回RM\$100；小童（6-15歲）單程RM\$25、來回RM\$45
網址：www.kliaekspres.com
營運時間：約0500-2400
* 詳細班次時刻表可於官網查閱。

b.機場巴士

由多間長途巴士公司營運，設有多條路線往吉隆坡多區，從1號或2號航廈開出直達市中心，車程約需1小時。另外，也有往來大馬其他城市的路線。班次和票價不一，價格相比鐵路便宜，詳細資訊可於機場官網查閱。

Info
票價：由RM\$15起
網址：theairportbus.com.my

城際交通

1.國內航班

馬來西亞各地如檳城、浮羅交怡、沙巴等城市，均有內陸航班前往吉隆坡。以下航空公司均有提供航班，當中以亞洲航空班次最頻密。

亞洲航空 www.airasia.com
飛螢航空 www.fireflyz.com.my
馬來西亞航空 www.malaysiaairlines.com

Tips

KL TravelPass交通卡
含有單程或來回的機場快線（KLIA Ekspres），還可連續2天無限次乘坐Rapid KL市內鐵路，另含RM\$5最低儲值額。如用來乘搭當地巴士和火車，費用不包括在內，但也可增值該卡然後使用。用法跟香港八達通差不多，都是在入閘時拍卡。

從吉隆坡出發：

目的地	航程
檳城	1小時
浮羅交怡	1小時
沙巴	2.5小時

Info
KL TravelPass Single
包含：單程機場快線＋連續2天無限次乘坐輕快鐵、地鐵、單軌列車
票價：RM\$75
KL TravelPass Return
包含：來回機場快線＋連續2天無限次乘坐輕快鐵、地鐵、單軌列車
票價：RM\$120
銷售點：機場1號/2號航廈-機場快線/機場支線票務站、吉隆坡中央車站
網址：www.kliaekspres.com/products-fares/kl-travelpass/

2.長途巴士

全國多個城市的長途巴士網絡十分發達，班次密且價格親民。多間長途巴士公司每日提供多班路線往返吉隆坡至各大城市。

路線	車程	車費
吉隆坡－檳城	約5小時	約RM\$35-45
吉隆坡－怡保	約3至3.5小時	約RM\$20-30
吉隆坡－金馬崙高原	約3.5小時	約RM\$25-40
吉隆坡－馬六甲	約2-2.5小時	約RM\$10-15
吉隆坡－新山	約4.5-5小時	約RM\$30-35

最方便是乘坐直達吉隆坡市中心內「KL Sentral」中央車站的長途巴士，但班次較少需預早訂票。而大部分路線則前往吉隆坡市中心外圍以南的「南湖鎮綜合交通終站」（簡稱為TBS），下車後需再轉乘其他交通工具前往市中心。

Info
南湖鎮綜合交通終站
Terminal Bersepadu Selatan（TBS）
從此站前往市中心，可沿越天橋步行至對面馬路的南湖鎮站「Bandar Tasik Selatan」站，乘坐機場支線（KLIA Transit）到達吉隆坡中央車站「KL Sentral」站，或乘坐輕快鐵（LRT）Sri Petaling Line 線前往市中心各站。

TBS是吉隆坡主要長途巴士總站。

Tips

Bus Online Ticket長途巴士預訂平台
匯集了全國大部分長途巴士公司的班次，發出時間、車程和價格都一目了然，並可於平台官網或手機APP預訂車票。
要注意：憑電子票於出發當日到達車站後，需在換票櫃臺換領實體車票。
官網：www.busonlineticket.com/

Bus Online Ticket APP

3.火車

由馬來亞鐵道（KTM）營運，主要提供ETS電動列車和Intercity城際列車，往來吉隆坡市中心中央車站（KL Sentral）和各大城市，但火車班次不及長途巴士的多，而馬六甲和檳城的火車站都十分遠離市中心，在官網或APP訂票前需多加注意。

KTMB APP

—Info—
馬來亞鐵道（KTM）
官網：online.ktmb.com.my

吉隆坡市內交通
鐵路

吉隆坡的鐵路交通包括輕快鐵（LRT）、地鐵（MRT）、單軌列車（KL Monorail）及火車（KTM），由不同公司負責營運，但路線並沒有連接，如要轉車，在部分車站需先出閘重新購票才可。現有十多條路線如下，而詳細鐵路圖可於封底內頁查閱。

路線號碼	代表顏色	交通工具	簡稱	路線名稱
1	藍色	火車	KTM	Batu Caves — Pulau Sebang Line
2	橙紅	火車	KTM	Tanjung Malim — Pelabuhan Klang Line
3	淺啡	輕快鐵	LRT	Ampang Line
4	啡色	輕快鐵	LRT	Sri Petaling Line
5	紅色	輕快鐵	LRT	Kelana Jaya Line
6	紫色	機場專線	ERL	ERL KLIA Ekspres
7	湖水綠	機場支線	ERL	KLIA Transit Line
8	淺綠	單軌列車	-	KL Monorail Line
9	綠色	地鐵	MRT	Kajang Line
10	墨綠	火車	KTM	KL Sentral-Terminal Skypark Line
11	天藍	輕快鐵	LRT	Shah Alam Line（興建中）
12	黃色	地鐵	MRT	Putrajaya Line
B1	深綠	快捷通巴士	BRT	Sunway Line

1.KL Monorail單軌列車

由快捷通軌道（Rapid KL）營運，連接KL Sentral至Titiwangsa共11個車站，途經金三角地區，如Imbi、Bukit Bintang等主要旅遊景點，其中多個車站可接駁LRT或MRT。

—Info—
營運時間：
KL Sentral出發0600 - 2330
Titiwangsa出發0600 - 2350
票價：單程RM$1.3 - RM$4
網址：myrapid.com.my/bus-train/rapid-kl/monorail/

2.LRT輕快鐵

同樣由快捷通軌道（Rapid KL）營運，現時提供三條路線，分別為Ampang Line、Sri Petaling Line及Kelana Jaya Line。而另外Shah Alam Line目前還沒通車。

—Info—
營運時間：0600 - 約2315/2330
票價：單程RM$1.2起（依路程收費）
網址：myrapid.com.my/bus-train/rapid-kl/lrt/

3.KTM 電動火車

由馬來亞鐵道營運的通勤鐵路（KTM Komuter），又稱「電動火車」，主要連接吉隆坡郊區及鄰近城市，其中1號路線「Batu Caves — Pulau Sebang Line」可抵達黑風洞，以及南湖鎮綜合交通終站所在的Bandar Tasik Selatan站。

I Can Tips

設有女士專用車廂（The Ladies Coach），一般設在火車中段的C & D車卡。

—Info—
票價：視乎路程
KL Sentral至Batu Caves 單程RM$2.3
KL Sentral至Bandar Tasik Selatan 單程RM$2.1
網址：www.ktmb.com.my/Komuter.html

4. MRT 地鐵

由快捷通軌道（Rapid KL）的馬來西亞捷運公司（MRT Corp）營運，現時設有2條路線，包括加影線（Kajang Line）和布城線（Putrajaya Line）。

可於站內自動售票機或售票窗口購票。

MRT、LRT和單軌列車的單程票都是Token來的，入閘時放在感應器上掃一掃。

—Info—
營運時間：0600-約2255
票價：RM$1.2-$6.9
網址：www.mymrt.com.my

Grab 叫車服務

在馬來西亞非常普及的叫車服務，可直接從Grab手機APP裡Call車，輸入了時間、出發點和目的地後，會以距離和繁忙時段作計費，並可預先知道車資及於網上付款，省時方便。

Grab APP

的士 Teksi

市內的士款眾多，大部分車身是紅色，主要分為普通車（Budget）及高級車（Executive）兩種。上車時要注意司機有否使用咪錶，以免下車付費時有所爭議。於晚間零時至清晨06：00，設有50%附加費。

可要求酒店代為電召的士，較為方便及安全。

```
┌─────────── Info ───────────┐
車費：Budget RM$3起錶：隨後RM$0.87/公里
      Executive RM$6起錶：隨後RM$2/公里
└────────────────────────────┘
```

觀光巴士
GO吉隆坡城市免費巴士
Go KL City Bus

由吉隆坡市政局提供，於整個吉隆坡共有多達11條路線，而其中4條沿經市中心各主要景點，若果能好好利用，則會是最省錢的交通方案。然而每條路線都只有單向路線，如果想前往該路線的上一個站，則要行駛差不多一個圈才可抵達，而該車於發車站又有機會會暫停休息，對於時間不多的旅客需要多加留意。

劃分為綠、紫、紅、藍4條路線，綠色線發車站是「KLCC」、紫色線發車站是「Pasar Seni」、紅色線及藍色線發車站均為「IUTT Terminal Jln Tun Razak」，路線圖詳見如下。

大部分於車身都寫上Go KL的字眼，很易識別。

```
┌─────────── Info ───────────┐
營運時間：平日0600 - 2300
          週末及假日 0700-2300
班次：平日0700-1000、1600-2000
      每5分鐘1班
      其餘時間 每10分鐘1班
└────────────────────────────┘
```

GO吉隆坡城市巴士 路線圖

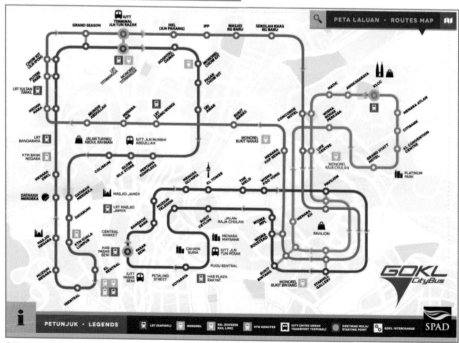

來源：Go KL 官方提供

吉隆坡隨上隨下觀光巴士
KL Hop-On Hop-Off

　　循環線觀光巴士，合共27個站，共有2條路線：CITY Route和GARDEN Route，途經合共60多個主要景點，每隔20-30分鐘一班車。分為24小時或48小時票，憑票可於日間0900-1800時段，無限制於2條路線任何站隨意上下車，極受遊客歡迎。

　　另有夜間觀光巴士團（KL City of Nights），每晚20:00於第1站-「Sungei Wang Plaza」站上車，在半開篷巴士上欣賞夜色，另於吉隆坡塔、雙子塔等著名地標會短暫停留，讓旅客拍照。全程約2小時。

顏色鮮艷的雙層巴士，車尾部分更是露天設計，方便旅客欣賞風景。

┌─Info─────────────────────────
營運時間： KL Hop-On Hop-Off 0900-1800
　　　　　 KL City of Nights 於2000發車
票價： KL Hop-On Hop-Off 24小時票RM$60；
　　　　 48小時票RM$90
　　　　 KL City of Nights RM$65 （需預約）
網址： www.myhoponhopoff.com/kl/

吉隆坡隨上隨下觀光巴士　路線圖

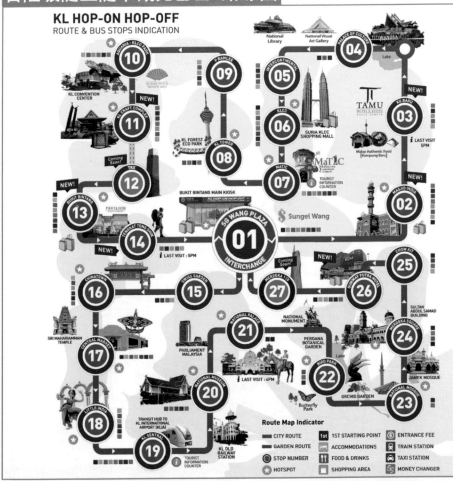

來源：www.myhoponhopoff.com/kl/

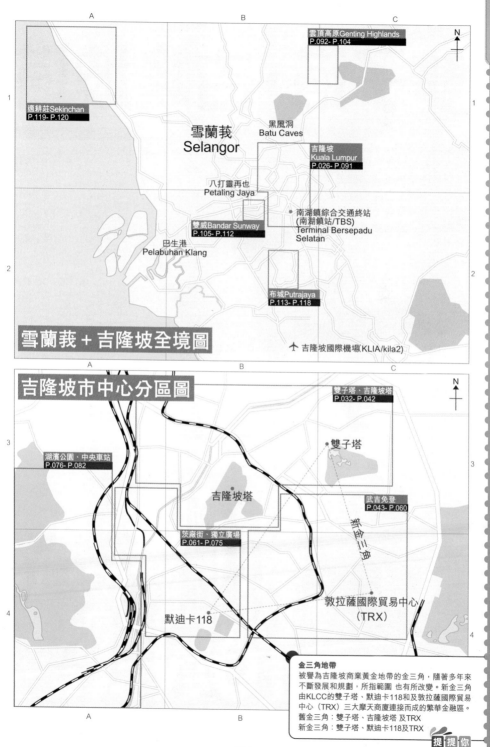

雪蘭莪 + 吉隆坡全境圖

雲頂高原Genting Highlands
P.092- P.104

適耕莊Sekinchan
P.119- P.120

雪蘭莪
Selangor

黑風洞
Batu Caves

吉隆坡
Kuala Lumpur
P.026- P.091

八打靈再也
Petaling Jaya

南湖鎮綜合交通終站
(南湖鎮站/TBS)
Terminal Bersepadu
Selatan

雙威Bandar Sunway
P.105- P.112

田生港
Pelabuhan Klang

布城Putrajaya
P.113- P.118

✈ 吉隆坡國際機場(KLIA/kila2)

吉隆坡市中心分區圖

雙子塔、吉隆坡塔
P.032- P.042

湖濱公園、中央車站
P.076- P.082

雙子塔

吉隆坡塔

武吉免登
P.043- P.060

茨廠街、獨立廣場
P.061- P.075

新金三角

默迪卡118

敦拉薩國際貿易中心
(TRX)

金三角地帶
被響為吉隆坡商業黃金地帶的金三角，隨著多年來
不斷發展和規劃，所指範圍 也有所改變。新金三角
由KLCC的雙子塔、默迪卡118及及敦拉薩國際貿易
中心（TRX）三大摩天商廈連接而成的繁華金融區。
舊金三角：雙子塔、吉隆坡塔 及TRX
新金三角：雙子塔、默迪卡118及TRX

提提你

兩大地標
雙子塔、吉隆坡塔

　　圍繞雙子塔和吉隆坡塔設有多個人氣景點和購物商場，是遊客們必訪的地段。經典又具代表性的雙子塔，從1998至2004年曾是全世界最高的摩天大樓，這些年間帶領著吉隆坡逐步成為國際大都會。而登上城中另一地標吉隆坡塔，更可盡覽市中心繁華的美景。

交通

雙子塔
公共交通　乘坐輕快鐵（LRT）Kelana Jaya Line 到「KLCC」站。
步行　可從武吉免登的柏威年廣場（Pavilion）沿經「有蓋空調行人天橋」（KLCC-Bukit Bintang Walkway），步行至城中城（KLCC）吉隆坡會展中心及雙子塔，步程約8至15分鐘。
吉隆坡塔
乘坐Hop-On Hop-Off 觀光巴士「KL Tower/Eco Forest Park」站。

KL 421m TOWER MALASIA

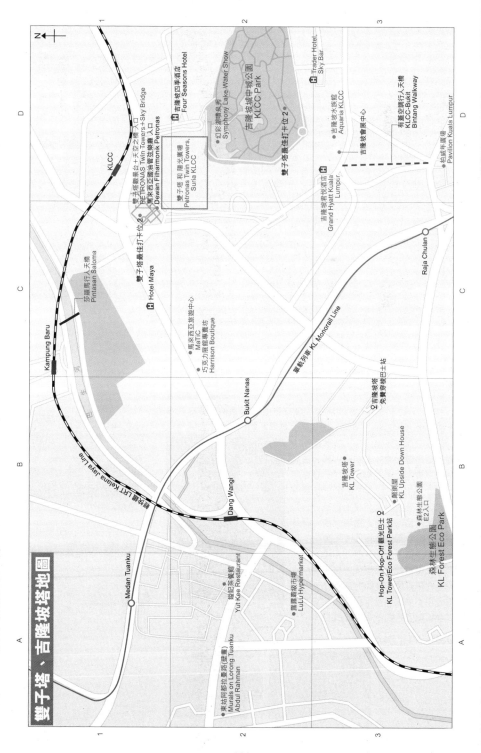

雙子塔、吉隆坡塔地圖

N

A
東姑阿都拉曼路壁畫（壁畫）
Murals on Lorong Tuanku
Abdul Rahman

諾記冰餐館
Yut Kee Restaurant

雲陽菁葉市場
LuLu Hypermarket

A
Hop-On Hop-Off 觀光巴士
KL Tower/Eco Forest Park站

森林生態公園
E2入口

森林生態公園
KL Forest Eco Park

B
Dang Wangi

Bukit Nanas

吉隆坡塔
KL Tower

顛倒屋
KL Upside Down House

吉隆坡塔
免費穿梭巴士站

吉隆坡塔
KL Upside Down House

C
Kampung Baru

莎羅馬行人天橋
Pintasan Saloma

H Hotel Maya

馬來西亞旅遊中心
MaTiC

巧克力展銷專賣坊
Harrison Boutique

翼軌列車 KL Monorail Line

吉隆坡君悅酒店
Grand Hyatt Kuala
Lumpur

輕快鐵 LRT Kelana Jaya Line

Raja Chulan

D
KLCC

雙子塔觀景台＋天空之橋 入口
阿聯TRONAS Twin Towers+Sky Bridge
馬來西亞國油管弦樂團 入口
Dewan Filharmonik Petronas

H 吉隆坡四季酒店
Four Seasons Hotel

雙子塔最佳打卡位 ②

雙子塔 和 陽光廣場
Petronas Twin Towers,
Suria KLCC

紅彩湖噴泉秀
Symphony Lake Water Show

吉隆坡城中城公園
KLCC Park

Fi Trader Hotel
Sky Bar

吉隆坡水族館
Aquaria KLCC

吉隆坡會展中心

有蓋空調行人天橋
KLCC-Bukit
Bintang Walkway

柏威年廣場
Pavilion Kuala Lumpur

Medan Tuanku

雙子塔最佳打卡位 ②

雙子塔、吉隆坡塔　武吉免登　茨廠街、獨立廣場　湖濱公園、中央車站　吉隆坡周邊

以鋼鐵打造成的雙子塔，是馬來西亞國家石油公司的總部。

重達750噸的雙層天橋，連接雙塔中的41和42樓。遊客可登上參觀，近距離觀賞2座主樓以及吉隆坡城市美景。

世上著名現代建築之一
國油雙子塔
（Petronas Twin Towers）

MAP: P.033 D1-D2

　　1998年落成，樓高452米、共88層，現為全球最高的雙塔式建築，於1998年至2004年期間一度成為世界最高的建築物。由阿根廷裔美籍設計師 Cesar Pelli以回教寺的幾何造型為靈感設計。上層以辦公樓層為主，下層則是著名購物商場「陽光廣場」（Suria KLCC），內部還設有國油交響樂廳，其中41至42樓的會議中心築有58.4公尺長的天空之橋為連接，距離地面170公尺高，遊客可付費進入，在橋上和86樓的觀景台，飽覽吉隆坡的城市景觀。每當晚上亮燈後，這座雙子塔更成為大馬最閃爍耀眼的建築物。多年來亦吸引不少電影及電視劇在此取景拍攝，包括荷里活電影《偷天陷阱》。

拍於晚上亮燈後，這座大馬經典現代建築，更是閃耀迷人。

Info

雙子塔觀景台＋天空之橋
PETRONAS Twin Towers＋Sky Bridge
地址：Lower Ground (Concourse) Level, Petronas Twin Tower, KLCC, Jalan Ampang, Kuala Lumpur
電話：+60 - 3 - 2331 - 8080
開放時間：0900-2100
最後進入：2030
休息日：週一；公眾假期之週一除外
門票：成人RM$98；小童/長者RM$50
網址：www.petronastwintowers.com.my
前往方法：
公共交通 乘坐輕快鐵（LRT）Kelana Jaya Line 到「KLCC」站。
步行 可從武吉免登的柏威年廣場（Pavilion）沿經「有蓋空調行人天橋」（KLCC-Bukit Bintang Walkway），步行前往，全程約15分鐘。
* 觀景台入口在陽光廣場內LG層2側，於馬來西亞國油管弦樂廳（Dewan Filharmonik Petronas）附近。

提提你

吉隆坡城中城公園
（KLCC Park）
從陽光廣場東南出口一出，即可抵達城中城公園範圍。穿過公園步往西南方，是會展中心的所在。而在陽光廣場正門外的公園水池，每晚上演3場幻彩湖噴泉秀，吸引遊客前去欣賞。

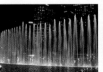

噴泉秀配合色彩繽紛的燈光和優美的音樂，令人樂在其中。

幻彩湖噴泉秀於晚上8、9、10點在陽光廣場外上演。

大馬購物地標
陽光廣場（Suria KLCC）

位於雙子塔下層的巨型購物廣場。樓高6層，佔地100萬平方英尺，匯聚了多達360間餐飲、購物、美食、娛樂及百貨公司等店舖，雲集一眾國際名店及本土品牌店。當地人每逢假日便會前往購物，人來人往，熱鬧非常。

商場位於雙子塔下層，為旅客必到熱點。

商場店舖眾多，逛上一整天也逛不完。

Tips

商場設有收費及免費的洗手間，進入之前敬請留意。

---Info---

地址：Kuala Lumpur City Centre, Kuala Lumpur
電話：+60 - 3 - 2382 - 2828
營業時間：1000 - 2200
網址：www.suriaklcc.com.my
前往方法：乘坐輕快鐵（LRT）Kelana Jaya Line 到「KLCC」站，即達。

吉隆坡No.1椰漿飯
Madam Kwan's

椰漿飯是大馬的必食名物，當中以Madam Kwan's最受歡迎，創辦人關姐的名堂無人不知，其分店遍布各大購物商場。招牌菜椰漿飯椰香味超濃郁，主要配料為咖喱雞，加上熟蛋、青瓜、肉鬆等拌食，雞肉嫩滑非常，難怪深受當地人的喜愛，旅客不可錯過。餐廳也有供應其他地道大馬料理。

餐廳裝潢舒適亮麗，帶點復古感覺。

於吉隆坡各大商場均有Madam Kwan's的分店。

椰漿飯飯粒分明帶有椰香，且不黏牙，配上咖喱雞更天衣無縫。RM\$25.9

珍多冰刨冰軟綿，混有綠色粉條、紅豆等，味道香甜又口感豐富。

---Info---

地址：420 / 420, 4 / F Suria KLCC
電話：+60 - 3 - 2026 - 2297 /
　　　　 +60 - 3 - 2026 - 2298
營業時間：1000-2230
消費：約RM\$40-55／位
網址：www.madamkwans.com.my

從甘榜峇魯那邊的橋端，有雙子塔和附近高廈作背景，夜色更耀眼。

置身橋內也能體驗到不停變換的光影，內部也是打卡熱點。

閃亮新地標

MAP: P.033 C1

莎羅馬行人天橋
（Pintasan Saloma）

於2020年開放使用後，隨即成為了吉隆坡最具人氣的打卡熱點之一！橋樑設計以超現代化融合傳統元素，外觀就像一片片用於馬來結婚花籃的貝特爾樹葉（Betelnut Leaf），而橋頂和外圍共安裝了4千多顆LED燈泡，每晚入夜時即開始亮燈，顏色更會不停變幻，為視覺帶來沖擊感，也令吉隆坡的夜色更添璀璨。

天橋把現代化金融商廈區吉隆坡城中城（KLCC）與傳統馬來區甘榜峇魯(Kampung Baru)連接。

其中一幕呈現了馬來西亞的國旗圖案，圖案會根據節日而有所改變。

橋樑以當地著名已故歌星Saloma而命名。

提提你

橋的外觀設計

馬來傳統婚禮和慶典所用的禮花（Sirih Junjung），一般是用有聯結象徵的貝特爾樹葉（Betelnut Leaf）捲成一個個甜筒狀，再配以不同的花朵拼成花籃。這橋的模樣就正像捲成筒狀的貝特爾樹葉。

3米寬的行人天橋全長有370公尺，其中69米橫跨巴生河。

---**Info**---

地址：Saloma Link, Lorong Raja Muda Musa 3, Kampung Baru, Kuala Lumpur

開放時間：週一至週六 0500-0100、假日 0500-0030；橋身亮燈時間 1900-2200

前往方法：
步行 從雙子塔北端出口步行前往約需10分鐘。
輕快鐵（LRT）乘坐Kelana Jaya Line 到「Kampung Baru」站，再步行3分鐘。

置身海底隧道中，會看到各種海洋生物如鯊魚、魔鬼魚等從頭頂遊過的震撼。

Tourism Malaysia

海底世界
吉隆坡水族館（Aquaria KLCC）

　　2005年竣工，面積達60,000平方呎的水族館。飼有逾150種、超過5,000多種的海洋生物及爬蟲類動物等。焦點包括圓柱水族箱及海底隧道，位於館中央位置的圓柱形水族箱，一大群顏色鮮艷的魚兒們不停圍着游來游去，非常有趣。而逾90米長的海底隧道，只需站在附設自動行人道上，抬起頭就會看到魔鬼魚、鯊魚及海龜從頭頂經過，恍如置身海底世界。館內另設有精品店，售賣多款與海洋生物的紀念品。

MAP: P.033 D3

相片 Tourism Malaysia

Tourism Malaysia

水族館定時有工作人員餵飼鯊魚示範，以及潛水表演。

Tourism Malaysia

海底世界到處都是色彩繽紛的魚群。

Tourism Malaysia

旅客可以和鯊魚近距離接觸。

水族館很適合家長帶同小朋友前來觀賞。

巨型圓柱水族箱，可360度觀賞魚兒們暢游。

Info

地址：Kuala Lumpur Convention Centre Complex, KLCC, Kuala Lumpur
電話：+60 - 3 - 2333 - 1888
開放時間：1000 - 2000
最後進入時間：1900
入場費：平日成人RM$75，小童/長者RM$65；週末及假日成人RM$79，小童/長者RM$69
網址：www.aquariaklcc.com
前往方法：從吉隆坡城中城公園（KLCC Park）步行前往，約需5-10分鐘。位於吉隆坡會展中心地下樓層。

一邊摸着酒杯底，一邊飽覽雙子塔的迷人夜景，人生一樂也！

Cocktail 選擇挺多，每杯由RM$45起。每天1700-1900為Happy Hour時段，每杯則由RM$35起。

城中最美的天空酒吧
Sky Bar

MAP: P.033 D2

　　位於Trader Hotel頂層的人氣酒吧，因可近距離觀賞雙子塔美景而聲名大噪，曾連續4年被評為馬來西亞的最佳酒吧及最佳酒店酒吧，吸引不少當地人及遊客到訪。除了提供各款酒精飲品及小食外，酒吧中央位置設有游泳池，日間會開放給住客暢泳，晚上酒吧就會播放節奏強烈的音樂，五顏六色的燈光投射於水上閃個不停，氣氛非常熱鬧。

除了各式酒類，這裡也有供應多款不同類型的佐酒小吃。

每晚都有大量旅客在此把酒談心，十分熱鬧。　透過玻璃窗可近距離觀賞閃閃發光的雙子塔。

Sky Bar一位難求，如想坐在最佳的靠窗位置，最低消費為RM200，建議提前預約。

┌Info┐

地址：Trader Hotel Kuala Lumpur Level 33
電話：+60 - 3 - 2332 - 9888
營業時間：平日1700-2400
　　　　　　週六、週日 1700-0100
消費：約RM$50-100/位
網址：www.shangri-la.com/kualalumpur/traders/dining/bars-lounges/sky-bar/
前往方法：在吉隆坡水族館（Aquaria KLCC）附近。

吉隆坡

雙子塔‧吉隆坡塔

武吉免登

茨廠街‧獨立廣場

湖濱公園‧中央車站

吉隆坡周邊

古豪宅改建

MAP: P.033 A2

馬來西亞旅遊中心
(Malaysia Tourism Centre)

建築前身為大馬著名礦業、橡膠及地產大亨余東生先生的住宅，始建於1935年，原名為Tuanku Abdul Rahman Hall。原本住宅面積較細，經歷多次不同的裝修後，於1998年成為旅遊中心（MaTiC），提供地圖、景點、交通、本地遊等旅遊諮詢服務，極為方便。

── Info ──
地址：109, Jalan Ampang, Kuala Lumpur
電話：+60392354800
開放時間：平日 0800-1700
休息日：週六、週日
網址：www.matic.gov.my
前往方法：乘坐單軌列車 KL Monorail Line 到「Bukit Nanas」站，再步行5分鐘。

紅白色的設計富有大馬傳統特色，旅客到訪時不妨細心留意。

朱古力博物館

MAP: P.033 A2

巧克力展館專賣坊
(Harrison Boutique)

始創於2005年的大馬朱古力品牌Harrison，於馬來西亞旅遊中心旁邊白房子裡設了一間專賣坊，以朱古力博物館為主題設計，除了售賣各款產品外，更有不少以巧克力雕刻而成的精緻擺設及雕像可供參觀。

在店裡可以了解多點可可和朱古力的歷史。

專賣坊設在MaTiC的旁邊。

朱古力口味眾多，令人目不暇給。

── Info ──
地址：Pusat Perlancongan Malaysia,
139 Jalan Ampang, Kuala Lumpur
電話：+60 - 3 - 2162 - 2008
營業時間：0900-1800；週日 1100-1800
網址：harristonchocolate.com
前往方法：在馬來西亞旅遊中心（MaTiC）旁邊。

不一樣的壁畫街

MAP: P.033 A2

東姑阿都拉曼路
(Murals on Lorong Tuanku Abdul Rahman)

在吉隆坡崇光百貨店附近的一條滿有特色的壁畫街，數幅壁畫都充滿馬來西亞地道風情，最特別之處在於壁畫前方都設了一些立體道具，包括人力車、電單車等，讓拍出來的照片更有逼真感。如果在附近購物，不妨前來打卡一番。

遊人可以坐在道具人力車上打卡，就像回到昔日的吉隆坡街頭。

這幅壁畫以餐廳為題，前方更設了立體烤爐。

特意在壁畫前擺放了道具電單車，拍照效果像極真實的街景。

── Info ──
地址：98 Jalan Dang Wangi & Lorong Tuanku Abdul Rahman, City Centre, Kuala Lumpur
開放時間：全年
前往方法：從鎰記茶餐館步行前往約需7分鐘。於Jalan Dang Wangi轉入Lorong Tuanku Abdul Rahman後，即達。

屬吉隆坡經典的象徵和重要地標之一，於塔上塔下集合了多個玩樂設施。

最受歡迎的有全透明觀景台「天空之盒」Sky Box！有2個的玻璃立方體設於露天觀景台的最左和最右，每次限定逗留時間為1分40秒。

全球第7高電訊塔

吉隆坡塔（KL Tower）

MAP：P.033 B3

　　與雙子塔同屬吉隆坡的主要地標！這座通訊塔位於咖啡山（Bukit Nanas）山頂，高421米、直徑13.6米，現時為全球第7高的電訊塔，為電視台、電台及電訊網絡等提供訊號，於頂部不同樓層設有室內觀景廊（Observation Deck）和露天觀景台（Sky Deck），以及旋轉餐廳「ATMOSPHERE 360」，在露天觀景台樓層更特設全透明玻璃立方體觀景台「天空之盒」（Sky Box），可考驗大家膽量，又可俯瞰吉隆坡的迷人美景，大受旅客歡迎。還可參加高空漫步（Tower Walk 100），在佩戴安全措施後於塔的外圍步行，感受無限刺激感。另於塔底和附近設有多個玩樂設施，包括：顛倒屋、森林生態公園、XD Theater和藍珊瑚水族館（Blue Coral Aquarium）等。

進入Skybox前需要脫鞋，而每次最多3人，在場會有攝影師用專業相機幫忙拍照，如果喜歡的話，可以買回照片作留念。

這Sky Deck露天觀景台於雨天時有機會關閉，而另一室內觀景廊則不會受天雨影響。

Info

地址：No.2 Jalan Punchak Off Jalan P.Ramlee, Kuala Lumpur
電話：+60320205421
開放時間：0900-2200
門票：
Observation Deck
成人RM$60；小童RM$40
Sky Deck＋Sky Box
成人RM$110；小童RM$65
Tower Walk 100
成人RM$40；小童RM$30
網址：www.menarakl.com.my
前往方法：
公共交通＋步行／免費接駁巴士
乘坐單軌列車 KL Monorail Line 到「Bukit Nanas」站，步行約12分鐘至吉隆坡塔山腳入口，再轉乘免費接駁巴士或再步行6-8分鐘，抵達山上塔底入口。

＊ 接駁巴士運行時間：0800-2230；每15分鐘1班

Hop-On Hop-Off 觀光巴士
於「KL Tower/Eco Forest Park」站下車，再步行2分鐘。

景觀十分開揚，吉隆坡城市美景盡收眼底，還可側拍經典的國油雙子塔。

塔身安裝了許多LED燈，於晚間午夜前會亮起紅色、紫色、藍色等迷人的漸變光芒。

可從276米的高處欣賞吉隆坡壯麗的天際線！當然少不了全球第2高的默迪卡118摩天大樓。

吉隆坡塔

雙子塔、吉隆坡塔

武吉免登

茨廠街・獨立廣場

湖濱公園・中央車站

吉隆坡周邊

熱帶雨林保護區 `MAP: P.033 B3`

森林生態公園
（KL Forest Eco Park）

意想不到在市中心裡，都可感受熱帶雨林的大自然氣息。

位於94米高的咖啡山（Bukit Nanas）上，是馬來西亞最古老的森林保護區之一，也是吉隆坡市中心僅存的熱帶雨林。進入後可以體驗在多條鋼索吊橋上漫步，也可沿著樹冠步道（Canopy Walk）走走健行，在城市裡瞬間投進大自然的懷抱。

樹冠步道中有多條吊橋連接，鋼索堅固，不會搖晃。

路徑平坦易走，但也別忘了穿上T恤和運動鞋。

---Info---

地址：Jalan Bukit Nenas, Kuala Lumpur
電話：+60326164488
開放時間：0900-1700
門票：RM$40；只收現金
網址：www.menarakl.com.my/attractions/tower-attractions/kl-forest-eco-park
前往方法：設有3個出入口 (E1,E2,E3)，E2位於顛倒屋前方，E3則在公園西南端Jalan Bukit Nenas大街上。Canopy Walk位置在E2和E3之間，可從這2個入口進入。

小屋充滿童趣，適合小朋友到訪，或喜歡拍照的遊客。

顛倒屋 `MAP: P.033 B3`

KL Upside Down House

外觀令人眼前一亮！一間完完全全倒轉了的小房子，內裡客廳、睡房、廚房、浴室中的家具和擺設都是上下顛倒。整體空間不大，共有4個場景，是專門設計給喜歡打卡的遊人。

---Info---

地址：Jalan P Ramlee, &, Jalan Puncak, Kuala Lumpur
電話：+60320205444
開放時間：0900-2200
門票：成人RM$24；小童RM$18
前往方法：從吉隆坡塔觀景台入口步行約需2分鐘。

入口處掛著一架古董車，十分吸睛。

提提你

吉隆坡塔
出遊TIPS

巨型打卡位：

在顛倒屋旁邊設了「LOVE KL Tower」的打卡位，在這裡可以拍到整座吉隆坡塔。

交通安排：

吉隆坡塔位於小山上，除了叫車之外，最方便是乘坐Hop-On Hop-Off 觀光巴士！而在「LOVE KL Tower」打卡位旁邊就是巴士站的所在，在這裡下車後，步行約2分鐘即可抵達塔底觀光台入口。

老字號海南風味

鎰記茶餐館
（Yut Kee Restaurant）

MAP: P.033 A2

在門外轉角多個位置，畫滿了多幅充滿地道特色的壁畫，可以順道打卡。

　　位於巴生河西岸的（Chow Kit）秋傑區，是城中很具名氣的海南茶餐館，於1928年開業，店裡裝潢懷舊樸實，主要在早午餐時段供應多款傳統海南料理，招牌菜包括海南豬扒、燒肉、麵包肉、咖央多士等等。口味正宗且價格親民，吸引不少當地人和遊客前來光顧。於午餐繁忙時段坐無虛席，門外更有機會堆積一班正在排隊等位的食客。

只在週五至週日供應的燒肉，極具人氣！配伴蘋果醬和燒肉汁，燒肉肉質鮮嫩多汁，一吃難忘。燒肉加料RM$24.2

外表樸實的傳統奶油蛋糕，充滿古早風味。RM$1.6

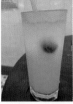

桔仔酸梅冰酸甜中帶微鹹，清爽止渴，夏日消暑之選。RM$3.5

傳統地板很有懷舊感！店裡沒有安裝冷氣，設有多座風扇但也感涼快。

茶餐館坐落在一座磚紅色房子裡。

Info

地址： 1, Jalan Kamunting, Chow Kit, Kuala Lumpur
電話： +60326988108
營業時間： 0730-1500
休息日： 週一
消費： 約RM$25-35/位
網址： yutkeerestaurant.beepit.com
前往方法： 乘坐輕快鐵（LRT）Kelana Jaya Line到「Dang Wangi」站（KJ12），再步行5分鐘。

最強超市

露露霸級市場
（LuLu Hypermarket）

MAP: P.033 A2

　　來自中東地區的連鎖霸級市場，面積很廣，整體十分亮麗整潔，商品種類繁多，極為好逛！除了有新鮮食材和地道食品，於二樓亦有雜貨、廚具、紗麗服、手袋和電子產品等。想購買手信的話，可以在這裡一次過入貨。

超市裡也有販售很多阿拉伯特色甜點和清真食品。

佔地很廣且空間感大，可一站式購入多款地道食品。

Info

地址： Lot 159, Persiaran Capsquare, Off, Jalan Munshi Abdullah, City Centre, Kuala Lumpur
電話： +60176444200
營業時間： 0900-2200
網址： www.luluhypermarket.com/en-my
前往方法：
步行 從鎰記茶餐館（Yut Kee Restaurant）步行前往約需5分鐘。
公共交通 乘坐輕快鐵（LRT）Kelana Jaya Line到「Dang Wangi」站，再步行5分鐘。

在二樓設有當地特色傳統女裝部，款式眾多，有日常服飾，也有高貴晚裝。

吉隆坡

雙子塔‧吉隆坡塔

武吉免登

茨廠街‧獨立廣場

湖濱公園‧中央車站

吉隆坡周邊

PAVILION

購物黃金地段

武吉免登 (Bukit Bintang)

可沿經吉隆坡會展中心的「有蓋空調行人天橋」（KLCC-Bukit Bintang Walkway）步行至柏威年廣場，步程約8分鐘。
乘坐單軌列車或地鐵到「Bukit Bintang」站。

　　馬來語Bukit意指「山丘」，而Bintang則指「星星」，這區因此又名為「星星之丘」，是著名時尚、美食、購物和娛樂的集中地，也是吉隆坡金三角地帶的中心！在武吉免登星光大道（Jalan Bukit Bintang）上，大型購物中心林立，包括人氣極盛的柏威年廣場、高端貴氣的星同廣場，以及全馬最大的成功時代廣場，而在馬路兩旁更設了許多露天咖啡亭和酒吧，氣氛極之熱鬧。著名的亞羅街更是遊客必訪的街頭美食天堂。

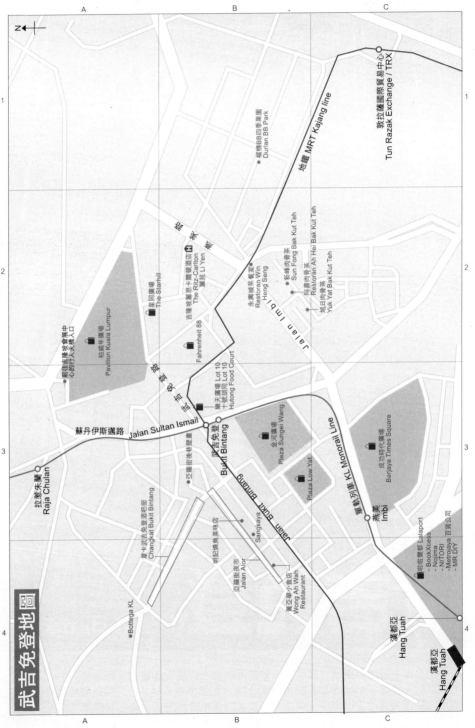

武吉免登地圖

A   **B**   **C**

N

1

敦拉薩國際貿易中心
Tun Razak Exchange / TRX

地鐵 MRT Kajang line

檳城BB四季果園
Durian BB Park

2

紫冰

永興杜茶餐室
Restoran Win
Heng Seng

新峰肉骨茶
Sun Fong Bak Kut Teh

向義肉骨茶
Restoran Ah Hei Bak Kut Teh

旭日肉骨茶
Yuk Yat Bak Kut Teh

Jalan Imbi

吉隆坡麗思卡爾頓酒店 The Ritz-Carlton
麗晶 Li Yen

星園廣場
The Starhill

Fahrenheit 88

柏威年廣場
Pavilion Kuala Lumpur

前往吉隆坡會展中
心的行人天橋入口

茂

樂天廣場 Lot 10
十號胡同 Lot 10
Hutong Food Court

蘇丹伊斯邁路 Jalan Sultan Ismail

3

金河廣場
Plaza Sungei Wang

成功時代廣場
Berjaya Times Square

武吉免登
Bukit Bintang

亞羅街後巷停車場

Plaza Low Yat

單軌列車 KL Monorail Line

燕美
Imbi

拉惹朱蘭
Raja Chulan

壹卡武吉免登酒吧街
Changkat Bukit Bintang

明記鯰魚美珠店

Jalan Bukit Bintang

Sangkaya

亞羅街夜市
Jalan Alor

時尚實都 Lalaport
- BookXcess
- Nojima
- NITORI
- Metrojaya 百貨公司
- MR.DIY

4

•Bottega KL

黃亞華小食店
Wong Ah Wah
Restaurant

漢都亞
Hang Tuah

漢都亞
Hang Tuah

A   **B**   **C**

正門噴泉以3個琉璃碗交疊疊起，象徵大馬三大民族融和的友誼。

人氣最旺

MAP: P.044 A2-3

柏威年廣場
(Pavilion Kuala Lumpur)

2007年9月開幕，屬當地人氣第一的購物商場。佔地約140萬平方米，樓高10層，擁有逾700間店舖，集購物、餐飲及娛樂於一身。匯聚多個知名國際及本地品牌，其中有高端時尚品牌，也有親民大眾化連鎖商店，貼合不同顧客的購物需要，加上位置鄰近各大五星級酒店，素來是旅客血拚的必到之地。而正門前方的噴泉，於三個琉璃碗上刻上了「馬來西亞國花」大紅花的圖案，並取名「大地滿花開」，噴泉是柏威年廣場的著名地標。商場另附設高級公寓、6星級精品酒店及辦公室等，非常多元化。

英國皇室御用品牌Halcyon Days也有在這裡設店。

在場亦有眾多大眾化連鎖商店，包括SPAO、Zara、Forever 21等。

店舖和各式餐飲分佈在10個樓層的8個主題區，空間感足，十分好逛。

其中也有不少名店，包括Valentino、Hermès、Gucci、Prada等。

Info

地址：168 Jalan Bukit Bintang, Kuala Lumpur
電話：+60 - 3 - 2118 - 8833
營業時間：1000 - 2200
網址：www.pavilion-kl.com
前往方法：
公共交通 乘坐單軌列車 KL Monorail Line 或地鐵（MRT）Kajang Line 到「Bukit Bintang」站，再步行5分鐘。
步行 沿經商場3樓左方illy Caffè旁邊的「有蓋空調行人天橋」（KLCC-Bukit Bintang Walkway），可步行至城中城（KLCC）的吉隆坡會展中心及雙子塔。

每當晚間商場亮起燈光後，加上門前美極的琉璃噴泉，份外的閃耀優雅。

傳統古法綁線
寶香綁線肉骨茶

　　始創於2006年，乃大馬著名的肉骨茶連鎖店，分店主要設在各大商場裡，也是馬來西亞首間進駐購物商場的肉骨茶品牌。與傳統肉骨茶店不同，環境較為舒適，食客不怕吃到汗流浹背。店家注重肉與藥材的搭配，採用了中國的「繩索細綁肉」古法烹調，為豬肉綁上繩子再熬煮，除了美觀紮實，亦可逼走油脂，帶出肉質的精華，讓味道提升且毫不油膩。最特別之處是有多個豬的部位可供選擇，當中最受歡迎的是小骨頭、腳彎及腳

香片茶醇清香。就連茶具也是傳統的公雞圖案。RM\$30/壺

清一色用公雞碗盛裝，由於少了油脂變得不耐熱，故碗底會用燭火保溫。

店內環境開揚，裝潢有如大酒樓般舒適。

雖然進駐現代化商場，但依然保留其傳統特色設計。

三層肉肉骨茶，層次分明不肥膩，佐飯一流。RM\$28

小骨頭肉骨茶味道濃郁，小骨軟腍入味。RM\$28

─Info─

地址：
Lot 4.01.00, Level 4 Connections,Pavilion shopping mall, No.168, Jalan Bukit Bintang, Kuala Lumpur
營業時間：1000 - 2200
網址：www.paoxiangbkt.com
消費：約RM\$40-50/位
前往方法：在柏威年廣場（Pavilion Kuala Lumpur）4樓。

匯集了數十間不同風格的小店，均以松木作裝潢。

以廉價見稱的DAISO家品店，這裡大部分商品價格為RM\$5.9，很受當地人歡迎。

東瀛風味主題街
Tokyo Street

　　位於商場6樓，以東京為主題的購物專區，開設了數十間日本品牌的商舖，包括餐廳、護膚品店、精品店及服飾店等，恍如置身於日本街頭。

就連Line的主角熊大及兔兔也有出現。

招牌以紅燈籠設計，列出所有店舖名單，非常奪目！

售賣日本雪條的小店J-POP，小腳板形的雪條很可愛。

─Info─

地址：6 / F, Pavilion
電話：+60 - 3 - 2118 - 8833
前往方法：在柏威年廣場（Pavilion Kuala Lumpur）6樓。

店面甚廣，設計品味非凡，很具氣派。

內設選擇豐富的乾果檔。

著名錫鑞工藝

皇家雪蘭莪（Royal Selangor）

是國際著名大馬錫鑞品牌專門店，集齊了眾多最新款式，包括餐具、杯具、家居擺設、個人配飾等，更有多款限量版星戰和超級英雄系列的錫鑞品。另外，品牌於吉隆坡周邊亦設有可供參觀的錫鑞館（詳細介紹：見P.085）。

品牌在香港也有分店，購買前可先行格價。

─Info─
地址： Lot 3 . 01 . 06 & C3 . 10 . 1A, Pavilion Kuala Lumpur
電話： +60321103532
開放時間： 1000-2200
網址： my.royalselangor.com
前往方法： 在柏威年廣場（Pavilion Kuala Lumpur）3樓。

好逛超市

Mercato

在極人氣的柏威年廣場之內，位置十分方便！超市面積挺大，貨品選擇齊全，除了有大量當地商品，也有不少外國進口產品，貼合遊客們的口味。貨架擺放整齊有序，讓人逛得舒服。

當地Beryl's朱古力是遊客熱選之一。Beryl's Tiramisu RM$21.4/200g

─Info─
地址： Level 1. Lot. 1 . 01 . 01 & 1 . 01 . 02, Pavilion Kuala Lumpur
電話： +60321430066
開放時間： 1000-2200
網址： mercato.com.my
前往方法： 在柏威年廣場（Pavilion Kuala Lumpur）1樓。

地中海風情

Bottega KL

在老房子裡的西式小店，主要供應意大利和地中海料理。相比正統意大利餐廳，這裡多了一份隨心率性。設有大排檔feel的戶外帳篷用餐區，也有室內雅緻空調座位，主打菜式包括各式Pizza、意粉、意式火腿和芝士拼盤等。價格定位挺親民，吸引一眾喜歡意式佳餚的人，前來這裡享受地中海風情美食。

MAP：P.044 A4

自家製的大餃子，內餡有菠菜和Ricotta芝士，配以牛肝菌蘑菇醬，味道香濃。Les champignons RM$29

這裡的葡萄酒選擇也多。RM$28/杯

店裡也有售賣眾多從歐洲各地進口的食材。

在大帳篷下享受親民意菜，滿有輕鬆歡樂的用餐氣氛。

青口用了特級初榨橄欖油、大蒜和意式蕃茄醬煮製，配上香脆麵包，充滿鮮味。Cozze in Marinara Sauce RM$26

─Info─
地址： 1A, Jalan Ceylon, Bukit Ceylon, Kuala Lumpur
電話： +60320704222
營業時間： 1115-2230
休息日： 週日
消費： 約RM$70-100/位
網址： bottega.my
前往方法： 乘坐單軌列車 KL Monorail Line 或地鐵（MRT）Kajang Line 到「Bukit Bintang」站，再步行10分鐘。

坡隆吉

雙子塔・吉隆坡塔

武吉免登

茨廠街・獨立廣場・中央車站

湖濱公園

吉隆坡周邊

街上大部分食店和美食攤檔會於下午約4至5時開檔，而小部分更於中午就開門營業。

人氣之最美食街
阿羅街夜市（Jalan Alor）

吉隆坡名氣第一的地道夜市，也是武吉免登區的必到食街。在大約350米長的阿羅街，兩邊全是地道小吃攤檔，集合大馬人、華人及印度人的3大美食於一身。大部分攤檔於每晚約5點開始營業，吸引來自各地的遊客前來大吃一頓，非常熱鬧。不少香港明星如鄭嘉穎、陳豪、古巨基等也曾去過。

MAP：P.044 B3-4

每當晚上阿羅街夜市就會變得很熱鬧。

Info
地址：Jalan Alor,Kuala Lumpur
營業時間：1700-2400
前往方法：乘坐單軌列車 KL Monorail Line 或地鐵（MRT）Kajang Line 到「Bukit Bintang」站，再步行5分鐘。

必食魔鬼魚
明記燒魚美味店

阿羅街夜市最大食店之一，提供多款海鮮、燒烤、小炒等地道美食，當中最馳名的是燒魔鬼魚，將魚切開一片片後掃上醬汁，再放在鐵板上烤熟，最後以蕉葉包裹呈上，充滿地道風味。

燒魔鬼魚表層香脆，肉質鮮嫩，可蘸上秘製辣醬，帶點微辣極為惹味。RM$35

炒蘿蔔糕味道微辣，焦香脆邊十分惹味。椰青（後，RM$6）味道清甜，喝到底部更可刮到爽脆椰肉。

明記的店舖橫跨着數個舖位，面積極大。

Info
地址：
39, Jalan Alor,Kuala Lumpur
營業時間：1630-0300

現點現烤
沙嗲檔

隸屬明記燒魚美味的街頭沙嗲檔。師傅一邊拿着竹扇不停撥火，一邊忙着燒烤。可選擇牛肉或雞肉口味，最少需購買10串。

綜合沙嗲串肉質鮮嫩，蘸上花生醬風味更佳。

現場即叫即做，保證新鮮！

經炭火烤過的沙嗲串。

解渴必飲
天然純正甘蔗水

甘蔗水味道清甜，清熱解暑。RM$5/350ml；RM$5.5/500m

位於明記燒魚美味店附近的美食檔，只提供純正甘蔗水、甘蔗檸檬水和椰子水3款地道飲品，由於價錢相宜，不少旅客都會買來喝，消除悶熱。

椰子雪糕帶有香濃椰子味，拌着不同的Toppings一起吃，口感豐富。RM$12.9

現場即叫即做。

鮮椰子雪糕
Sangkaya

由一班年輕人開設的街頭雪糕店，其中最具人氣的是「Classic Signature」，用新鮮椰子殼作杯盛載4大球雪糕和3款配料，而口味都可自選。除了招牌椰子口味，抹茶和榴槤口味也很受歡迎。

除了在阿羅街這裡，Sangkaya在市內多個大型商場也設了分店。

---Info---
電話：+60 - 16 - 623 - 9333
營業時間：1600-2300；週日 1000-2400
網址：sangkaya.com.my
前往方法：在明記燒魚美味店旁邊。

燒雞翼，我鍾意食！
黃亞華小食店

這裡的燒雞翼是必食之選，以人手炭火燒烤，再塗上秘製醬汁及蜜糖，成為夜市人氣第一的小吃。由最初的小店擴展至3個相連店舖，可選擇室外及備有冷氣的室內用餐，於是得到很多明星捧場，包括薛家燕、陳奕迅、側田等都曾經到訪。

招牌上有米奇老鼠作標記。

人手攪動特別設計的迴轉燒烤碳爐，一排排雞翼並列，非常壯觀。

燒雞翼表皮烤至金黃色，皮脆肉嫩，香味四溢！蘸上辣汁拌食更惹味！RM$8/2隻

吉仔酸梅汁味道酸酸甜甜，消暑解渴！RM$5

---Info---
地址：No.1,2,7,9 Jalan Alor, Kuala Lumpur
電話：+60 - 3 - 2144 - 2463
營業時間：1700 - 2400
休息日：隔週一
網址：wawrestaurant-2.easy.co
前往方法：乘坐單軌列車 KL Monorail Line 到「Imbi」站，再步行8分鐘。

耀眼亮麗的大型彩色壁畫，吸引不少前往拍照的遊客。

房子畫滿了叢林綠意的壁畫，在牆上也架起了一朵朵的小白雲。

走進彩色巷弄
阿羅街後巷壁畫
（Alor Backspace Street Art）

在阿羅街尋找美食之前，也別忘了到街頭附近的無名小巷裡打卡！政府在這區進行了舊區美化項目，把附近原本破舊又平平無奇的巷弄打造成色彩奪目的壁畫街，為這裡注入了充滿色彩的藝術感，亦成為了當地人氣打卡熱點之一。

MAP: P.044 B3

活化後的舊街區，頓時充滿了小清新的街頭藝術感。

這區附近的舊房子，都被粉飾得五彩繽紛，為小巷帶來了充滿活力的氛圍。

──Info──

地址：Unnamed Road, near Jalan Berangan/Changkat Bukit Bintang/ Jalan Alor, Bukit Bintang, Kuala Lumpur

前往方法：可從章卡武吉免登酒吧街（Changkat Bukit Bintang）64號旁邊小路進入，然後右轉。

夜店聚集之地
章卡武吉免登酒吧街
（Changkat Bukit Bintang）

MAP: P.044 A4；B3-4

是吉隆坡最熱鬧的夜生活地帶！街道兩旁匯集了逾數十間餐廳、酒吧和夜店，一到入夜來消遣的人眾多，特別是週末假日，擠滿了來消遣的外國人和遊客，讓整條街由早上的靜謐感，搖身一變成為豐富多彩的酒吧街。

──Info──

地址：Changkat Bukit Bintang, Bukit Bintang, Kuala Lumpur

前往方法：乘坐單軌列車 KL Monorail Line 或地鐵（MRT）Kajang Line 到「Bukit Bintang」站，再步行5分鐘。

街道兩旁開滿酒吧和食店。

吉隆坡

雙子塔·吉隆坡塔

武吉免登

茨廠街·中央車站

湖濱公園·獨立廣場

吉隆坡國油

肉骨茶肉質較為軟脸，湯味香濃。一人份RM\$27

有自家出品的肉骨茶湯包及醬油出售。

當地人喜歡以肉骨茶當早餐，每日清早已吸引一班老顧客前來品嚐。

店舖面積為眾肉骨茶店之冠。

港台明星愛捧場
新峰肉骨茶
(Sun Fong Bak Kut Teh)

　　創辦於1971年，屬於吉隆坡最有名氣的肉骨茶店，曾當選《光明日報》「全國20佳肉骨茶」，超過數十年歷史，現已傳至第2代經營。最初由一個小攤販開始，發展成現時5個相連舖位的大型食店，日賣過百鍋肉骨茶。以多種藥材、豬肉及豬骨長時間熬製，帶有藥材香氣，味道鮮甜濃郁，具有行氣活血的功效，而且可以免費加湯。店舖牆上貼滿曾惠顧的明星照片，包括周杰倫、王力宏、曾志偉、謝霆鋒等名人紅星，星光熠熠！

第2代繼承人阿Joe，負責打理由爸爸創立的肉骨茶店。

MAP: P.044 B2

牆壁貼滿老闆與明星們的合照，包括周杰倫、曾志偉、陶大宇及黃宗澤等。

──┃ Info ┃──
地址：35,37,39,41, Medan Imbi,
　　　Kuala Lumpur
電話：+60321480905
營業時間：0700-2200
消費：約RM\$35 / 位
網址：www.sunfongbkt.com
前往方法：乘坐單軌列車 KL Monorail
　　　　　Line 或地鐵（MRT）Kajang
　　　　　Line 到「Bukit Bintang」站，
　　　　　再步行6分鐘。

商場融合了現代簡約和日式風格，內裡更有不少值得打卡的地方。

大型日系購物中心
啦啦寶都（LaLaport）

MAP: P.044 C4

　　屬於日本三井不動產旗下的大型商場，於2022年進駐吉隆坡。佔地達8萬多平方米，超越了大阪的Lalaport EXPOCITY成為全球規模最大的Lalaport商場！商場設計時尚且具有空間感，設有約4百間商鋪及食店，其中焦點有日本著名家具店NITORI和家電店Nojima，另外型格十足的書店BookXcess也是文青們的人氣據點。

這裡引進了不少日本知名品牌，也有一些馬來西亞本土商戶。

日本著名家電店Nojima設在3樓，售賣各款電器、電子產品和家具。

位於地下層設有當地Metrojaya百貨公司，出售服裝、家居用品和時尚配飾。

於地下層的美食街（Gourmet Street）匯集了不少咖啡店和餐廳，提供戶外半露天座位，用餐氣氛十分優閒。

在Metrojaya百貨公司裡設有專售天然有機護膚品的Organic Lab，愛美的女生必逛。

Info

地址：2, Jln Hang Tuah, Bukit Bintang, Kuala Lumpur
電話：+60327313555
營業時間：1000-2200
網址：mitsui-shopping-park.com.my/LaLaportBBCC/
前往方法：乘坐輕快鐵（LRT）Ampang Line / Sri Petaling Line 或單軌列車 KL Monorail Line 到「Hang Tuah」站，即達。

親民價日本家品
NITORI

　　主打親民價格高品質的家品和家具！店的規模挺大，商品以日系簡約時尚設計居多，種類多不勝數，包括大型家具、廚房用具、浴室用品、床具、個人護理用品、家居飾品等，是入手價廉物美日系家品的好地方。

店的面積很大，具有相當的空間感，十分好逛。

一系列的和風餐具款式特多。

白色簡約設計的水煲，為生活增添了小小儀式感。RM$99.9

可愛貓貓珪藻土浴室地墊，吸水一流。RM$69.9

---Info---
地址：L3-10B & 11A, Mitsui Shopping Park LaLaport
電話：+60397754704
營業時間：1000-2200
網址：www.nitori.my
前往方法：位於 LaLaport 3樓。

型格概念書店
BookXcess

　　有別於蘇丹街那猶如書中迷宮一樣的BookXcess RexKL，這裡的裝潢設計以時尚型格為主，風格不一，但同樣吸引！以鮮豔奪目的黃色配以低調沉穩的金屬灰，帶出高端亮眼的質感，引來不少文青和時尚一族前去打書釘，順道打卡！

裝潢時尚獨特，以線條營造一個視覺想像空間。

書店裡設有展覽空間，定期舉行各種藝術展。

---Info---
地址：L1-13A & 13B, Level 1, Mitsui Shopping Park LaLaport
電話：+60356144664
營業時間：1000-2200
網址：www.bookxcess.com
前往方法：位於 LaLaport 1樓。

當地大型家品店
MR.DIY

　　馬來西亞著名大型連鎖家品店，匯集了眾多類型的日常用品，包括：五金工具、家庭用品、家用電器、汽車配件、文具、玩具等。另外也有不少地道零食、調味品和食材。店舖以「價格低廉」見稱，如果想入手價廉物美的零食或家品，可以前去大逛特逛。

充滿東南亞風情的羅望子汁。RM$2

全國有超過8百間分店。

咖喱叻沙醬料 RM$5

大馬經典古早味零食「榴槤味啤啤菜」，入口沒有濃郁的榴槤味，口感香脆。RM$2.5

---Info---
地址：Lot L2-11A, Level 2, Mitsui Shopping Park LaLaport
電話：+60389611338
營業時間：1000-2200
網址：www.mrdiy.com
前往方法：位於 LaLaport 2樓。

大馬第二大購物商場

成功時代廣場
（Berjaya Times Square）

MAP: P.044 C3

於2005年開幕，集購物廣場、室內主題樂園及酒店於一身。佔地750萬平方呎，樓高15層，擁有逾千間店舖，一整天也逛不完。服飾以本土品牌為主，因為價錢相宜，吸引不少當地人前往購物。娛樂方面，設有保齡球場、卡拉OK及GSC電影院等設施。其中10樓的電影院熒幕長達23公尺，更是全國最大的電影螢幕。

極多元化的成功時代廣場，是當地人最愛逛的商場之一。

無論餐廳、服飾、電器及數碼產品等店舖都一應俱全。

保齡球場位於商場5樓，以當地人光顧居多。

Info
地址：1, Jalan Imbi, Bukit Bintang, Kuala Lumpur
電話：+60321173111
營業時間：1000 - 2200
網址：berjayatimessquarekl.com
前往方法：乘坐單軌列車 KL Monorail Line 到「Imbi」站，即達。

大型室內遊樂場

Berjaya Times Square Theme Park

位於成功時代廣場購物中心5樓和7樓，屬吉隆坡最大的室內樂園，佔地逾13萬平方呎，5樓的銀河系太空站（Galaxy Station）設有多項刺激的機動遊戲，如Supersonic Odyssey及Spinning Orbit等，最適合追求快感的人士。而7樓的夢幻花園（Fantasy Garden）則設有多個為兒童而設的遊樂設施，包括：碰碰車、旋轉木馬及小火車等，最適合一家大小同遊。

Info
地址：Level 5 &7, Berjaya Times Square
電話：+60 - 3 - 2117 - 3118
營業時間：平日 1200-2000；
週末及假日 1100-2000
門票：成人RM\$75、3至12歲小童RM\$70、55歲以上長者RM\$32、家庭套票RM\$250
網址：berjayatimessquarethemeparkkl.com

入口位於商場5樓。

長達800呎的過山車「Supersonic Odyssey」，是樂園中最大型的遊樂設施。

瞬間置身台北
小台北
（Tiny Taipei）

位於商場3樓，以台北夜市為主題的美食購物街。多間店舖均以台北地方來命名，令人恍如置身台北街頭。

不同顏色的霓虹燈牌懸掛在當眼位置，就連牛仔褲店舖也以周杰倫歌曲《牛仔很忙》來命名。

小台北的服飾購物街，價錢相宜。

Info
地址：Lot 03 - 90, Berjaya Times Square
營業時間：1000-2200

吉隆坡

雙子塔・吉隆坡塔

武吉免登

茨廠街・獨立廣場

湖濱公園・中央車站

吉隆坡周邊

碧綠色購物中心
樂天廣場
(Lot 10) **MAP: P.044 B3**

全綠色設計的外觀，配搭紅色的商場LOGO分外搶眼！樓高6層，以售賣各款潮流服飾及護膚品專區為主。附設「十號胡同」美食廣場，集結大馬各人氣美食。

┌─**Info**─┐
地址：50 Jalan Sultan Ismail, Kuala Lumpur
電話：+60321410500
營業時間：1000 - 2200
網址：www.lot10.com.my
前往方法：乘坐單軌列車 KL Monorail Line 或地鐵（MRT）Kajang Line 到「Bukit Bintang」站，再步行5分鐘。

商場位置優越，交通方便。

場內設有日本著名百貨公司 Isetan，售賣各款潮流服飾。

老字號美食總匯
十號胡同
MAP: P. 044 B3
(Lot 10 Hutong Food Court)

匯聚數十間來自大馬各地的老字號中式食店，當初全是大馬富商楊肅斌逐一親自拜訪得來，原因是為方便年紀漸大的父母，可以隨時品嚐美食，無需再四處尋覓記憶中的味道。現在旅客可以在此一次過品嚐各地傳統美食，包括砂煲雞飯、辣椒蟹、蠔煎、炒粿條、叻沙等，極之方便。

十號胡同得到香港著名食家蔡瀾的推薦。

店裡裝潢古色古香，還放置了仿古中式家具作佈置。

面積挺大，把眾多中式傳統美食匯聚一堂。

津記的砂煲鹹魚雞飯十分馳名，以炭火烤熟的煲仔飯，雞肉嫩滑，飯粒分明，並帶有香脆飯焦，很惹味。RM\$15.6

┌─**Info**─┐
地址：LG Floor, Lot 10 Shopping Centre, 50 Jalan Sultan Ismail, Kuala Lumpur
電話：+60 - 3 - 2782 - 3500
營業時間：1000 - 2200
網址：www.lot10hutong.com
消費：約RM\$25 / 位
前往方法：位於Lot 10地庫樓層。

大馬版黃金商場
Plaza Low Yat

馬來西亞最大的電子產品商場，售賣各款不同的數碼影音產品。樓高7層，劃分為不同主題。亦有潮流服飾、精品店及餐廳等，而商場亦提供免費Wi - Fi服務。 **MAP: P.044 B3**

┌─**Info**─┐
地址：No. 7 Jalan Bintang, Bukit Bintang, Kuala Lumpur
電話：+60 - 3 - 2148 - 3651
營業時間：1000 - 2200
網址：www.plazalowyat.com
前往方法：乘坐單軌列車 KL Monorail Line 到「Imbi」站，再步行3分鐘。

商場的電子產品款式眾多，當地人也很喜歡逛。

現代奢華極致　MAP: P. 044 A2

星同廣場（The Starhill）

又名為「升禧藝廊」，被譽為大馬最奢華的購物商場，曾獲「亞洲10大最佳商場」的殊榮。樓高7層，邀請世界知名的建築師打造了鑽石般閃亮的外形，並集結多個國際知名高端品牌，包括全馬首間LV旗艦店。另設有多間高級食肆，提供各國美食，商場更與萬豪酒店及Ritz Carlton酒店相連，住客只需穿過隧道即可隨時購物。

商場每層各有主題，珠寶腕表、服飾及餐廳等店舖分布於不同樓層。

陸羽茶館位於「美食軒」（Feast Village）中央大廳旁，食客可於開放式廚房欣賞師傅烹調美食。

商場外牆以輕鋼玻璃製造，每當夜幕低垂，燈光照耀整個商場，猶如一顆閃亮的鑽石。

Info
地址：181 Jalan Bukit Bintang, Kuala Lumpur
電話：+60 - 3 - 2782 - 3800
營業時間：1000 - 2200
網址：thestarhill.com.my
前往方法：乘坐單軌列車 KL Monorail Line 或地鐵（MRT）Kajang Line到「Bukit Bintang」站，再步行5分鐘。

年輕人時尚潮流

Fahrenheit88

位於武吉免登黃金地段，為必逛商場之一。

在Pavilion附近的人氣商場之一，被當地人稱為「華氏88廣場」，又或是「飛輪海88廣場」，以日本風格為商場主題。樓高5層，逾60間店舖，設有不少年輕國際品牌如Uniqlo、New Balance等，亦有卡拉OK及Spa等娛樂設施，大受年輕人歡迎。　MAP: P. 044 B2

Info
地址：179 Jalan Bukit Bintang, Kuala Lumpur
電話：+60 - 3 - 2148 - 5488
營業時間：1000 - 2200
網址：www.fahrenheit88.com
前往方法：在星同廣場（The Starhill）和樂天廣場（Lot 10）之間。

廉價購物中心

金河廣場
（Sungei Wang Plaza）

樓高6層，主要售賣當地品牌服飾及個人護理產品等，以價格便宜見稱。6樓設有香港主題購物街「6樓后座」，集合逾100間店舖，到處都是以香港街道為主調設計，分外有親切感。　MAP: P. 044 B3

商場常舉辦不同的活動吸引顧客。

商場就在「Bukit Bintang」站旁邊，位置便利。

Info
地址：Jalan Sultan Ismail, Bukit Bintang, Kuala Lumpur
電話：+60 - 3 - 2144 - 9988
營業時間：1000 - 2200
網址：www.sungeiwang.com
前往方法：乘坐單軌列車 KL Monorail Line 或地鐵（MRT）Kajang Line到「Bukit Bintang」站，再步行2分鐘。

榴槤果乾也是店家的人氣品，包裝精美可愛，送禮一流。RM\$38/1盒；RM\$138/4盒

果園直送

MAP: P.044 B1

榴槤BB四季果園
(Durian BB Park)

招牌榴槤拼盤有不同的配搭組合，每款果肉都插著牌子列明了品種。其中貓山王色澤金黃，甜中帶甘。而山頂XO口感軟滑，富獨特甘苦，帶有微微酒香。RM\$69

　　榴槤迷必到！在市中心燕美路 (Jalan Imbi) 的榴槤專賣店，一年四季每天從果園直送新鮮榴槤，還提供舒適寫意的用餐座，讓客人來到可以慢嘆。而這裡還特意供應榴槤拼盤（Tasting Platter），拼盤內共有5件不同品種的果肉，讓人可一次過品嚐多款時令榴槤。店家還有販售一些自家榴槤精品和榴槤小吃，包括榴槤冰淇淋、貓山王蛋卷、榴槤果乾等。

有不同品種的即開當造榴槤，適合好幾個人一起來分享。

新鮮大椰青水甜度不高，十分清熱。RM\$6

整體環境十分亮麗整潔，到處可見店家的「榴槤BB」招牌圖案。

每枱都有提供即棄手套、紙巾和酒精搓手液，下單後還附送免費礦泉水。

Info

地址：15, Jalan Kamuning, Imbi, Kuala Lumpur
電話：+60123138699
營業時間：1200-2200
消費：約RM\$65-85/位
網址：durianbb.com.my
前往方法：
步行 從柏威年廣場（Pavilion）步行前往約需10分鐘。
公共交通 乘坐地鐵（MRT）Putrajaya Line 或 Kajang Line 到「Tun Razak Exchange」TRX 站，再步行7分鐘。

享用榴槤的地方是一間圓頂茅草屋，裝潢充滿熱帶風情。

吉隆坡

雙子塔·吉隆坡塔

武吉免登

茨廠街·獨立廣場

湖濱公園·中央車站

吉隆坡周邊

豬肉丸米粉拌上肉碎及彈牙肉丸，米粉爽口清新。

炒粿條火候十足，味道微辣不油膩。RM$10

地道風味懷舊茶室

永興城茶餐室
（Restoran Win Heng Seng）

　　當地老字號茶室，附設多個不同小吃攤檔。即使不設冷氣，亦無減食客熱情，成為當地華人每日必到的聚腳點。供應椰漿飯、豬肉粥、豬肉粉、叻沙及雲吞麵等小食，全部都是充滿地道風味的特色美食。

MAP: P.044 B2

茶室每日均有大量食客，座無虛席。

除了室內座位，亦可選擇較涼快的室外座位。

鹹桔仔味道酸酸甜甜，很開胃。

每個獨立小攤檔提供不同的地道小食。

Info

地址：183, Jalan Imbi, Kuala Lumpur
營業時間：0600 - 1500
消費：約RM$15-20 / 位
前往方法：乘坐單軌列車 KL Monorail Line 或地鐵（MRT）Kajang Line 到「Bukit Bintang」站，再步行8分鐘。

招牌菜式北京片皮鴨，鴨皮配搭青瓜絲、甜醬、蔥段，再以薄餅夾裹着吃，味道香脆惹味。（需提前預訂）RM$130/小；$250/大

高級精緻粵菜
麗苑(Li Yen)

　　位於吉隆坡麗思卡爾頓酒店2樓的著名中菜廳，曾獲頒當地多個獎項備受肯定。由香港名廚梁貴康師傅主理，主打多款巧手粵菜及精緻點心等，極具港式風味。餐廳以原木為主調裝潢，定時有中國傳統揚琴表演，增添幾分古典氣息。

MAP: P.044 B2

椒鹽白飯魚咸香爽脆，以越南米卷作襯托，賣相很精美。RM$40

脆皮燒肉皮脆肉嫩，肉質帶油脂香。RM$80/小

內廳用了原木屏風裝飾，營造典雅氛氣。

茶香排骨用上醃製過的豬肋骨加龍井茶葉以焗爐烹調，帶有陣陣清新茶香，肉質入味且不油膩。RM$45/份

榴槤布丁嫩滑清甜，帶有濃郁榴槤香味。

金絲蝦球用以炸芋絲配上明蝦，肉質彈牙，味道甜甜酸酸，很開胃！RM$150/小

┌Info┐

地址： Level 2, The Ritz-Carlton,168, Jln Imbi, Bukit Bintang, Kuala Lumpur
電話： +60321428000
營業時間： 週日 1030-1500、1830-2200 ；
　　　　　週一至週六 1200-1500、1830-2200
消費： 約RM$200-250 / 位
網址： www.liyenkl.com
前往方法： 乘坐單軌列車 KL Monorail Line 或地鐵（MRT）Kajang Line 到「Bukit Bintang」站，再步行8分鐘。

吉隆坡

麥子塔‧吉隆坡塔

武吉免登

茨廠街‧獨立廣場‧中央車站

湖濱公園‧

吉隆坡周邊

地道風味懷舊茶室

旭日肉骨茶
（Yuk Yat Bak Kut Teh）

逾30年歷史的傳統老字號，以18種珍貴藥材，熬足12小時而成，故火候十足，屬傳統福建派風格，帶有香濃的藥材味，更可加配多款配料，包括軟骨、豬腸、豬肚、白菜及金菇等。就連台灣三立電視台的美食節目《美食大三通》也曾介紹過。

MAP: P.044 B2

招牌肉骨茶帶有濃郁的肉香及藥材味。1人份RM$25；2人份$40

胡椒豬肚湯裡的豬肚口感軟腍，具有健脾益胃的功效。RM$20

排骨肉骨茶另可加配油條、豆卜、軟骨、豬腸等配料。

位於住宅區，來光顧的多是街坊及老顧客。

傳統大牌檔的格局，充滿地道風味。

┃Info┃

地址：21B, 23B, 25B, Medan Imbi, Imbi, 55100 Kuala Lumpur
電話：+60122197778
營業時間：0800-1800
消費：約RM$30/位
前往方法：乘坐單軌列車 KL Monorail Line 到「Imbi」站，再步行10分鐘。

米芝蓮必比登推介

阿喜肉骨茶
（Restoran Ah Hei Bak Kut Teh）

擁有超過30年歷史的肉骨茶老店，在2023年第一版的《吉隆坡檳城米芝蓮指南》中獲得必比登推介。這裡每天用上桂皮、杞子、甘草、黨參、熟地、陳皮、八角及玉竹等16種藥材來熬煮肉骨茶，食客還可選擇排骨、豬肚、或五花肉等配料。另外，也有供應一些家鄉小菜。

MAP: P.044 B2

於1991年開業，是當地的老字號肉骨茶小店。

老闆娘每日都在忙着預備材料。

店舖面積較小，但依然吸引不少顧客。

┃Info┃

地址：33A, Medan Imbi, Kuala Lumpur
電話：+60 - 3 - 2145 - 1911
營業時間：0730-1400
休息日：週三
消費：約RM$30/位
前往方法：乘坐單軌列車 KL Monorail Line 到「Imbi」站，再步行10分鐘。於新峰肉骨茶旁邊。

歷史情懷
茨廠街、獨立廣場

🚌 **交通**　茨廠街/中央藝術坊：乘坐MRT或LRT到「Pasar Seni」站。
獨立廣場：乘坐LRT到「Masjid Jamek」站。

　　位於市中心西面巴生河附近，有吉隆坡著名的唐人街，泛指茨廠街一帶，是大馬當地華人的聚居地，耳伴不時傳來熟悉的廣東話。區內有如大馬版的廟街，雲集不同的華人美食。周邊則有著名手工藝品市集「中央藝術坊」，以及極富歷史意義的獨立廣場，乃初遊吉隆坡不能錯過的地區。

N

A　　　　　　　　　B　　　　　　　　　C

Masjid Jamek 站

蘇丹阿都沙末大廈
Bangunan Sultan Abdul Samad

占美清真寺
Masjid Jamek

獨立廣場
Dataran Merdeka

Jalan Tun Perak

馬來西亞電訊博物館
Muzium Telekom

生命之河 River of Life

輕快鐵 LRT Kelana Jaya Line

1

Leboh Pasar Besar

吉隆坡城市展覽館
Kuala Lumpur City Gallery

國家紡織博物館
National Textile Museum

中央藝術坊附樓
Central Market Annexe

卡斯杜麗走廊
Kasturi Walk

巴生河 Sungai Kelang

中央藝術坊
Central Market / Pasar Seni

2

Jalan Tun Tan Cheng Lock

新九如新
記牛肉粉

茨廠街

羅漢果龍眼冰糖燉冬瓜
BookXcess @REXK

唐城小食中心
茶王

我來也肉乾

Jalan Hang Lekir

金蓮記福建麵美食館

茨廠街麻芝婆婆

Jalan Petaling

馳名茨廠街義欽
豆腐花/豆漿水

南香雞飯

唐人街勝記

Jalan Sultan

Merdeka 站→

3

蘇丹街

地鐵 MRT Kajang line

3

默迪卡118
Merdeka 118

Pasar Seni

鬼仔巷
Kwai Chai Hong

源昌隆海南咖啡店
KafeiDian

老吉隆坡壁畫
Lorong Petaling 2

何九茶店
Ho Kow Hainam Kopitiam

茨廠街、獨立廣場地圖

A　　　　　　　　　B　　　　　　　　　C

登上樓梯可看到一幅畫了海南茶室和理髮店的壁畫，完美呈現了當時住在巷裡的生活模樣。

Tips
互動式壁畫
每幅壁畫旁邊設有QR Code，只要用手機掃一掃，就可進入頁面看到該壁畫的故事。

重現巷弄裡的舊光景
鬼仔巷（Kwai Chai Hong）

MAP: P.062 B3

　　於2019年，一班當地藝術家在這條後巷畫了一系列的壁畫，還原昔日巷弄裡繁華的生活面貌。一走進去，就像回到了60年代吉隆坡的唐人街。壁畫中有戀人在紅橋上談情聊天，也有坐在窗前的風塵女子在迎客，還有正在替別人寫家書的寫信佬。每個人物都像在描述上年代的故事！這些壁畫連結了當地人的記憶，也讓遊客們感受昔日吉隆坡的小巷情懷。此處亦於瞬間成為了人氣打卡熱點。

巷弄周邊有很多以老房子改建而成的咖啡館和餐廳。

穿著艷麗的風塵女子倚在窗邊，正在揮動絲巾迎客。

於入口越過這搭建出來的紅橋，即達鬼仔巷裡。一對戀人正坐在橋邊聊天。

拿著毛筆的男士正在替別人寫家書向親人報平安，壁畫重現了這失傳已久的老行業。

在入口處會看到這穿著旗袍的女子，場景充滿懷舊感，就像回到了上個年代。

提提你

鬼仔巷的名字由來
這跟鬼怪完全無關。據說當年居住在此的小孩們，經常在巷裡亂跑，頑皮小孩被居民稱為「鬼仔」，所以這裡也叫做「鬼仔巷」。

Info

地址：Lorong Panggung, Kuala Lumpur
電話：+60103883882
開放時間：0900-2400
網址：www.kwaichaihong.com
前往方法：乘坐地鐵（MRT）Kajang Line或輕快鐵（LRT）Kelana Jaya Line到「Pasar Seni」站，再步行5分鐘。

隱藏在百年郵局裡的咖啡店，外觀保留了原有特色，被綠樹環繞下，滿有愜意氛圍。

百年郵局裡的傳統風味
源昌隆海南咖啡店
(KafeiDian)

MAP: P.062　B3

　　座落在一幢十分典雅的英式建築裡，前身是建於1911年的舊郵局，現在則改建為供應經典南洋美食的傳統咖啡店。店的內外保留了60年代的復古情懷，環境綠意清幽，充滿地道氛圍感。料理方面選擇蠻豐富，其中最受歡迎的有炒粿條、巴東牛肉、豬腸粉、咖央多士等。只要付出親民價格，即可在這百年歷史建築裡一嚐正宗南洋風味。

在吉隆坡這裡也可吃到檳城蝦麵，麵條混合了幼身米粉和較粗身的油麵，湯底充滿鮮味，有辣勁。RM$12

內部環境古色古香，另設有冷氣用餐區。

消暑必點美人冬瓜，以龍眼和冬瓜蓉煮製而成的冰凍糖水，味道香甜清爽。RM$4.8

腸粉透薄滑溜，帶點軟糯感，配拌甜辣醬與少許炸蒜和蝦米，很具口感。蝦米甜醬豬腸粉 RM$5.9

店裡也有販售幾款自家製醬料，包括南洋名物咖央醬。RM$5.5

在這充滿復古風味的環境下嘆杯海南茶，細味南洋茶香。RM$3.4

Info

地址：16, Jalan Panggong, City Centre,
　　　50000 Kuala Lumpur
電話：+601110193159
營業時間：週二0730-1730；
　　　　　週三至週一0730-2200
消費：約RM$20-35/位
前往方法：從鬼仔巷（Kwai Chai Hong）
　　　　　步行約需1分鐘。

上層用餐區環境闊落，在傳統房子的三角屋頂下用餐別具特色。

人氣美食有雪油花生砂糖太空包，麵包微暖軟熟，餡料有花生粒粒、砂糖和半溶牛油，鹹甜俱備具口感。RM$5

Tips

老吉隆坡壁畫
步出何九茶店再轉出茨廠街後，於對面小巷裡畫滿了老吉隆坡街景的壁畫，喜歡打卡的朋友，可考慮順道一遊。
地址：Lorong Petaling 2, Jalan Petaling, Kuala Lumpur

壁畫充滿地道氣息。

還有摩天大樓 Merdeka 118作背景。

海南早茶老店
MAP: P.062 B3

何九茶店
（Ho Kow Hainam Kopitiam）

在鬼仔巷附近的傳統咖啡老店，經營至今已達數十年光景，從昔日在鬼仔巷裡的小茶檔擴展至巷外樓高2層的茶店，從早上至午後供應各式海南早茶和料理，經典美食包括咖喱雞、椰漿飯、花生砂糖太空包和海南傳統咖啡等。茶店人氣十足，經常大排長龍。

凍柑桔陳皮甘甜舒心，止渴生津，解熱一流。RM$5.3

這裡的海南料理保留了古早風味，很受當地人和遊客歡迎。

Info

地址：1, Jalan Balai Polis, City Centre, Kuala Lumpur
營業時間：0730-1430；
　　　　　　週六、週日 0730-1500
休息日：週一
消費：約RM$15-20/位
前往方法：在鬼仔巷（Kwai Chai Hong）外的轉角，步行約1分鐘。

東南亞最高建築物

默迪卡118（Merdeka 118）

共有118層的摩天大樓，總高度為678.9米，於2023年年底落成之時將屬全球第2高的建築物，亦是東南亞最高的建築！完工後內部空間會逐步開放，低層1至7樓將會是Mall 118購物中心，而8至96樓則是辦公室。至於97至112樓會是Park Hyatt Kuala Lumpur Hotel的所在。而最頂部的數個樓層，將會設有觀景餐廳和全城最高的觀景台。

MAP: P.062 C3

Info

地址：Jalan Hang Jebat, Kuala Lumpur
網址：merdeka-tower.com
前往方法：
地鐵 乘坐地鐵（MRT）Kajang Line到「Merdeka」站，即達。
步行 從鬼仔巷步行前往約需10分鐘。

取代了雙子塔成為城中最高的摩天大樓。

吉隆坡

雙子塔・吉隆坡塔

武吉免登

茨廠街・獨立廣場

湖濱公園・中央車站

吉隆坡周邊

南端正門用了藍白色作主調，旁邊設有巨大「Central Market」打卡位。

全馬手工藝總匯
中央藝術坊
（Central Market / Pasar Seni）

建於1888年，由原本的菜市場改建為集合大馬文化及手工藝品的藝術坊。樓高兩層，地下售賣各族特色擺設、飾物、手袋及樂器等；1樓主要售賣傳統服飾，還有美食廣場。而於北端後門連接了中央藝術坊附樓（Central Market Annexe），並匯集了眾多藝術畫廊，也設有幻覺3D藝術博物館（Illusion 3D Art Museum）。無論是文青一族或是藝術愛好者，必定讓你大感滿足！

MAP: P.062 A2-B2

藝術坊內環境寬敞，以露天玻璃設計，非常開揚。

門外設有鮮豔奪目的孔雀雕塑，充滿藝術感。

於1樓的美食廣場，內設10多間地道美食攤檔。

逛累了，可以坐下來喝杯醇香味美的三色冰咖啡，休息一下。RM$6.5

內部裝潢古色古香，帶有上年代的歷史韻味。

欄邊座位可從高而望，欣賞藝術坊內景，感覺挺Chill。

在北端後門外的附樓，設有多間藝術工作室，也有即畫人像畫作。

┌─ Info ─┐

地址： Pasar Seni, Jalan Hang Kasturi, Kuala Lumpur
電話： +60 - 3 - 2031 - 0399
營業時間： 1000 - 2000
網址： www.centralmarket.com.my
前往方法： 乘坐地鐵（MRT）Kajang Line或輕快鐵（LRT）Kelana Jaya Line到「Pasar Seni」站，再步行5分鐘。

吉隆坡

雙子塔·吉隆坡塔

武吉免登

茨廠街 獨立廣場

湖濱公園·中央車站

吉隆坡周邊

特色傳統風箏
Wau Tradisi

售賣各款色彩鮮豔的傳統馬來西亞風箏（Wau），其中有當地經典的月亮風箏（Wau Bulan），風箏尾部的形狀就像一彎新月。

專售充滿地道特色的傳統馬來風箏。

Info
店號：G54
電話：+6019-317 2930

手工捕夢網
Sakai

Info
店號：G53
電話：+60126706067

售賣各款手工造的捕夢網、手繩及頸鏈等飾物，款式眾多。

門前掛上大量飾物，非常易認！

捕夢網款式特多，充滿民族風情。

錫器專門店
KL ARTS AND CRAFTS

大馬最著名的錫器製造公司Royal Selangor的分銷店，售賣各款手工精細的錫鑞製品，包括杯具、茶壺、精品擺設等。

Royal Selangor 蝙蝠俠 錫鑞模型 RM$2800

錫器是當地的名貴產物，不少當地人及遊客喜歡買來送禮。

Info
店號：G18 & 19
電話：+60 - 3 - 2274 - 6686

魚療休息
Cute Fish Spa

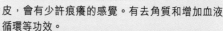

逛到累可試一趟魚療，溫泉魚會替你清除腳底死皮，會有少許痕癢的感覺。有去角質和增加血液循環等功效。

魚療大受外國旅客歡迎，有興趣不妨一試！RM$10 / 10分鐘

Info
店號：K35

露天版中央藝街坊
卡斯杜麗走廊（Kasturi Walk）

位於中央藝術坊外東端的半露天購物走廊，頂部以9呎高的巨型風箏造型建成的有蓋通道，內設逾數十家售賣大馬手工藝品衣飾、地道美食的攤檔。

頂部用了傳統風箏圖案作設計。

大馬版廟街
茨廠街（Jalan Petaling）

MAP: P.062 B2-B3

吉隆坡著名的唐人街，極具中國傳統特色。街道兩旁均擺滿了不同的攤檔，售賣手袋、T-Shirt、手表及手工藝等紀念品，當然少不得地道的華人小食攤檔，儼如大馬版廟街，非常熱鬧，乃遊客必到景點。

每到中午時分，遊客便會蜂擁來到茨廠街。

☆ I Can Tips

華人聚集地
茨廠街又名為八打靈街（Jalan Petaling），是當地著名的華人聚集地，涵蓋範圍還有周邊幾條非常熱鬧的老街，包括蘇丹街（Jalan Sultan）和Jalan Hang Leki等。

—Info—
地址： Jalan Petaling, Kuala Lumpur
營業時間： 約1000 - 2300（因個別店舖而異）
前往方法： 乘坐地鐵（MRT）Kajang Line或輕快鐵（LRT）Kelana Jaya Line到「Pasar Seni」站，再步行5分鐘。

有如香港的廟街一樣，街道有寫上「茨廠街」的牌坊，極具氣派。

清甜消暑
羅漢果龍眼冰糖燉冬瓜

專售冬瓜水而聞名。以羅漢果、冬瓜、龍眼乾及冰糖煮成，具有清涼潤肺、化痰止咳等功效。在炎熱的吉隆坡，喝上一杯冰涼潤喉的冬瓜水就最適合了。 **MAP:** P.062 B2

—Info—
地址： 15, Jalan Hang Lekir, Kuala Lumpur
營業時間： 1200-2200；
週六、週日 0800-2200
前往方法： 在茨廠街（Jalan Petaling）和Jalan Hang Leki的交界附近。

雖然只是一個小小攤檔，但前來光顧的客人絡繹不絕。RM$5/枝裝

前首相也愛吃
馳名茨廠街義欽豆腐花 / 豆漿水

於羅漢果龍眼冰糖燉冬瓜斜對面有專賣豆腐花、豆漿及涼粉的路邊小攤，長期人氣高企，食客為求一嚐都願意乖乖排隊等候，就連大馬前首相敦馬哈迪也來吃過豆腐花，更成為一時熱話。

MAP: P.062 B2

—Info—
地址： Jalan Petaling, Kuala Lumpur
營業時間： 1000 - 晚上
前往方法： 在茨廠街（Jalan Petaling）和Jalan Hang Leki的交界附近。

不論任何時候前往，店前必定大排長龍。

豆漿味道清甜，消暑一流！RM$2.4/ 杯

豆腐花口感嫩滑順喉，味道香甜。RM$2.4 / 碗

滑溜溜糯麻糬
茨廠街麻芝婆婆

　　屬茨廠街50多年的老字號小攤檔，當年原店主陳婆婆不停叫賣「滑溜溜」而吸引途人注意。賣的是名叫「麻芝」的糯糬，吃時蘸上芝麻、花生碎等配料拌食。由最初的原味，到後期獨創出多款特別口味如綠茶、芒果、荔枝、黑芝麻、斑蘭葉，甚至利賓納等。純以水果製成，不添加任何香料及調味料，味道天然且不易變硬。自陳婆婆於2023年離世後，交由第二代和第三代接手經營，把這裡經典的傳統麻芝傳承下去。

MAP: P.062 B3

當年陳婆婆靠着小攤檔闖出名堂。

麻芝口感滑溜，軟糯而不黏牙，味道清甜。RM$6/ 盒

Info
地址：Jalan Petaling, Kuala Lumpur
營業時間：0800-1500
前往方法：在茨廠街前段，於馳名茨廠街義欽豆腐花/豆漿水攤檔附近。

人氣炭爐炒福建麵
MAP: P.062 B2
金蓮記福建麵美食館

　　始創於1927年，吉隆坡人氣第一的炭爐炒福建麵。先以炭火炒麵，炒出其獨特香濃及微焦的味道，再加入黑醬油及豬油渣調味，令其顏色較深，連食家蔡瀾及食神韜韜吃過也大讚好味。

門面以紅色設計，鮮色奪目。

炭炒福建麵麵條帶有炭火香氣，相當夠鑊氣。RM$14

店內裝潢以紅色為主調，充滿中國傳統節日

Info
地址：92, Jalan Hang Lekir, Kuala Lumpur
電話：+60320324984
營業時間：1100-2300
休息日：週三
消費：約RM$20/ 位
前往方法：在茨廠街前段，於馳名茨廠街義欽豆腐花/豆漿水攤檔附近。

地道美食廣場
唐城小食中心

　　茨廠街的知名美食中心，集結大馬各特色美食，無需到處尋找，一次過便可嚐盡各款美食，想受地道風味就最適合不過。其中九如潮洲鮮蛤炒粉始創於1952年，粿條以老抽及魚露調味，配以鮮蛤、豆芽等配料拌炒，火候十足！

MAP: P.062 B2

每當午飯時間均座無虛席。

這九如潮州鮮蛤炒粉攤檔只在週一至週六0700-1400營業，想試的話得趁早前往。

Info
地址：21-27, Jalan Hang Lekir, Kuala Lumpur
營業時間：0600-2300
消費：約RM$15-20 / 位
前往方法：在茨廠街（Jalan Petaling）和蘇丹街（Jalan Sultan）之間的橫街「Jalan Hang Leki」裡。

鮮蛤炒粉味道微辣，材料豐富且毫不油膩。RM$7.5

地道茶味
MAP: P.062 B2

茶王

在唐城小食中心旁邊的小攤檔，始創於1957年，屹立茨廠街50多年，以賣奶茶及咖啡而街知巷聞。選用英國進口茶葉，加上炒過的咖啡粉及奶油，味道富風味。平日賣逾600杯茶，在週末及公眾假期更可賣上逾千杯，大受當地人及旅客歡迎。

師傅每日清晨就起床準備，忙個不停。

將茶葉放進網內沖泡，讓茶味滲透，茶香四溢。

咖啡味道香濃順滑，外賣以膠袋盛載，附上尼龍繩方便手提，風味十足！

將茶倒進杯內用手不停攪拌，讓奶茶更加順滑。

最後倒入已加入冰塊的膠袋即成。

Info

地址：36, Jalan Hang Lekir, Kuala Lumpur
營業時間：0700-1500
消費：約RM$5/位
前往方法：在茨廠街（Jalan Petaling）和蘇丹街（Jalan Sultan）之間的橫街「Jalan Hang Leki」裡。鄰近我來也肉乾店。

馳名肉乾

我來也（Oloiya）

創立於1970年的大馬知名肉乾店，全國擁有逾20多間分店，茨廠街店為總店。最初只是售賣柳橙汁的小店，後來經台灣的好友傳授製作肉乾的秘方，以雞肉作主要材料，烤得香脆味美，自此聲名大噪。店內另有豬肉乾及魷魚乾等發售，於門前攤檔亦有出售多款古早味肉乾麵包。MAP: P.062 C2

肉乾價錢依照重量而定，可因應個人喜好選購。

雞肉乾香味四溢且嚼勁十足。RM$65 /500g

店內亦有其他大馬地道小吃發售，最適合買來作手信。

Info

地址：30, Jalan Hang Lekir, Kuala Lumpur
電話：+60 - 3 - 2078 - 2536
營業時間：0830-2000
網址：www.oloiya.com
前往方法：在茨廠街（Jalan Petaling）和蘇丹街（Jalan Sultan）之間的橫街「Jalan Hang Leki」裡。

這裡前身是柏屏戲院（REX Cinema），書店保留了戲院的舊有建築面貌，書架都是依梯級而建。

在這裡逛書局絕對是一件樂事，也成為了當地著名打卡勝地。

老戲院裡的書迷宮

MAP: P.062 C2

BookXcess @REXKL

BookXcess是馬來西亞著名連鎖書店，每間分店都有獨特的設計，於2021年進駐位於蘇丹街的文藝空間REXKL，在老戲院裡的樓梯級上巧妙地以木書架打造縱橫交錯的隔間，又高又低令人感到置身書迷宮一樣，營造出型格又獨特的空間面貌。

像迷宮一樣的佈局，當中亦有不少可讓人隱身的小空間，絕對是書迷的天堂。

簡約型格的佈置吸引不少文青族來打書釘。而店裡藏書量驚人，也設有專售英文書的書架。

書店位於蘇丹街RexKL的2樓，登上樓梯即達。

┌Info┐

地址：Second floor, at RexKL, Jalan Sultan, Kuala Lumpur
營業時間：1000-2200；週六 1000-2300
網址：www.bookxcess.com
前往方法：在茨廠街（Jalan Petaling）旁邊的蘇丹街（Jalan Sultan），RexKL的2樓。

米芝蓮必比登推介

南香雞飯

MAP: P.062 C3

始創於1938年的知名老店，被選為米芝蓮2023年必比登推介。一隻隻肥美嫩滑的燒雞及白切雞掛在店門當眼位置，非常奪目。當中最受歡迎的是菜園雞，肉質肥美嫩滑。

店內環境寬闊，均坐滿食客。

招牌菜園雞嫩滑味美，雞味濃郁，底部附有青瓜拌食，可另配油飯。菜園雞RM$11.9（1人份）；油飯RM$2

設有開放式廚房，食客可見到師傅的斬雞過程。

食店鄰近茨廠街的末端，非常易找。

┌Info┐

地址：56, Jalan Sultan, Kuala Lumpur
電話：+60320223818
營業時間：1000-1800
休息日：週一
消費：約RM$20-30 / 位
前往方法：位於蘇丹街（Jalan Sultan），從鬼仔巷（Kwai Chai Hong）步行約需5分鐘

瓦煲老鼠粉
唐人街勝記

開店逾20年，以招牌老鼠粉而聞名。由於麵身略短，頭尖尾尖，形狀恍如老鼠尾巴而得名。拌上肉醬、生雞蛋及蔥花等配料，再攪拌即可食用。滑溜蛋汁完全滲進老鼠粉，口感嫩滑且不黏牙，非常惹味！其餘人氣推介包括釀豆腐、燒肉麵和各式小菜等。

MAP：P.062 C3

食店鄰近南香雞飯。

瓦煲老鼠粉（餐牌寫瓦煲珍珠粉）口感滑溜，味道香濃，嗜辣者可加入辣椒醬及生辣椒拌食，味道更加刺激。RM15

店內環境較舊，反而吃到最地道的美食。

「老鼠粉」解碼
又名珍珠粉，即銀針粉，客家人和潮州叫粄條或粿仔條，台灣人則稱為米苔目，以米漿與地瓜粉製成，雪白晶瑩，口感軟滑而富有彈性。

提提你

八式釀豆腐有釀辣椒、釀茄子等，炸得香口酥脆，非常惹味！

Info
地址：52, Jalan Sultan, Kuala Lumpur
電話：+60 - 3 - 2072 - 5950
營業時間：1600-2400
消費：約RM\$25 / 位
前往方法：乘坐地鐵（MRT）Kajang Line或輕快鐵（LRT）Kelana Jaya Line到「Pasar Seni」站，再步行約6分鐘。

古早牛味王
新九如新記牛肉粉

始創於1930年，專賣牛肉粉而成名。店主管先生的父親起初以擔挑賣牛肉粉，其後於新九如茶室（現為唐城美食中心）旁設立小攤檔。為了保存上一代的那些年回憶，故將其命名為新九如牛肉粉。招牌牛肉粉牛肉燙至剛熟、牛腩軟腍入味、牛丸彈牙，加上鮮甜味美的牛肉湯，配合爽口米粉，便是人間極品！

MAP：P.062 B2

現由店主兒子繼承食店，擔任大廚的工作。

雖然只是一家小店，卻滿載數代人的集體回憶。

就連外國食客也慕名而來，一嚐牛肉粉的鮮味！

招牌牛肉牛丸湯粉十分足料，牛肉充滿嚼勁，灑上蔥花及牛肉碎拌食，將其鮮味提升。RM\$12

Info
地址：7A, Jalan Tun Tan Cheng Lock, Kuala Lumpur
電話：+60 - 12 - 6737 - 318
營業時間：1030-1630
休息日：週三
消費：約RM\$15 / 位
前往方法：鄰近茨廠街（Jalan Petaling），從中央藝術坊（Pasar Seni）南端正門步行前往，約需3分鐘。

別具歷史意義

MAP: P.062 A1

獨立廣場（Dataran Merdeka）

於1957年8月31日在此升起了國旗，這大型草地廣場見證了馬來西亞獨立的重要時刻，很具歷史政治意義，而位於廣場旁邊充滿摩爾爾風格的蘇丹阿都沙末大廈（Bangunan Sultan Abdul Samad），原是英國殖民政府的辦公室和行政中心，也曾是聯邦法院和高等法院等機構的所在地，現為當地最具標誌性的地標之一。

從廣場上可觀賞到整座蘇丹阿都沙末大廈！而後左方有經典的吉隆坡塔，後右方則有全馬最高的摩天大樓 Merdeka 118。

廣場上豎立了95公尺高的旗桿，飄揚著馬來西亞國旗。

面向著獨立廣場的蘇丹阿都沙末大廈，建於1894至1897年，擁有鮮明的摩爾式建築風格，外觀十分宏偉！

於廣場南端的維多利亞女王噴泉，是英國殖民政府於1897年設立的。

Info

地址：Jalan Raja, City Centre, Kuala Lumpur

開放時間：
獨立廣場 全年
蘇丹阿都沙末大廈 內部不開放參觀

前往方法：
步行 在中央藝術坊（Central Market）的北端對岸，步行前往約需5分鐘。
公共交通 乘坐輕快鐵（LRT）到「Masjid Jamek」站，再步行5-10分鐘。

了解馬來傳統服和紡織歷史

國家紡織博物館
(National Textile Museum)

MAP: P.062 A2

位於獨立廣場的對面，座落在一座逾百年歷史的建築之內，於五個展廳裡陳列出不同時代的當地紡織製品，以及各族裔的傳統民族服和飾品，讓到訪者可以了解馬來西亞紡織業的起源、發展和技術，其中更展示了刺繡、蠟染、鉤編和珠飾等傳統工藝的製作方法。

展出了馬來西亞各族裔的傳統民族服，各具特色。

建築擁有紅白條紋磚牆和帶有伊斯蘭元素的圓頂，於1905年落成時曾是馬來聯邦鐵路的總部。

來自沙巴的船形銀製頭飾，手工十分精細。

館裡把多種紡織業傳統技術以人形模型展示出來，再加以詳細圖文解說。

Info

地址：26, Jalan Sultan Hishamuddin, City Centre, Kuala Lumpur
電話：+60326943457
開放時間：0900-1700
最後進入時間：1630
門票：RM$5
網址：www.muziumtekstilnegara.gov.my

前往方法：
步行 從蘇丹阿都沙末大廈（Bangunan Sultan Abdul Samad）或中央藝術坊（Central Market）步行前往約需5分鐘。
輕快鐵（LRT）乘坐Ampang Line、Sri Petaling Line 或 Kelana Jaya Line 到「Masjid Jamek」站，再步行5分鐘。

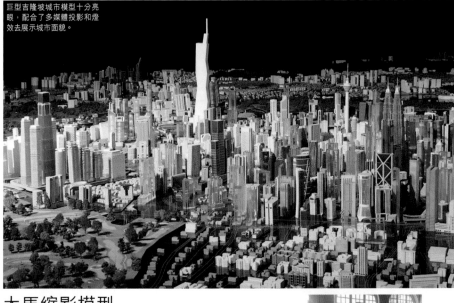

巨型吉隆坡城市模型十分亮眼，配合了多媒體投影和燈效去展示城市面貌。

大馬縮影模型
吉隆坡城市展覽館
（Kuala Lumpur City Gallery）

　　鄰近獨立廣場，由擁有逾百年歷史的英國殖民建築改建而成，現為展示吉隆坡歷史和城市面貌的展覽館，由馬來西亞著名文創設計品牌ARCH運營。門口的巨型藝術裝置「I Love KL」，更成為遊客必拍地標。樓高2層，裡面設有很多當地建築模型、微縮模型、版畫、照片等等，讓遊人了解吉隆坡的過去、現在和未來。當中最受注目的是面積達12x15米的巨型吉隆坡城市模型，是由5千多座手工製作的微型建築模型拼合而成，配合多媒體投影讓人可以從多角度欣賞整座城市的面貌。於2樓設有多個關於吉隆坡的打卡場景，而地下另有品牌文創禮品店，以及人氣十足的Arch Cafe。 **MAP: P.062 A1**

設有多座當地著名建築模型，包括這座占美清真寺。

文創商品店販賣多款自家品牌的特色紀念品和手藝品，是搜羅手信的好地方。

門外鮮紅色的「I Love KL」藝術裝置，是遊客們的打卡熱點。

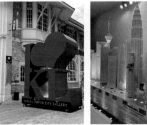

另有一系列天際線模型，介紹吉隆坡的摩天大樓和經典建築。

於2樓設了多個打卡場景，包括這座當地傳統建築的拱形門廊。

店裡亮點有眾多Arch著名的 2D 木刻手工畫，手工十分精細。

Info

地址：27, Jalan Raja, Dataran Merdeka, Kuala Lumpur
電話：+60 - 3 - 2698 - 3333
開放時間：0900 - 1800
休息日：週二
門票：免費進入
前往方法：於獨立廣場（Dataran Merdeka）的南端。

日夜景緻大不同！於日間可清楚看到從占美清真寺下過濾系統噴灑出來的水霧。

河岸上充滿仙氣的藍光美景，令這裡成為吉隆坡熱門的打卡夜景。

被評為10大最美河岸
生命之河（River of Life）

　　一項巨大的河流修復工程，除了改善河水水質，亦同時美化河岸，為吉隆坡締造了一道絕美奇景，更被英國《獨立報》評選為世上10大最美河岸。在巴生河和鵝嘜河的交匯點，亦即是占美清真寺前，河水通過埋藏在地底的污水過濾系統，潔淨後瞬間化成水霧和水柱從河岸邊噴灑出來，營造出令人驚嘆的迷霧秘境。於晚間，河岸會散發出一片藍光，於指定時間更會上演氣勢非凡的LED藍溪川噴泉秀。 **MAP: P.062 A1**

於日間可欣賞巴生河畔充滿生命力的大型壁畫，畫風細膩，十分精彩。

於夜間亮起藍色光芒，配以霧氣濃重的四周，置身其中感覺很奇妙。

Info

地址：Leboh Pasar Besar, City Centre, Kuala Lumpur
開放時間：全年
前往方法：
步行 在中央藝術坊（Central Market）的後方河畔，步行前往約需5分鐘。
公共交通 乘坐輕快鐵（LRT）到「Masjid Jamek」站，再步行5分鐘。

百年歷史
占美清真寺（Masjid Jamek）

　　建於1909年，吉隆坡最古老的伊斯蘭清真寺之一，由英國建築師Arthur Benison Hubback設計，採用大理石及紅磚建造，四周種滿棕櫚樹，充滿南洋的獨特色彩。座落於巴生河及鵝麥河的交界，兩河交界為吉隆坡的最初發源地，其地理位置極具意義。 **MAP: P.062 A1**

Tourism Malaysia

寺外種滿棕櫚樹，綠意盎然，充滿熱帶風情。

每逢週五為穆斯林祈禱日，各信徒均會前來祈禱，而當日並不開放作參觀。

Info

地址：Jalan Tun Perak, Kuala Lumpur
電話：+60326912829
開放時間：1000-1230、1430-1600
休息日：週五
前往方法：乘坐輕快鐵（LRT）到「Masjid Jamek」站，即達。

吉隆坡

雙子塔‧吉隆坡塔

武吉免登

茨廠街‧獨立廣場

湖濱公園‧中央車站

吉隆坡周邊

交通

湖濱公園
乘坐地鐵（ＭＲＴ）到
「Muzium Negara」站。
中央車站
乘坐火車（ＫＴＭ）、地鐵
（ＭＲＴ）、輕快鐵（ＬＲＴ）
到「KL Sentral」站。

城市綠地

湖濱公園、中央車站

　　是享受輕鬆愜意和認識當地文化的地段！有逾百年歷史的湖濱公園，佔地約有92公頃，是城中最大面積的休閒綠地，其中有吉隆坡著名的雀鳥公園和蝴蝶公園，園區附近也有一些很值得參觀的景點，包括伊斯蘭藝術博物館和國家清真寺。而位於湖濱公園以南的吉隆坡中央車站（又名：吉隆坡中環廣場），更是城中最主要的交通中樞，每天人流不斷，繁忙熱鬧。

湖濱公園、中央車站地圖

N

A　　　　B　　　　C

國家紀念碑公園
Taman Tugu

國家英雄紀念碑
Tugu Negara

吉隆坡雀鳥公園
Kuala Lumpur Bird Park

Hornbill Restaurant & Cafe

獨立廣場
Dataran
Merdeka

湖濱公園
Lake Gardens

吉隆坡蝴蝶公園
Kuala Lumpur Butterfly Park

蘭花公園
Orchid & Hibiscus
Gardens

伊斯蘭藝術博物館
Islamic Arts Museum

Pasar Seni

首相植物園
Perdana Botanical
Garden

國家清真寺
Masjid Negara

地鐵 MRT Kajang line

國家天文館
National Planetarium

吉隆坡舊火車站
(站名:吉隆坡站
Kuala Lumpur)

馬來西亞國家博物館
Muzium Negara

Muzium Negara

The Majestic Hotel
Kuala Lumpur

吉隆坡中央車站
(吉隆坡中環廣場)KL Sentral

單軌列車 KL Monorail Line

新中央購物廣場
NU Sentral Shopping Mall

Tun Sambanthan

十五碑
Brickfields

A　　　　B　　　　C

城市綠洲
湖濱公園（Lake Gardens）

建於1888年，佔地逾92公頃，為吉隆坡最著名的公園，劃分為多個園區，如雀鳥公園、蝴蝶公園、蘭花公園、木槿花公園、馴鹿公園及國家英雄紀念碑等。園內設有劇院及可划船的小湖，亦可選擇乘坐園內觀光車遊覽，到處盡是綠色小徑，非常愜意。

MAP: P.077 A2-B3；A3-C3

綠油油的湖光美景，可以一邊划船一邊欣賞美景。

綠意盎然的公園吸引不少遊客前往尋幽訪勝。

Info
地址：Perdana Botanical Garden, Jalan Kebun Bunga, Tasik Perdana, 55100 Kuala Lumpur, Malaysia
電話：+60322760432
開放時間：0500-1900
園內觀光車收費：成人RM$2
網址：http://www.klbotanicalgarden.gov.my
前往方法：
公共交通 乘坐地鐵（MRT）Kajang Line 到「Muzium Negara」站，再步行10分鐘，可抵達公園南端。
步行 從國家清真寺（Masjid Negara）步行前往，約需15分鐘。

愛花人必去
蘭花公園（Orchid & Hibiscus Gardens）

位於湖濱公園內，佔地1公頃，種滿逾800多款的蘭花，爭妍鬥麗，每逢周末更有蘭花及其他植物發售，非常熱鬧。

MAP: P.077 B2

公園種滿了各款蘭花，環境優雅。

蘭花香氣怡人，花香撲鼻。

Tips
於2023年正關閉整修，有待重新開放。

Info
地址：Jalan Cenderawasih, Kuala Lumpur
電話：+60326176404
開放時間：0900 - 1800
前往方法：於湖濱公園的東南部，鄰近雀鳥公園（KL Bird Park）。

科學天地

MAP: P.077 C3

國家天文館（National Planetarium）

建於1990年，館內的太空劇場設有圓穹屏幕可感受立體的太空影片，恍如置身其中的震撼效果，成為館內最大亮點。劃分為5大展區，設有太空科學展覽廳、資源中心、觀賞廊及古代天文台。亦有展出各式太空器材如太空艙、太空衣、太空廁所等，可了解更多太空的資訊。

Tips
自2022年起正關閉整修，有待重新開放。

Info
地址：53, Jalan Perdana, Kuala Lumpur
電話：+60 - 3 - 2273 - 4301
開放時間：0900 - 1630
休息日：週一及部分公眾假期
入場費：免費（太空劇場：另收費）
網址：www.planetariumnegara.gov.my
前往方法：
公共交通 乘坐地鐵（MRT）Kajang Line 到「Muzium Negara」站，再步行10分鐘。
步行 從國家清真寺（Masjid Negara）步行前往，約需15分鐘。

以藍白屋頂設計的天文館外形獨特。

大型雀鳥天堂
吉隆坡雀鳥公園
(Kuala Lumpur Bird Park)

羽毛以白色為主及尾巴呈黑色的南美鸛（Milky Stork），已被列為瀕臨絕種的鳥類，非常珍貴。

佔地20.9公頃，擁有200多種來自國內外的鳥類，合共逾3,000隻雀鳥，為亞洲最大的雀鳥公園之一。劃分為4大主題景區，最大賣點為第1、2景區不設圍欄及鐵絲網，讓鳥兒可自由飛翔，旅客可近距離觀賞及拍照；第3景區以不同種類的犀鳥為主；第4景區則是表演區，其半露天圓形劇場定時上演雀鳥表演及餵食節目，還可與各珍貴品種的鳥兒合照，最適合親子遊。 **MAP: P.077 B2**

眼神凌厲的鷹，傳說是世上壽命最長的鳥類。

外表亮麗的孔雀，幸運的話可以見到孔雀開屏呢！

色彩豐富的鸚鵡並不怕人，更會飛到旅客身上。

樣子帶點滑稽的鳥兒。

Info

地址：920 Jalan Cenderawasih, Taman Tasik Perdana, Kuala Lumpur
電話：+60 - 3 - 2272 - 1010
開放時間：0900 - 1800
入場費：成人RM\$85、3 - 12歲小童RM\$60
網址：http://klbirdpark.com
前往方法：
公共交通 乘坐地鐵（MRT）Kajang Line 到「Muzium Negara」站，再步行15分鐘。
步行 從國家清真寺（Masjid Negara）步行前往，約需10分鐘。

世界首個蝴蝶公園
吉隆坡蝴蝶公園
(Kuala Lumpur Butterfly Park)

建於1986年，是世界首個熱帶蝴蝶公園。逾8萬平方呎的園區，參照熱帶雨林的環境設計，營造出蝴蝶的生活環境。擁有逾百種、超過5,000隻蝴蝶，翩翩起舞的情境非常壯觀。另設有昆蟲博物館，可觀賞蝴蝶、飛蛾等珍貴的昆蟲標本。 **MAP: P.077 B2**

金裳鳳蝶（Troides aeacus aeacus），被列為受保護品種，喜歡拍動翅膀吸吮花蜜。

大帛斑蝶（Idea Leoconoe），翅膀均勻地散布黑色斑點。

小豹律蛺蝶（Lexias pardalis），主要棲息在黃牛木等植物上。

Orange Lacewing，翅膀上的花紋甚為獨特。

Info

地址：Jalan Cenderawasih, Taman Tasik Perdana, Kuala Lumpur
電話：+60 - 3 - 2693 - 4799
開放時間：0900-1630
入場費：成人RM\$30、2 - 11歲小童RM\$18
網址：www.klbutterflypark.com
前往方法：從雀鳥公園向北步行前往，約需10分鐘。

料理方面主要供應傳統馬來美食。
要注意這餐廳於日落後關門的。

熱帶雨林裡用餐 MAP: P.077 B2

Hornbill Restaurant & Cafe

外觀像一座在熱帶雨林中的森林木屋，特色之處在於其露台用餐區跟雀鳥公園裡的自由飛翔區相相連接，各種雀鳥在客人用餐時有機會會飛來，並站在木欄上休憩作息！在這大自然美景下享受「跟雀鳥在一起」的獨特體驗，吃著價格親民的傳統馬來美食，感覺十分棒。旁邊有雀鳥公園紀念品店，售賣許多以鳥類作設計的精品和擺設，喜歡雀鳥朋友不坊順道一逛。

亮點是有雀鳥近距離陪著一起用餐，是遠離塵囂的最佳提案。

牛肉併雞肉沙爹串燒肉嫩鮮香，醬汁滿有椰香，辣得有層次。Satay RM$16.9

砂拉越叻沙加入了雞肉、蝦等配料，湯底鮮香味美。Sarawak Laksa RM$23.9

消熱解渴的新鮮椰子水，冰凍可口。RM$13.9

很具人氣的露台用餐區！雀鳥們飛來站在旁邊，感覺奇妙。另外也有室內用餐區。

入口設在雀鳥公園的範圍外，如果沒打算進內參觀，也可前來餐廳用餐。

┤Info├

地址： KL Bird Park, 920, Jalan Cenderawasih, Perdana Botanical Gardens, Kuala Lumpur
電話： +60326938086
營業時間： 0900-1900
消費： 約RM$30-45/位
網址： https://klbirdpark.com/restaurantdetail/The_Restaurant
前往方法： 在雀鳥公園（KL Bird Park）旁邊。

現代宏偉莊嚴
國家清真寺（Masjid Negara）

　　這座清真寺以現代設計風格揉合傳統伊斯蘭藝術，其傘狀大圓頂共有18顆星，象徵著馬來西亞13個州與伊斯蘭教的5大支柱，而245尺高的尖塔則是代表自由獨立的精神。在1965年建成時被命名為「國家清真寺」，以紀念馬來西亞於1963年以和平方式獲得獨立。

`MAP: P.077 C3`

位置就在伊斯蘭藝術博物館和吉隆坡舊火車站之間。

主廳只供伊斯蘭教教徒進入，但也有劃出一個空間讓訪客觀看和拍照。

這座清真寺的建築設計是啟發自麥加的大清真寺。

坐落在佔地13英畝的花園中，設計簡約莊嚴又具優雅氣質。

Tips

進寺必須穿著得體和脫下鞋子，女士需戴上頭巾，而於入口處也可免費借用長袍。

---Info---
地址： Jalan Perdana, Tasik Perdana, Kuala Lumpur
電話： +60321073100
開放時間： 週六至週四 0900-1200、1500-1600、1730-1830
　　　　　　週五 1500-1600、1730-1830
門票： 免費進入
網址： masjidnegara.gov.my
前往方法： 從吉隆坡舊火車站步行前往約需5分鐘。

火車站以純白色為主調，外形獨特，吸引不少旅客前來拍照。

現時仍有KTM其中2條火車路線在此運行，站名為「吉隆坡」（Kuala Lumpur）。

不同角度的火車站都有其獨特的建築美學。

Tourism Malaysia

歷經百年優雅大氣
吉隆坡舊火車站
（Kuala Lumpur Railway Station）

`MAP: P.077 C3`

　　建於1910年的老火車站，見證大馬百年歷史。由英國設計師Hubbock設計，以北印度蒙兀兒及摩爾式風格建築，建築風格充滿伊斯蘭特色，過往曾吸引不少電影如《逆戰》、《超級警察》及TVB微電影《愛情來的時候》均在此取景拍攝。但自2001年中央車站KL Sentral落成後，此站已漸漸減少運作。

---Info---
地址： 110, Jalan Sultan Hishamuddin, City Centre, Kuala Lumpur
電話： +60165535332
開放時間： 24小時
前往方法：
步行 從國家清真寺（Masjid Negara）步行前往約需5分鐘。
公共交通 乘坐火車（KTM）Batu Caves - Pulau Sebang 或 Tanjung Malim - Pelabuhan Klang Line到「Kuala Lumpur」站，即達。

雙子塔·吉隆坡塔　武吉免登　茨廠街·獨立廣場　湖濱公園·中央車站　吉隆坡周邊

吉隆坡

雙子塔・吉隆坡塔

武吉免登

茨廠街・獨立廣場

湖濱公園・中央車站

吉隆坡周邊

白色的大理石外牆配以色彩奪目的拼花,很具風情。

紀念品店提供多款具伊斯蘭特色的精品發售。

特色T - Shirt 十分精美。

了解伊斯蘭教
伊斯蘭藝術博物館
(Islamic Arts Museum)

Tips
Moza Restaurant 於每天 1000-1700營業。

鄰近國家清真寺於1998年開幕,樓高3層,佔地逾3萬平方呎,劃分為12個展覽區,擁有超過7,000件來自富伊斯蘭各地的特色展品,如清真寺模型、經書、手工藝品、錢幣、兵器、服飾等。附設的Moza Restaurant主打中東菜,曾於2010年及2011年榮獲「馬來西亞最佳餐廳」。

`MAP:P.077 C3`

白色的圓拱形天花,極富伊斯蘭的建築特色。

從各類型的展品,可更了解伊斯蘭教的歷史。

━Info━

地址:Jalan Lembah Perdana, Kuala Lumpur
電話:+60320927070
開放時間:1000 - 1800
最後進入:1730
門費:成人RM$20 ;學生RM$10
網址:www.iamm.org.my
前往方法:從國家清真寺(Masjid Negara)
步行前程,約需5分鐘。

小印度
`MAP:P.077 B4`
十五碑(Brickfields)

大馬是多民族的國家,其中「十五碑」為印度人的聚居地,素有「小印度」之稱。甫踏進小印度,就會聽到節奏明快的印度音樂,以及門外掛滿一串串鮮花作裝飾的店舖。區內設有印度寺廟、地道美食餐廳,以及售賣傳統服飾的小店,極富特色。

「十五碑」名字由來
1880年代以前,抵達吉隆坡必須經過淺窄的水路,甲必丹於是建議當時政府開闢陸路,從Damansara開始,每一英里路設立路碑,來到小印度剛好是15英里,故被當時的華人稱為「十五碑」。

提你

印度人開設的超級市場,售賣各款蔬果。

顏色鮮豔的柱子為小印度的主要建築設計。

━Info━

地址:Jalan Tun Sambanthan
前往方法:從吉隆坡中央火車站(KL Sentral)
步行前往,約需10分鐘。

感受文化

吉隆坡周邊

　　圍繞在市中心外圍設有許多特色景點，很值得花一天或半天時間去走走逛逛！相距市中心僅15分鐘車程的有著名皇家雪蘭莪當代錫鑞館，是了解當地傳統錫鑞製作的好地方。然後再往北走，拜訪吉隆坡近郊最具人氣的景點，攀爬272個色彩繽紛的彩虹梯階登上黑風洞，深深感受印度教風情。榴槤控們要預留時間往市中心西南面的著名榴槤集散地SS2，席地品嚐即開當造榴槤。

吉隆坡周邊地圖

N

1

黑風洞
Batu Caves

馬來西亞國家動物園
Zoo Negara Malaysia

皇家雪蘭莪當代錫鑞館
Royal Selangor Visitor
Centre

2

吉隆坡市中心

3

SS2
－ 帝一榴 DKing SS2 Durian
－ 榴槤鮮生 DurianMan SS2
－ Pasar Malam SS2 (星期一夜市)

谷中城美佳廣場
Mid Valley Megamall

錫米才瓦煲胡椒肉骨茶
Restoran SekMeChoy

陶陶居肉骨茶
Restoran TTQ

A   B   C

於1999年開幕之時，曾是亞洲
面積最大的商場。

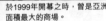

乘搭KTM可以直達商場，交通非常方便。

早年撤出了香港的美國甜甜圈連鎖店Krispy
Kreme，在大馬這個商場可以找得到。

大型商場
谷中城美佳廣場(Mid Valley Megamall)

　　樓高5層，佔地420,000平方米，與另一商場The Gardens Mall
互相連接。集購物、美食、娛樂等於一身的大型購物商場，網羅逾
400間國際及本地品牌店舖，更設有保齡球場、超級市場及健身中
心等設施，非常方便。當中最受矚目的是設有21個影院的GSC影
城，數量之多為馬來西亞之冠。

MAP: P.084 B3

┌─Info─┐
地址: Mid Vallery City, Lingkaran Syed
　　　Putra, kuala Lumpur
電話: +60 - 3 - 2938 - 3333
營業時間: 1000 - 2200
網址: www.midvalley.com.my
前往方法: 乘坐火車（KTM）「Batu
　　　Caves — Pulau Sebang Line」
　　　線，於「Mid Valley」站下車，
　　　沿天橋步行即達。

古隆坡

雙子塔・吉隆坡塔

武吉免登

茨廠街・獨立廣場

湖濱公園・中央車站

吉隆坡周邊

位於展覽館門口的錫鑞杯，高達1.9米，重1,557公斤，為現時全世界最大的酒杯，1987年更入選健力士世界紀錄。

以7,000個錫鑞啤酒杯砌成的雙子塔，高達9.1公尺，氣派十足。

錫鑞D.I.Y體驗

皇家雪蘭莪當代錫鑞館
(Royal Selangor Visitor Centre)

大馬知名錫鑞品牌Royal Selangor的展覽館，於2004年開幕，佔地約4萬平方呎，劃分為3大區域，讓參觀者亦可以更了解錫鑞歷史，同時展出了各地特色的錫鑞製品，另設售賣紀念品的精品廊。旅客可參與錫鑞技巧工作坊，會有專人從旁指導、體驗技工鑄造、拋光及裝飾錫器的工作過程，最後自行上漆，打造原創設計。另設有錫鑞敲擊工作坊，導師會教導參加者使用百多年前的傳統工具，製作特色盤碟。完成作品後更可獲得紀念證書！ MAP: P.084 C1

這裡是全世界最具規模的錫鑞工場，可生產逾千款不同餐具及禮品等。

熟手技工示範人手打磨錫器，極考功夫！

Info

地址： 4 Jalan Usahawan 6, Setapak Jaya, Kuala Lumpur
電話： +60341456000
開放時間： 0900 - 1700
門票： 免費參觀；參加工作坊則需另外收費
網址： http://visitorcentre.royalselangor.com
前往方法： 乘坐輕快鐵（LRT）Kelana Jaya Line 到「Wangsa Maju」站，再轉乘的士約需5分鐘。另可於官網預約來往吉隆坡多間酒店的免費專車，每日1-2班。

Tips
錫鑞敲擊工作坊School of hard knocks
收費：RM\$75/位（需時30分鐘）
錫鑞技巧工作坊The Foundry
收費：RM\$180/位（需時60分鐘）
*可於官網預約

錫器製作過程：

1
注入錫鑞：將高達250度的錫鑞注入模型內，待30分鐘冷卻變為固體。

2
打磨錫器：將已凝固的錫器進行打磨，令其表面保持光亮。

3
雕琢花紋：以鎚子連續敲打，造出裝飾花紋。

左側邊欄（直排）：
吉隆坡
雙子塔・吉隆坡塔　武吉免登　茨廠街・獨立廣場　湖濱公園・中央車站　吉隆坡周邊

印度教朝聖地
黑風洞（Batu Caves）

位於吉隆坡外圍以北，距離市中心僅約13公里。乃雪蘭莪州的人氣景點。由多個石灰岩構成的天然石洞，分別設有多座印度教寺廟和藝術畫廊，入口處設有一座馬來西亞最高的雕像「穆魯甘神像」，神像旁邊有著名的彩虹階梯，登上後可進入神廟洞和位於洞頂的穆魯甘廟。雖然設有纜車登山，但旅客還是喜歡走上272級的陡峭樓梯，站在色彩繽紛的樓梯上，拍照留念。每年1月至2月之間舉行的「大寶森節」慶典活動，是為期2天的印度教節日，用來奉獻給這座金色雕像的主角-戰神穆魯甘，前來觀光及參拜的善信多不勝數，非常熱鬧。

MAP: P.084 B1

彩虹階梯

於2018年把這段登上神廟洞的272級階梯塗上了五彩顏色，無論遠觀或是近看，都十分壯觀亮眼，自此這裡成為了當地著名的打卡景點。

猴子在印度神話中佔有很重要的位置，而在這裡的階梯上和洞裡都是長尾獼猴出沒之地。

神廟洞 Temple Cave

登上彩虹階梯後即可進入高達100米的神廟洞參觀，在洞裡分為2部份，分別設了2座穆魯甘神廟。於這四億年歷史的石灰岩洞深處，可感受到原始大自然的壯麗。

巨型穆魯甘神像

高達42.7米的金光閃閃穆魯甘神像，絕對是黑風洞的地標！自2006年屹立於神廟洞口山腳下，這座印度教戰神穆魯甘的神像是馬來西亞最高的雕像，也是世界第5高的印度教神像。

I Can Tips
有關女士衣著
如想登上彩虹階梯，女士們必需穿著長褲或長裙，不可露出腿部。如穿了短褲或短裙的話，可於樓梯底部山腳入口處即場購買紗籠（約RM$15）繫於腰間，遮蓋好下半身，方可步上樓梯。

Info
地址：Gombak, Batu Caves, Selangor
電話：+60 - 3 - 6189 - 6284
開放時間：0600-2100
門票：
彩虹階梯＋神廟洞 Temple Cave 免費
山下彩色神廟 免費
岩洞別墅＋洞穴藝術畫廊 Cave Villa RM$15
羅摩衍那洞 Ramayana Cave RM$15
前往方法：
從吉隆坡中央車站（KL Sentral）乘坐火車（KTM）到Batu Caves站，再步行5分鐘。

山下彩色神廟

在山腳位置彩虹階梯的旁邊，有一座色彩鮮明的神廟建築，於室內共有三座廟，分別供奉象頭神、濕婆神等印度教神明。

Tips

進入神廟前需脫鞋。

岩洞別墅+
洞穴藝術畫廊 Cave Villa

在彩色神廟旁邊池畔，內裡鳥語花香，經沿小徑可抵達一個洞窟，裡面展示了許多印度教神像和彩繪，去描述大寶森節的由來。

提提你

大寶森節的由來
穆魯甘是濕婆和雪山女神的長子。有一天，雪山女神送贈了穆魯甘一根長矛，而他最終利用了這根矛戰勝了魔鬼阿修羅勇蓮（Śūrapadman）。而大寶森節當天就是雪山女神贈矛給戰神穆魯甘的那天，信徒們藉著節慶來紀念這件事。

哈奴曼神像+羅摩衍那洞
Ramayana Cave

從岩洞別墅再往西走，走到接近黑風洞側門的位置，會看到一座15米高的哈奴曼神像。而旁邊是羅摩衍那洞的入口，內有一系列的雕塑去描述印度著名史詩《羅摩衍那》的故事。

在黑風洞山腳這裡聚集了很多白鴿，吸引很多遊人拍照，也有小販在此擺賣鳥糧。

首創燉盅肉骨茶
陶陶居肉骨茶
（Restoran TTQ）

始創於1964年，以全馬首創和唯一的燉盅藥材肉骨茶而闖出名堂，創辦人王老先生先於半山芭大樹頭創業，其後搬遷至半山芭巴剎和班丹區，並交由兒子們打理，直至2023年再遷店至現址。雖然經過多次搬遷，依然得到老顧客支持。招牌的燉盅肉骨茶，用上慢火燉煮3小時而成，火候十足，一盅可供2至4人享用。另外，也有供應1人份的瓦煲湯肉骨茶和乾肉骨茶。

MAP: P.084 C3

招牌燉盅肉骨茶每天限量供應（前RM\$60/2-4人份），湯味甘香，帶有濃郁的藥材味，配料比一般肉骨茶店更豐富；芋頭飯（後RM \$3），口感香滑不油膩。

燉胡椒豬肚辣湯燉足兩小時以上，香濃的胡椒味非常醒胃，豬肚口感軟脆。具有補虛治胃、寧神安眠的功效。RM\$40/2-4人份。

店內有各款傳統古早配方湯包發售，最適合做手信。

━Info━
地址： 23, Jalan Midah 5, Taman Midah, Kuala Lumpur
電話： +60 16-337 2552
營業時間： 1200-2100
休息日： 週一
消費： 約RM\$30-45 / 位
網址： www.facebook.com/TTQBKT
前往方法： 乘坐地鐵（MRT）Kajang Line 到「Taman Midah」站，再步行7分鐘。

首創胡椒肉骨茶
錫米才瓦煲胡椒肉骨茶
（Restoran SekMeChoy）

曾獲當地《光明日報》「全馬20佳肉骨茶」殊榮，連陳豪、吳卓羲及惠英紅等也是其捧場客。創立於1986年，店名取自店主爸爸曾建財的綽號「錫米才」。這裡的招牌肉骨茶帶有濃郁的胡椒香氣，味道微辣，有祛風、健脾及保暖等食療功效。由於店主爸爸是福建人，媽媽是客家人，這裡亦有供應多款家鄉菜，菜式糅合了福建菜及客家菜特色，必試梅菜扣肉包、芥菜飯等招牌菜。

MAP: P.084 B3

梅菜扣肉包選用甜酸梅菜，再蒸上9個小時而成，工序繁複，其肉質香口而不油膩，且層次分明。RM\$26

店主曾立萍為第2代繼承人，曾在香港生活過，故說得一口流利的廣東話。

芥菜飯加入蝦米、燒肉及豬油渣等配料，為福建南安人的年夜飯必吃，具有苦盡甘來的寓意。原本味道甘苦，後改良為惹味，大受歡迎。RM\$3.5

瓦煲胡椒肉骨茶內有果皮、金菇、豆卜及生菜等配料，入口清甜中帶微辣。RM\$17

━Info━
地址： 144 & 146, Jln Besar, Salak Selatan, Kuala Lumpur
電話： +60379823132
營業時間： 1130-2030
網址： www.facebook.com/Sekmechoy
消費： 約RM\$30 / 位
前往方法： 乘坐輕快鐵（LRT）Sri Petaling Line 到「Salak Selatan」站，即達。

旅客可體驗餵飼長
頸鹿的樂趣。

吉隆坡

雙子塔・吉隆坡塔

武吉免登

茨廠街・獨立廣場

湖濱公園・中央車站

吉隆坡周邊

千奇百趣動物園
馬來西亞國家動物園
(Zoo Negara Malaysia)

Tips

動物表演時間：
1100、1500（非假日之週五除外）
餵飼動物時間：
Children's World：週末及假日 1200-1300
Javan Deer：週末及假日 1400-1500

建立於1963年的國家動物園，佔地110英畝，擁有逾400多種來自全球各地的鳥類、哺乳類、魚類、爬行類等動物。於週六至週四每日設有2場動物表演，由海獅和金剛鸚鵡作主要演出，大受旅客歡迎，紛紛拍掌叫好。旅客可乘坐付費小火車沿途觀賞動物，非常周到。除此之外，還有爬蟲館，以及飼有超過80種海洋生物的水族館等，展出很多珍貴的標本，令人大開眼界。

MAP：P.084 C1

黑熊像在等待着甚麼似的，一臉茫然。

紅毛猩猩悠閒地吃着椰子。

正在休息的獅子依然不失霸氣。

小袋鼠吃麵包的樣子，很可愛。

可愛小鹿瑟縮一角。

Info

地址：Hulu Kelang, Ampang, Kuala Lumpur
電話：+60 - 3 - 4108 - 3422
開放時間：0900 - 1700
最後入場時間：1600
門票：成人RM$88、3 - 12歲小童RM$43
網址：www.zoonegara.my
前往方法：乘坐輕快鐵（LRT）Kelana Jaya Line 到「Wangsa Maju」站，再轉乘的士約需5分鐘。

榴槤集散地
SS2

位於吉隆坡外圍的八打靈再也（Petaling Jaya）大區裡，是全市最大的榴槤市場，由於整條街都開滿榴槤攤檔，被譽為「槤槤一條街」。款式選擇眾多，包括港人最愛的貓山王、D24、XO及紅蝦等。不少攤檔更提供舒適用餐座，選好心水榴槤後可即開即食，即席慢享。有部分店舖在當造季節亦有提供榴槤任吃自助餐。吸引不少榴槤粉絲專程前來，大飽口福。

`MAP: P.084 A3`

整個SS2小區匯集了多間大型榴槤專賣店，是榴槤控必訪之地。

Info
地址：SS2, Petaling Jaya, Selangor
前往方法：從吉隆坡市中心叫車前往SS2，車程約需30分鐘。

大馬國宴級榴槤
帝一榴 - 榴槤開心坊
(DKing SS2 Durian-Durian Wonderland)

著名大馬榴槤品牌帝一榴於SS2開設的大型「榴槤開心坊」。品牌曾於2013年當地一個國際會議中，以榴槤招待過中國國家主席習近平和加拿大前總理等領導人，可見地位超然！這裡提供多款當造榴槤，客人只要選好心水品種，店員就會替你挑選出當中較好的，磅好後即開，香氣撲鼻，新鮮度十足，然後可以坐在亮麗舒適的用餐區，舒舒服服慢享，店裡還有巨型榴槤雕塑，可以邊食邊打卡。 `MAP: P.084 A3`

就算不是在榴槤最當造的5至8月前來，在場也有不少品種的榴槤可選。

現場多個角落設了一些榴槤打卡位。

枱上都放了即棄手套和紙巾，另有盛果殼的膠籃，讓客人可舒適優雅地嘆榴槤。

蠻大的用餐區十分寬敞，具空間感，也很通風。

紅蝦（D175）甘甜富有奶香，口感柔滑綿密，而價格對比其他品種較為相宜。當天市價RM$36/公斤

Info
地址：Jalan SS 2/64, SS 2, Petaling Jaya, Selangor
電話：+60129898349
營業時間：1100-2300
網址：dking.com.my
前往方法：在SS2的麥當勞對面。

地道榴槤盛宴
榴槤鮮生 (DurianMan SS2)

　　自1998年開始在SS2這街區經營榴槤小攤檔，時至今日，店舖擴展到足足有2萬平方英尺。多個品種的榴槤每天從農場直接新鮮運到，設有舒適闊大的用餐座，除了即開即食榴槤，這裡也販賣許多榴槤製品，包括榴槤白咖啡、貓山王夾心朱古力、榴槤乾等，讓客人可以把榴槤滋味帶回家。 **MAP:** P.084 A3

榴槤每天從農場直送，不同品種的當日價格也有清晰列出。

店舖位於SS2區的大街街角。

在場也有供應不少清熱飲品。冬瓜龍眼水RM\$5

客人選了想吃的品種後，店員會替其挑選並即場破開，看到是好榴槤才磅重付款。

金黃姜入口甘苦綿密，果味濃郁具層次感。RM\$65/公斤

店家也有一系列自家品牌的榴槤食品，送禮一流。貓山王榴槤夾心朱古力RM\$23

Info
地址： Lot 7680, Jalan SS 2/24, SS 2, Petaling Jaya, Selangor
電話： +60122345619
營業時間： 週一至週四1100-2300；
　　　　　　週五至週日1100-2400
網址： durianmanss2.com
前往方法： 從吉隆坡市中心叫車前往，車程約30分鐘。

熱鬧星期一
SS2夜市 (Pasar Malam SS2)

　　每逢週一入夜至晚上，在SS2街區裡會舉行大型夜市，各式攤檔圍在SS2公園外，屬八打靈再也的著名美食集中地，當中人氣美食包括有蠔煎、炸豆腐、串燒、椒鹽蟹等等，另外也有販賣新鮮水果、乾貨和生活用品，氣氛熱鬧，吸引不少當地人和遊客前往掃街吃貨。

MAP: P.084 A3

直徑有足足有1呎的大飽，大得驚人。

在SS2為食街 (Selera Malam) 外的這檔蠔煎很受歡迎，剛開檔已大排長龍。

場內有不設用餐座的榴槤路邊攤，價格比起大型榴槤店便宜，但不能即席享用。

Info
地址： Jalan SS 2/61, SS 2, Petaling Jaya, Selangor
營業時間： 週一 1700-2200
前往方法： 在SS2公園 (SS2 Park) 外圍，從吉隆坡市中心叫車前往，車程約需30分鐘。

空中娛樂城

雲頂高原
Genting Highlands

距離吉隆坡大約60公里以外，位於彭亨州（Pahang）海拔1865公尺以上的高原地帶，亦被認為是「雲端上的娛樂城」，屬當地著名的旅遊景點，於多年前由當地雲頂集團開發，並名為「雲頂世界」，擁有多元綜合娛樂設施，包括有室內和室外主題樂園、Outlet購物村、大型購物中心、全國唯一的合法賭場、各式餐飲和多間酒店。只要乘搭「雲天纜車」登上高原，即可享有一站式的玩樂體驗。

實用資料

前往雲頂高原交通

從吉隆坡出發

可從吉隆坡中央車站乘坐長途巴士抵達雲頂高原阿娃娜巴士總站（山腳），再乘坐雲天纜車登上雲天大道站（山頂），亦即雲頂世界的所在。

1. 吉隆坡中央車站-阿娃娜巴士總站

於吉隆坡中央車站（KL Sentral；又名：吉隆坡中環廣場）搭乘由RWT或AEROBUS營運的長途巴士至阿娃娜巴士總站（Awana Bus Terminal）。

售票和上車處設在吉隆坡中央車站最低層，可從Burger King旁邊的扶手電梯往下層，即可抵達。

建議預早購買來回車票，因巴士座位有限，若即場購票有機會滿座。

┌Info┐

車程：約1小時15分鐘
單程車票：成人RM\$10；小童RM\$7
網上訂票：aerobus.com.my
班次查閱：www.rwgenting.com/
zh_cn/getting-here/
express-bus.html
＊ 另有來往南湖鎮站（TBS）或吉隆坡國際機場的巴士班次。

2. 雲天纜車 阿娃娜站-雲天大道站

到達阿娃娜巴士總站（Awana SkyCentral 1樓）後，只要跟著指示登上4樓，即可抵達雲天纜車阿娃娜站（Awana SkyCentral 4樓），然後可乘坐纜車登上雲頂高原山頂，全程約需10分鐘。（詳情介紹見P.096）

雲頂高原旅遊資訊

雲頂世界官網：www.rwgenting.com

關於天氣
雲頂位於高原地區，於晚間氣溫較冷，而天氣會較為不穩，風大多雨，建議最好帶備外套和雨具。

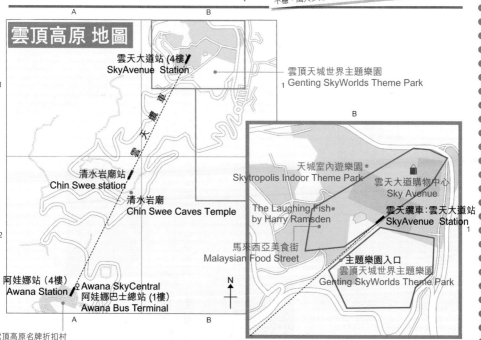

雲頂高原 地圖

雲天大道站（4樓）
SkyAvenue Station

雲頂天城世界主題樂園
Genting SkyWorlds Theme Park

清水岩廟站
Chin Swee station

清水岩廟
Chin Swee Caves Temple

阿娃娜站（4樓）
Awana Station

Awana SkyCentral
阿娃娜巴士總站（1樓）
Awana Bus Terminal

雲頂高原名牌折扣村
Genting Highlands
Premium Outlets

天城室內遊樂園
Skytropolis Indoor Theme Park

雲天大道購物中心
Sky Avenue

The Laughing Fish
by Harry Ramsden

雲天纜車：雲天大道站
SkyAvenue Station

馬來西亞美食街
Malaysian Food Street

主題樂園入口
雲頂天城世界主題樂園
Genting SkyWorlds Theme Park

N

折扣村位置便利，就在阿娃娜巴士總站旁邊，遊覽雲頂高原可順道購物。

血拼好地方

MAP: P.093 A2

雲頂高原名牌折扣村
（Genting Highlands Premium Outlets）

　　喜歡購物的朋友，如果想在旅途中血拼一番，可以前來這間位於雲頂高原上的Outlets！這裏匯集了150多間國際和本土品牌的折扣店，其中包括Burberry、Charles & Keith、Furla、Kate Spade、Superdry、Longchamp、Michael Kors、Nike等。內裡環境優美舒適，亦有提供不少餐飲美食，務求令遊客可以感受一場愉快的購物體驗。

整個折扣村大約有150多間店舖，包括有男女時裝、童裝、鞋類、手袋、廚具、行李用品等等，應有盡有。

在場也設有一些兒童玩樂設施，讓家長購物之餘，小朋友也可放放電。

店舖外觀簡約亮麗，屋頂三角位配上通花圖案，具有伊斯蘭風格。

紅色跑車模樣的購物車，前方可供小童乘坐，來一場開心親子購物。

Info

地址：KM13, Genting Highlands Resorts, Genting Highlands, Pahang
電話：+60364338888
營業時間：1000-2200
網址：www.premiumoutlets.com.my
前往方法：於阿娃娜巴士總站（Awana Bus Terminal）的G Floor經行人天橋即可抵達。

具有大型儲物櫃可供租用，方便遊客盡情購物。另外，在客戶服務中心亦可安排國際物流寄貨服務。

全年可享低至35折的優惠，而每間店舖折扣不一，出行前亦可於官網查看最新促銷優惠。

如需充電，也可在場租用行動電源。RM$1/每小時

屬於半開放式的設計，空間感十足，且在高原位置，十分通爽舒適。

樓高3層，主要分為High Street、Middle Street和Low Street。通往巴士總站和纜車站的出入口設在最高層。

四周山景景色怡人！而部分位於外圍的餐廳設有觀景露台，可享開揚景觀。

在入口附近設有美食廣場，提供選擇豐富的各國美食，適合想省下時間去血拼的遊客。

全長2.8公里的雲天纜車，沿途可欣賞雲頂高原的壯麗景觀。

登上雲頂頂峰

MAP: P.093 A2:B1

雲天纜車（Awana SkyWay）

　　乘坐雲天纜車可以方便快捷登上雲頂世界，還可沿途飽覽優美風景！纜車共有3個站，於海拔1105米的山腳位置設有阿娃娜站（Awana），中途有清水岩廟站（Chin Swee），纜車一路攀升到最頂峰，於海拔1725米則設有雲天大道站（SkyAvenue），亦是天城世界主題樂園的所在位置，整個旅程僅需10分鐘。纜車除了有普通車廂，也有水晶纜車，於日間透過玻璃底部可享更迷人景觀。

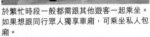

於繁忙時段一般都需跟其他遊客一起乘坐。如果想跟同行眾人獨享車廂，可乘坐私人包廂。

清水岩廟由雲頂集團創辦人林梧桐所建，古色古香，遊客可於中途站下車，遊覽過後再上車登頂。

快將抵達位於山頂的雲天大道站時，整個天城世界主題樂園盡入眼簾。

Awana SkyCentral

雲天纜車山腳阿娃娜站所在的建築物，名為「Awana SkyCentral」，是雲頂高原的交通樞紐，於1樓設有巴士總站和的士站，於4樓則是纜車站，而中間的樓層開滿了餐廳和紀念品商店，一站式方便等車的遊客。

提提你

於3樓設有多間土產店，售賣各式手信。

Info

地址： Level 4, Awana SkyCentral, Genting Highlands, Pahang
電話： +60362518398
運作時間：
阿娃娜站、雲天大道站 0700-2300
清水岩廟站 0800-1900
車票：
標準車廂 單程RM$10；來回RM$18
標準車廂＋快速通過登車
單程RM$16；來回RM$30
水晶車廂 單程RM$21；來回RM$35
私人包廂 單程RM$300；來回RM$550
＊普通車廂可容納8至10人，而水晶纜車則最多6人
網址： www.rwgenting.com/content/rw-genting/web/en/getting-here/awana-skyway.html
前往方法： 阿娃娜站 乘坐長途巴士抵達可阿娃娜巴士總站後，登上4樓即達，詳情見P.093交通一覽。
雲天大道站 於4樓雲天大道購物中心（Sky Avenue）4樓。

空中購物城
雲天大道購物中心
（Sky Avenue）

是馬來西亞位置最高的購物中心，跟雲天纜車雲天大道站連接，而通過商場亦可抵達雲頂2大人氣主題樂園：雲頂天城世界主題樂園和天城室內遊樂園，以及全國唯一合法賭場「雲天賭場」。場內有逾100間餐飲和店舖，也有大型超級市場和戲院，十分方便。

MAP: P.093 B1

裝潢優雅現代化，十分好逛。

一站式購物中心，是遊覽雲頂必經之地。

─ Info ─

地址：Resorts World Genting, Genting Highlands, Pahang
電話：+60361011118
開放時間：1000-2200
網址：www.rwgenting.com/Things_To_Do/Shopping/skyavenue/
前往方法：乘坐雲天纜車到達雲天大道站（SkyAvenue）即達購物中心4樓。

是著名英國過江龍酒吧餐廳，在當地也很有人氣。

招牌檸檬特飲十分清涼舒爽，一解熱感。Signature Lemonade RM$17

內部空間帶有英倫風格，天花掛上了多幅畫作做裝飾。

英國知名炸魚薯條
The Laughing Fish by Harry Ramsden

在雲頂高原可一嚐英式炸魚薯條！這間很具人氣的英國過江龍酒吧餐廳，主打經典名物Fish & Chips，其傳統獨家秘方至今已超過90年，炸魚可自選深海鱈魚或黑線鱈。除了炸魚，也有供應炸海鮮拼盤、漢堡飽、三文治等西式料理。內裝很有氛圍感，弧形大廳配以長形大窗盡顯英式優雅！另外，亦有提供各式啤酒和雞尾酒。

MAP: P.093 B1

鱈魚炸魚薯條有3個Size可選，炸粉不會太厚，入口輕脆不膩，外脆內嫩。Fish & Chips Cod RM$58/Regular

於餐廳外亦設有外賣小吃部，方便用餐時間不多的遊客。

─ Info ─

地址：Lot SA - T2C - 22, & 23, Level 4, Sky Avenue, Genting Highlands
營業時間：週一至週四1100-2200；週五、週六1100-0100、週日1100-2300
消費：約RM$75-85/位
前往方法：於雲天大道購物中心（Sky Avenue）4樓酒吧街裡。

在入口附近的時光廣場，有Genting SkyWorlds 的巨大招牌。除了是熱門打卡位，也是每天開園表演和樂園壓軸秀的舉行地點。於每天17:15開始還會有盛大巡遊，從仙女座基地遊行至時光廣場這裡。

關於天氣

在天氣無常的高原地區，下雨機率會較多。

- 建議帶備一次性雨衣，於園區紀念品店也有出售，但價格會較高。
- 園區內也有不少室內玩樂設施。
- 雨天保證：如於1100-1459期間連續兩小時下雨，園區會為訪客提供12個月內有效的免費回訪票。如惡劣天氣發生於1500-1649期間，則可享有回訪票半價優惠。

提提你

Tips

表演時間：
開園表演：10:55
巡遊：17:15
樂園壓軸秀：17:45

盡情玩樂之旅

MAP: P.093 B1

雲頂天城世界主題樂園
（Genting SkyWorlds Theme Park）

於2022年重新開幕的主題樂園，屬遊覽雲頂高原的一大亮點！樂園佔地約26英畝，在9個主題世界裡設有20多項遊樂設施和玩樂景點。9個主題世界包括：時光廣場、里約大冒險、雄鷹峰、中央公園、仙女座基地、自由之路、森林幻境、機器人城、冰川時代。除了有刺激的機動遊戲，也有老少咸宜的玩樂設施，無論是一家大細親子遊，或是跟閨密、朋友、情人一起去，都可渡過難忘的歡樂時光。

園區設有多間紀念品店，出售各式精品、糖果、毛公仔、服飾等。

Tips

APP內免費虛擬排隊！VQ預約通行

於樂園官方APP「SkyWorlds」裡除了可查閱地圖、表演節目時間表、各設施的當前等候時間等園區資訊，只要連結當天門票，還可預先在APP內預約各遊樂設施和表演，各設施還特設了VQ預約入口，省下不少排隊時間。

時光廣場
STUDIO PLAZA

入場後，穿過這金光閃閃的紀念品店大堂，即可進入室外園區和時光廣場。

自由之路
LIBERTY LANE

猶如置身舊金山的街道，街上開滿了色彩繽紛的商店和小食店，另有3D室內騎乘設施「猩球對決」。

樂園裡有提供首小時免費的儲物櫃，另有多個手機充電站。

Info

地址： Genting SkyWorlds Theme Park, Genting Highlands, Pahang
電話： +60327181118
開放時間： 1100-1800；週六 1100-2000
休息日： 非假期之週二
門票： 成人RM\$151；小童/長者RM\$128
網址： www.gentingskyworlds.com
前往方法： 乘坐雲頂纜車到達雲天大道站（SkyAvenue）後，可沿著購物中心內的指示步行，穿過酒吧街後，在馬來西亞美食街旁邊乘扶手電梯至地下，即可抵達樂園入口。

中央公園
(CENTRAL PARK)

這裡佈置成一個城鎮廣場，建有別緻的房子、餐廳和迷人的星夢湖，並匯集了多個重點玩樂設施，包括2個熱門室內遊戲：刺激度高又有一流視覺效果的「獨立日：絕地反擊」和3D射擊遊戲「博物館奇妙夜：午夜狂歡」，另外還有室外飛行機動設施「太空訓練中心」。

INDEPENDENCE DAY TM & © 2022 20th Century Studios.
TM and © GENTING GROUP. All Rights Reserved

獨立日：絕地反擊　必玩推薦！

坐在飛行中的太空船上去保衛地球免受外星人入侵，座椅還會左右搖晃，4D科幻特效逼真精彩，就像置身在宇宙之中，十分刺激。

星夢湖

從入口處的時光廣場往左走，經過雄鷹峰後即可抵達這個主題區。星夢湖在指定時間會有噴泉表演。

太空訓練中心

坐在航空戰鬥機裡感受高速旋轉和飛行，刺激感滿分。

在中央花園裡每天上演多場現場娛樂表演，包括音樂派對和舞動表演。

博物館奇妙夜：午夜狂歡

在自然歷史博物館沿著路線走走欣賞展品，然後戴上3D立體眼鏡登上車，展開一場刺激射擊遊戲。

仙女座基地
(ANDROMEDA BASE)

同樣設有多款驚險刺激的玩樂遊戲。其中有跳樓機「宇宙高塔」、訓練大小朋友膽量的「新兵訓練營」（Boot Camp Training），以及機動遊戲「傲發飛行員」等。

必玩推薦！

宇宙高塔

是太空版本的跳樓機！升至最高點後可俯瞰整個樂園，然後高速下墜，享受刺激快感。

以太空基地為主題的玩樂區。

新兵訓練營

設有多個障礙挑戰，包括半空攀爬和飛索，考驗大小朋友的體力和膽量。

*參加者必需在APP裡預約。

雲頂高原

里約大冒險

以電影《里約大冒險》（香港譯作：奇鸚嘉年華）為主題的玩樂區！這裡有人氣十足的「森巴滑翔」，遊客們乘坐著懸掛式滑翔機，環繞大半個園區飛翔，享受自在的快感！另外另有華麗別緻的雙層旋轉木馬「藍天旋轉派對」和美美的旋轉茶杯「里約狂想曲」！每天還有3場的森巴舞表演，熱鬧非凡。

森巴滑翔

必玩推薦！

乘坐著懸掛式滑翔機，於65米高處環繞大半個園區，鳥瞰樂園景色。

里約狂想曲

用了電影裡的鸚鵡主角作造型的旋轉茶杯，色彩繽紛很可愛。

佈置成色彩斑爛的城鎮，很有樂園氣氛。

乘坐森巴滑翔時，所有隨身物都不可帶備，可先存放在附近的儲物櫃。

冰川時代（ICE AGE）

來到了電影《冰川時代》（香港譯作：冰河世紀）主題區，這裡有驚心動魄的過山車「橡果瘋狂冒險」和旋轉版本的海盜船「希德木舟冰溜」，另外亦有室內遊船「冰川時代：冰川大徵戰」。而在希德劇場裡於指定時段有「冰川時代：時空穿梭」的角色表演。

冰川時代：冰川大徵戰

坐著冰船在冰洞隧道裡進行冒險之旅。

整個主題區以冰川和雪山作場景佈置。

希德木舟冰溜

有別一般的海盜船，這是向前向後衝，還會旋轉的！可以感受乘風破浪的快感。

冰川時代：時空穿梭

由冰川時代一眾主角主演的劇場，每天有5至6場，最適合家長和小朋友一同入場。

機器人城
（ROBOTS RIVET TOWN）

這個機器人主題區設有2款機動遊戲，位於上層是適合一家大小的「大焊先生飛艇」，而下層則是驚險度高的「機器人瘋轉輪」，坐在輪上會不停自轉和圍著轉，尖叫聲不斷！

大焊先生飛艇

適合親子玩樂，乘坐時可自行控制飛艇的高低。

機器人瘋轉輪

快速旋轉加自轉，十分緊張刺激。

像城門般的入口，一走進去就是機器人城了。

雄鷹峰（EAGLE MOUNTAIN）

以粗獷工業風和熾熱的加州沙漠為設計主題的園區！這裡將會有全球第一架備有雙動力的過山車摩托騎行「雄鷹騎士」，可以在沙漠般的賽道上風馳電掣，享受快感！

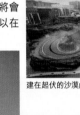

建在起伏的沙漠山丘上的行車道，超酷！

雄鷹騎士

正在修建中，必將會是大受歡迎的玩樂設施。

旁邊設有一些工業風店舖和餐車，打卡一流。

森林幻境（EPIC）

佈置成一個充滿神奇魔法的森林幻境！在這裡有2款大小同樂的玩樂設施，包括適合小朋友乘坐的機動遊戲「蜂鳥大作戰」和室內遊船「月神殿漂流」。

月神殿漂流

室內遊船配合了動畫和特效，營造出夢幻的森林景致。

色彩繽紛的巨型花朵，就像置身在小人國，打卡超美。

雲頂高原

樂園免費入場，遊樂設施按次付費，如打算逗留大半天的話，大可購買一天任玩票。

五光十色
天城室內遊樂園
（Skytropolis Indoor Theme Park）

MAP: P.093 B1

霓虹燈下的室內主題公園，佔地超過40萬平方英尺，內裡共有20多款適合不同年齡層的遊樂設施，包括刺激度滿分的室內過山車、經典可愛的摩天輪、巴黎鐵塔下的遊玩車等等！最特別之處是整個樂園滿佈五光十色的霓虹燈，顯得十分奪目繽紛，吸引眼球，也因為是室內的關係，歡呼吵叫瞬間變成熱鬧的迴響聲，很有歡樂氣氛，是親子玩樂好去處。

於園裡設有售票處和自助售票機，可即場購買各遊戲的門票或通票。

在園內有清楚列出每項遊樂設施的身高限制，乘坐前職員會檢查小朋友的身高。

在室內乘坐五彩繽紛的摩天輪Skyscraper，可以欣賞園區裡夢幻的景致。

場內有2款碰碰車，有適合小朋友玩的Boo Boo Bump，另有較刺激的Bumper Boss。

巴黎鐵塔下有可愛的遊玩車Loop de Loop，適合身高90至122cm的小朋友。

Info

地址：Level 1, First World Plaza Resorts World, Genting Highlands
電話：+60361011118
開放時間：週一至週四1400-2100；週五至週日1400-2200
門票：免費入場
個別遊樂設施 每項RM$10-15
1天任玩通票 現場RM$75；網上平台（起碼1天前）RM$65
*現場購票只接受信用卡或電子支付。
網址：www.rwgenting.com/en/theme-parks/skytropolis-indoor-theme-park.html
前往方法：於雲頂纜車-雲天大道站出口的左手邊即可看到，再乘扶手電梯往1樓可抵達入口。

用霓虹燈佈置得五光十色，每個角落都十分亮眼，到處都聽到大小朋友的歡樂叫聲，很有氣氛！

Disco飛旋陀螺刺激感滿分，座位盤會快速自轉且會向前向後衝，速度還會越來越快。

追求刺激感的話，必玩Super Glider室內懸掛式過山車，驚嚇度爆燈。

設有室內小型跳樓機Sky Towers，讓人享受極速下墜的快感。另有小童版本跳樓機Jumping Spurs。

設計適合各個年齡層，是一家大細玩樂的好去處。

裝飾華麗的旋轉木馬，亮著粉紅光影，份外夢幻。

半開放式的遊樂園跟商場多個方位連接，不用門票即可進入。而2樓另設Sky VR體驗館和Big Top電玩城。

美食檔都以老房子作裝潢設計，令人感覺置身在城中街頭。

美食街裡設了一些大馬街頭場景，就像這座馬六甲鐘樓，很有地道特色。

空間感足的用餐區，座位很多，整體十分整潔舒適。

嚐盡馬來料理

馬來西亞美食街
（Malaysian Food Street）

MAP: P.093_B1

在雲天大道購物中心裡的大型美食廣場，無論是料理或是裝潢都充滿當地特色！店面面積挺大，匯集了全國不同地區共20間的老字號美食，包括有福建麵、咖喱魚頭煲、海南雞飯、肉骨茶、魚頭湯粉、檳城炒粿條、珍多冰等，而早餐時段亦有供應海南三寶早餐和各式點心，讓遊客可以一站式嚐盡馬來風味料理。

點餐用的儲值卡
這裡採用無現金付款方式，點餐前需要在自動販賣機用紙幣購買一張儲值卡（Gem-Genting Electonic Money），然後即可到各美食檔用卡下單，在離開時可到場內退款退卡裡未使用的金額。

在門外和店裡都有儲值卡自動販賣機。

最少要存入RM$10，而內含RM$2作為可退還的押金。

用法跟香港的八達通差不多。

糅合了南印度和中式烹調方法的瓦煲咖喱魚頭，魚肉和魚頭香辣鮮美，內裡還有豆卜、椰菜、茄子等配料，香濃咖喱佐飯一流。RM$60/2人份

下纜車後，經商場指示通往雲頂天大城世界主題樂園入口，美食街就在途中，位置非常方便。

Info

地址：Lot SA - T2C - MFS, 4/F SkyAvenue, Genting Highlands, Pahang
營業時間：週日至週三 0900-2100；週四至週六、假期前夕 0900-2300
消費：約RM$35-50/位
網址：com.rwgenting.com/en/things-to-do/dining/malaysian-food-street.html
前往方法：於雲天大道購物中心（Sky Avenue）4樓。

著名主題樂園區

雙威
(Bandar Sunway)

位於雪蘭莪（Selangor）梳邦再也（Subang Jaya）裡的一個城鎮。原本是一片已廢棄的錫礦荒地，經由當地企業雙威集團多年來的重新規劃和開發，打造出一座商業和娛樂之地，除了建有大馬首屈一指的「雙威水上樂園」(Sunway Lagoon)，在附近亦設了大型購物中心和多間酒店。這裡距離吉隆坡市中心只有約25公里，很適合一家大細前來玩盡一整天。

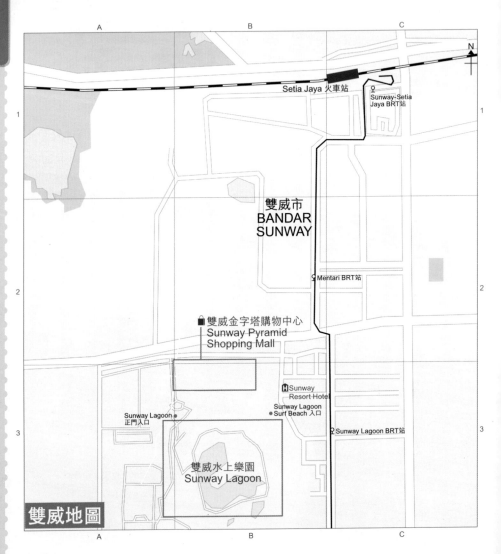

雙威市
BANDAR
SUNWAY

Setia Jaya 火車站

Sunway-Setia
Jaya BRT站

Mentari BRT站

雙威金字塔購物中心
Sunway Pyramid
Shopping Mall

Sunway
Resort Hotel

Sunway Lagoon
Surf Beach 入口

Sunway Lagoon
正門入口

Sunway Lagoon BRT站

雙威水上樂園
Sunway Lagoon

雙威地圖

雙威實用資料

前往雙威交通

從吉隆坡出發
巴士

從吉隆坡中央車站（KL Sentral）乘坐U63或U67路線到「Sunway Pyramid」站，車程約半小時。

鐵路＋巴士

從吉隆坡中央車站（KL Sentral）乘坐KTM火車（往Pelabuhan Klang方向）於「Setia Jaya」站下車，然後沿天橋步行到對面的BRT（Bus Rapid Transit）「Sunway-Setia Jaya」站，轉乘「Sunway Line」快捷通巴士路線至「Sunway Lagoon」站下車。

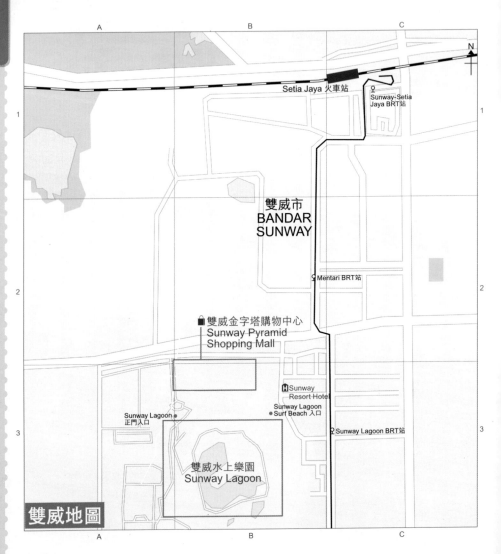

埃及主題大型商場
雙威金字塔購物中心
（Sunway Pyramid）

毗鄰雙威水上樂園，1997年開幕，以獅身人面像作為標記，為馬來西亞首個主題購物商場。商場樓高4層，網羅超過800間店舖，包括Parkson百貨、服裝店、餐廳、室內溜冰場及電影院等娛樂設施，集消閒、娛樂、購物於一身的人氣商場。

MAP: P.106 B2

商場外形以獅生人面像設計，恍如到了埃及一樣。

┏━━Info━━
地址：No. 3 Jalan PJS11/15, Bandar Sunway, Selangor,Malaysia
電話：+60 - 3 - 7494 - 3100
營業時間：1000 - 2200
網址：www.sunwaypyramid.com

香脆薄餅
Sister Crispy Popiah

招牌美食Popiah乃馬來西亞人最愛小食，透薄的餅皮包裹住青瓜、沙葛、花生粒、蘿蔔絲等餡料，口感豐富滋味。這間主打Popiah的專賣店在馬來西亞各大購物商場都有設店，要品嚐最地道的風味，當然要來一試。

落單後即叫即做，非常新鮮。

Popiah乃是當地人最愛吃的地道小食。

Signature Crispy Popiah口感香脆且材料豐富。一個RM5.5、兩個RM$10

┏━━Info━━
地址：Sunway Pyramid Low Level Floor
營業時間：1000 - 2200
網址：www.sisterscrispypopiah.com.my
消費：約RM $5-10/位

地道手信店
家鄉味土產糖果屋
（Country's Tid Bits & Candies Cottage）

專售馬來西亞各省份的著名土產，包括馬六甲的三叔公及陳金福、檳城的鍾金泉、怡保的品珍及柔佛的阿叔公等當地手信，大受遊客歡迎。

款式繁多，無需到訪其他省份也可買到當地特產，非常方便。

順安脆皮雞仔餅是怡保地道小食，非常香脆，是當地人的童年美食。

DoDol屬於馬六甲地道小食，口感軟糯，帶有香濃的椰糖味。

┏━━Info━━
地址：Sunway Pyramid LG 2 - 93 LG2
營業時間：1000 - 2200

Vuvuzela是世界最巨型的大喇叭滑水梯，隨着水流不停轉動，充滿快感又消暑！

本地人最愛 得獎綜合樂園

MAP: P.106 A3-B3

雙威水上樂園(Sunway Lagoon)

　　1993年開幕的超大型綜合樂園，前身為錫礦場，佔地廣達88英畝，乃馬來西亞首個主題樂園，集合超過90種遊樂設施及娛樂景點，於2007至2010年曾獲國際協會遊樂園及景點（IAAPA）認可的「亞洲最佳水上樂園」及「最佳人造旅遊景點」等多個獎項，TVB遊戲節目《鐵甲無敵獎門人》亦曾在此取景拍攝。分為6大主題景區，包括Water Park、X Park、Scream Park、Wildlife Park、Amusement Park和Lost Lagoon，於旅遊旺季更設有夜間園區，共有8項遊樂設施於晚間特別開放，另可欣賞到夜間的獨家表演。鄰近更設有大型酒店及商場，娛樂購物一站式，甚受當地人歡迎。

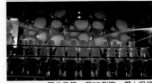

Waterplexx 屬世界第一個5D影院，戴上眼鏡看3D電影時，兩旁會有水噴出，隨時令你濕身，非常刺激。

Little Zimbabwe是為小朋友而設的水上設施。

Info

地址: 3,Jalan PJS 11 / 11,Bandar Sunway, Selangor Petaling Jaya
電話: +60 - 3 - 5639 - 0000
開放時間: 1000-1800；1800-2300
休息日: 週二
日間門票:
官網 *購票後30天內有效
一天票 成人RM$215；小童/長者RM$180
兩天票 成人RM$330；小童/長者RM$278
Walk-In
一天票 成人RM$220；小童/長者RM$185
兩天票 成人RM$340；小童/長者RM$288
夜間門票:
官網 *購票後30天內有效
成人RM$60；小童/長者RM55
* 可另購日間快速通行證Quack Xpress；
　費用：每人＋RM$80
* 90cm以下小童 免費入場
前往方法: 出入口共有2個，正門設在雙威金字塔購物中心西南端，另一個則在 Sunway Resort Hotel和 Sunway Lagoon BRT附近。

FlowRider：馬來西亞首個人造衝浪模擬器，讓參加者可體驗衝浪的樂趣。

夏日水世界
Water Park 及 Lost Lagoon

在滑水梯從高處衝下來，水花四濺！

於這2個水上設施園區裡，設有多條各具特色的滑水梯。

　　園內2大水上玩樂區，擁有逾13,000平方米亞洲最大的人造衝浪海灘、世上最大型的漏斗型水道Vuvuzela、5D影院Waterplexx及FlowRider等水上設施，另外，亦有專門設計給小朋友的互動水上遊樂場「Little Zimbabwe」，讓大小朋友都可以好好享受刺激又透心涼的水世界。

園內設有池水較淺的泳池，適合家長和小朋友遊玩。

雙威水上樂園 官方地圖

*地圖來源：雙威水上樂園 官網 https://sunwaylagoon.com/park-map/

1. 迷失之湖 水上玩樂區
   Lost Lagoon
2. 超極限公園
   X Park
3. 水上樂園
   Water Park
4. 野生動物園
   Wildlife Park
5. 驚悚公園
   Scream Park
6. 夜間園區
   Lagoon Night Park
7. 機動遊樂園
   Amusement Park
8. 出入口（通往Sunway
   Resort Hotel 及Sunway
   Lagoon BRT站）
9. 正門

小朋友可以親身餵食物給白兔。

雖得一見的孔雀開屏,只有在孔雀求偶時才會看見。

互動動物園
Wildlife Park

園內飼有逾150種動物,包括各種鳥類、哺乳類動物及爬蟲類動物等。亦是馬來西亞首個全互動的動物園,旅客除了可以近距離接觸,還可欣賞動物奇趣的現場演出。

不同品種的鹿,非常可愛。

樣子很可愛的貓頭鷹。

Tips

每天設有多項動物表演和餵飼時間。時間表可於園區派發的官方地圖中查閱。

遊客可以親手觸摸小動物。

充滿霸氣的黑豹。

顏色非常鮮艷的鸚鵡。

小朋友喜歡的大嘴鳥。

「哈囉喂」樂園
Scream Park

在樓高三層的「恐懼之樓」裡,設有多個令人心驚膽跳的玩樂設施,其中最矚目驚心的有「Sharknado Alive」!是根據電影《龍捲鯊》而設的場景,結合先進的視聽技術和特技以及逼真的化裝技術,讓遊客在15分鐘的體驗過程中感受驚嚇和刺激,猶如置身於電影實景一樣。

你有膽量進去嚇一跳嗎?

想挑戰膽量的話,這個園區一定能滿足到你。

極限挑戰
X Park

　　集合多項挑戰體能極限的遊樂設施，包括馬來西亞首個Bungy Jump、Flying Fox、ATV、G - Force X及射擊等。

Flying Fox：利用繩索由高處滑下，體驗快速飛行的樂趣。

Bungy Jump：從高處一躍而下，挑戰膽量。

Pedal Boating：坐船遊湖，欣賞園內景觀。

ATV：在路上奔馳享受快感。

令人一步一驚心的吊橋，是馬來西亞最長的行人吊橋。

機動遊戲
Amusement Park

　　設有7款機動遊戲，當中包括馬來西亞首個360度旋轉的海盜船Pirate's Revenge，以及過山車等遊樂設施。另有橫跨樂園長達428米的吊橋，站在橋上可鳥瞰整個主題樂園。

小朋友最愛玩的旋轉木馬。

Apache Pots：好像咖啡杯一樣不停旋轉。

Lost City of Gold Scream Coaster：非常刺激的過山車。

直通主題樂園 MAP: P.106_B3

經由酒店可直通雙威金字塔購物中心和雙威水上樂園，位置十分方便。

Sunway Resort Hotel

　　隸屬Sunway集團旗下，鄰近Sunway Lagoon水上樂園及Sunway Pyramid購物商場，非常方便，是遊畢水上樂園後的最佳住宿選擇。酒店共提供477間客房、套房和別墅，還特意提供多款主題式住宿去滿足不同客人的需要，其中包括專為健身愛好者而設健康套房「Wellness Suite」，房內設有跑步機、健身球椅等設施，並可安排個人健身教練作指導。另外，更有專門設計給一家大細的家庭套房「Family Fun Suite」，房內配備卡拉OK、遊戲機和大螢幕等娛樂裝置。而另一賣點是可飽覽Sunway Lagoon水上樂園的景觀。酒店亦設有Fitness Centre、兒童遊玩區及泳池等設施，大受住客歡迎。

酒店設有大型泳池供住客使用，可盡情暢泳。

Tips

入住套房和別墅的客人，都可於酒店 20th Club 和 Premium Leisure Lounge，免費享用下午茶和晚間雞尾酒。

Info

地址：Persiaran Lagoon,Bandar Sunway, Petaling Jaya, Selangor Darul Ehsan
電話：+60 - 3 - 7429 - 8000
網址：www.sunwayhotels.com
房價：Deluxe Room RM$720/晚起
　　　　Wellness Suite RM$2670/晚起
　　　　Family Fun Suite RM$3110/晚起
前往方法：於BRT（Bus Rapid Transit）「Sunway-Setia Jaya」站乘坐「Sunway Line」巴士路線至「Sunway Lagoon」站下車，即達。

設有多款房型以供選擇，房間裝潢舒適優雅。

布城 (Putrajaya)

　　是馬來西亞三個聯邦直轄區的其中之一，亦被稱為「太子城」。於1995年，大馬政府為了減輕吉隆坡的擁擠，決定把行政中心遷往距離吉隆坡以南30公里外的布城。經過多年發展，這裡已成為一個現代化新興城市。環繞布城湖建滿許多現代特色建築，也有很多綠化休閒空間，而有「粉紅清真寺」之稱的布特拉清真寺和「鐵清真寺」端姑米占再納阿比丁清真寺，更是參觀的焦點所在！

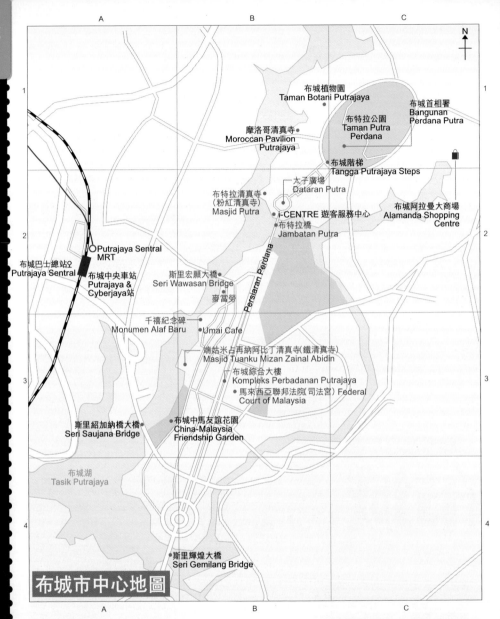

布城市中心地圖

Map labels:
- 布城植物園 Taman Botani Putrajaya
- 布城首相署 Bangunan Perdana Putra
- 布特拉公園 Taman Putra Perdana
- 摩洛哥清真寺 Moroccan Pavilion Putrajaya
- 布城階梯 Tangga Putrajaya Steps
- 太子廣場 Dataran Putra
- 布特拉清真寺（粉紅清真寺）Masjid Putra
- i-CENTRE 遊客服務中心
- 布城阿拉曼大商場 Alamanda Shopping Centre
- 布特拉橋 Jambatan Putra
- Persiaran Perdana
- Putrajaya Sentral MRT
- 布城巴士總站 Putrajaya Sentral
- 布城中央車站 Putrajaya & Cyberjaya站
- 斯里宏願大橋 Seri Wawasan Bridge
- 麥當勞
- 千禧紀念碑 Monumen Alaf Baru
- Umai Cafe
- 端姑米占再納阿比丁清真寺(鐵清真寺) Masjid Tuanku Mizan Zainal Abidin
- 布城綜合大樓 Kompleks Perbadanan Putrajaya
- 馬來西亞聯邦法院（司法宮）Federal Court of Malaysia
- 斯里紹加納橋大橋 Seri Saujana Bridge
- 布城中馬友誼花園 China-Malaysia Friendship Garden
- 布城湖 Tasik Putrajaya
- 斯里輝煌大橋 Seri Gemilang Bridge

布城實用資料

前往布城交通

從吉隆坡出發

1. 吉隆坡機場支線火車 ERL KLIA Transit Line

可於吉隆坡中央車站（KL Sentral）搭乘KLIA Transit Line至布城/賽城站（Putrajaya & Cyberjaya），即布城中央車站。

──Info──

車程：約16分鐘
單程車票：RM$14

2. 地鐵布城線 MRT Putrajaya Line

可於吉隆坡市中心搭乘MRT Putrajaya Line 到布城中央車站（Putrajaya Sentral）站。

—Info—
車程：約40分鐘
單車票：RM$6.2

市內交通

從布城中央車站至市中心

布城中央車站（Putrajaya Sentral）位於市中心西端，可轉乘的士前往粉紅清真寺附近，車程約需10分鐘。也可乘坐當地巴士，但要注意班次不太дан。

Tips

節省交通時間
最方便是從吉隆坡市中心直接叫車（Grab）前往布城粉紅清真寺，車程約35-40分鐘，單程車費約RM$45-55，視乎是否繁忙時段。

布城旅遊資訊

在粉紅清粉紅清真寺門外不遠處，設有i-CENTRE 遊客服務中心，為遊客提供各項旅遊和遊船資訊。

—Info—
地址：2, Persiaran Perdana, Presint 1, Putrajaya
開放時間：0900-1215；1445-1700
前往方法：位於太子廣場（Dataran Putra）上的西南端。

Tips

布城湖遊船
Cruise Tasik Putraiaya
乘坐各種遊船遊覽布城湖，欣賞沿途歷史建築，也是當地熱門的旅遊活動。船公司售票專櫃位於布特拉橋（Jambatan Putra）橋底。

—Info—
費用：
Sightseeing Day Cruise（45分鐘船程）
成人RM$50；小童RM$35
Perahu Sightseeing（特色傳統小船）
成人RM$40；小童RM$26
網頁：
www.cruisetasikputrajaya.com

最具標誌性廣場

太子廣場（Dataran Putra）

圓形設計象徵著國家的團結與和諧！從高處看會見到整個廣場共有3個不同大小的星星圖案，最外圍最大的11角星是代表於1957年馬來西亞獲得獨立時的11個州屬，而位於中間花園外圍的13角星，則代表1963年成立馬來西亞的13個州屬，而最中央的14角星則包括了新的聯邦直轄區。

MAP: P.114 B2

前方有布城名字的打卡位，而後方半山上是總理的辦公大樓。

廣場飄揚著馬來西亞國旗，而在多個星星尖角則有各州旗。

—Info—
地址：Presint 1, Putrajaya
電話：+60380008000
開放時間：0600-2200
前往方法：在粉紅清真寺/布特拉回教堂（Masjid Putra）的正門外面。

城中首座橋樑

布特拉橋（Jambatan Putra）

始建於1997年，以伊朗17世紀建造的郝久古橋為設計靈感，全長435米，橋共有3層，橋面是車道和行人道，中層則有單軌通道，但目前暫時還未使用，而橋底下有碼頭，乃遊覽布城湖遊船之上落點。

MAP: P.114 B2

此橋連接太子廣場和南端的林蔭大道。

橋身具有伊斯蘭建築特色的圖案。

—Info—
地址：Presint 2, Putrajaya
開放時間：全年
前往方法：從太子廣場（Dataran Putra）向南步行，約需1分鐘。

全寺有四分之三的結構是建於布城湖上，因此也被稱為水上清真寺。

超夢幻粉紅穹頂
布特拉清真寺（Masjid Putra）

以玫瑰粉色的花崗岩建造，被稱為「粉紅清真寺」或「玫瑰清真寺」，是布城最矚目宏偉的景點，更被稱為全國最美麗的清真寺之一！於1999年落成，融合了馬來傳統風格和中東建築理念，設有116米高的宣禮塔和9個圓頂，內部裝飾華麗，可容納1萬5千名朝聖者，在祈禱廳裡的粉紅穹頂亮麗柔美，令人讚嘆不已！ MAP：P.114 B2

MAP：P.114 B2

進內參觀要注意：

服裝：
男士可穿短袖但必需穿長褲，女士則必須穿著長袖、長褲和戴上頭巾。也可於進入正門後右手邊櫃台免費借用長袍。

脫鞋：
在進入祈禱廳之前需脫鞋，並放在廳外的鞋架上。

提提你

Tips

最佳拍攝位置：
想拍到猶如浮在水上的整座粉紅清真寺，最理想是走到斯里宏願大橋（Seri Wawasan Bridge）橋上拍攝。

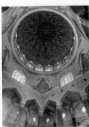

粉紅色象徵和平、仁慈和喜樂！穹頂圖案細緻，整體給人優雅的夢幻感。

寺的正門設在太子廣場的西端。

116米高的宣禮塔，共有5層，是布城最高的尖塔之一。

┃Info┃

地址：Persiaran Persekutuan, Presint 1, Putrajaya
電話：+60388885678
開放時間：0900-2200
門票：免費進入
網址：www.masjidputra.gov.my/ms/
前往方法：從布城中央車站（Putrajaya Sentral）乘坐的士前往，約需10分鐘。

未來主義鋼索大橋
斯里宏願大橋
（Seri Wawasan Bridge）

横跨於布城人工湖上的鋼索大橋，正立面左右兩邊以不對稱的設計帶出未來感，外觀造型猶如一艘航行中的帆船，也有人感到像一把弓箭或一座優雅的豎琴，而橋上設了LED燈泡，於晚間亮燈後更覺迷人。

鋼索大橋擁有優雅的不對稱線條。

大橋長約240米，是湖上最具特色的橋樑之一。

Info
地址：Lebuh Wawasan, Presint 2, Putrajaya
開放時間：全年
前往方法：從布特拉橋（Jambatan Putra）步行前往約需15分鐘。

湖畔地標
千禧紀念碑
（Monumen Alaf Baru）

位於湖邊的一座國家紀念碑，金屬塔身就像一支黃金火箭！遊客可沿著環形步道登上觀景台，而碑上刻有大馬歷史上的重要時刻，意義非凡。於晚間，這座紀念碑更會發出明亮光芒，搖身一變成為一座湖畔燈塔。

設在優美的湖畔公園裡。

紀念碑高68米，擁有獨特的外觀設計。

Info
地址：Lebuh Ehsan, Presint 2, Putrajaya
開放時間：全年
門票：免費進入
前往方法：從鐵清真寺/端姑米占再納阿比丁清真寺（Masjid Tuanku Mizan Zainal Abidin）沿著湖畔步行前往，約8分鐘。

現代建築美學
布城綜合大樓
（Kompleks Perbadanan Putrajaya）

位於布城中央步行大道 Persiaran Perdana 上的著名建築，用以現代風格詮釋了傳統的伊斯蘭建築，外觀十分引人注目！內在設有多個政府部門辦公室，最特別之處在於具有相互連接的空間設計，建築可連接西面的鐵清真寺和東面的司法宮，而前方有用作大型活動的草地廣場「布城廣場」（Dataran Putrajaya）。

穿過大樓的平台花園即可抵達位於西面的鐵清真寺。

於東面的司法宮，亦即是馬來西亞聯邦法院的所在。

從建築的後方通過拱型大門廊可看到司法宮的穹頂，很有視覺效果。

Info
地址：Persiaran Perdana, Presint 3, Putrajaya
電話：+60380008000
開放時間：0800-2200
前往方法：從鐵清真寺/端姑米占再納阿比丁清真寺（Masjid Tuanku Mizan Zainal Abidin）正門外的花園平台步行前往，約5分鐘。

以鋼鐵打造
端姑米占再納阿比丁清真寺
（Masjid Tuanku Mizan Zainal Abidin）

於2010年落成啟用，擁有令人驚嘆的建築設計！又名為鐵清真寺（Iron Mosque），皆因整幢清真寺以金屬為主要建材，用了富現代感的銀灰色作主調，低調中盡顯壯觀華麗感。金屬穹頂在日光下閃閃亮麗，內在面積十分寬大，是粉紅清真寺的兩倍，可同時容納多達2萬4千名教徒，而有別一般伊斯蘭建築設計，這座是沒有宣禮塔的清真寺。

建在布城湖畔，於晚間燈火亮起時，又有另一番美態。

以金屬打造！建材當中有70%是強化鋼鐵，合共6千噸。

跟其他一般的清真寺比較，這裡滿有現代藝術感，但又不失莊嚴。

設計基於三個概念：通風、簡約和透光。

—Info—
地址：25, Jalan Tuanku Abdul Rahman, Presint 3, Putrajaya
電話：+60388804300
開放時間：週六至週四1000-1230，1400-1600，1700-1800；週五1500-1600，1700-1800
門票：免費進入
網址：www.masjidtuankumizan.gov.my/v3/
前往方法：從Putrajaya & Cyberjaya站乘搭的士前往，約需8分鐘。而從布城廣場（Dataran Putrajaya）經平台花園步行前往，約需5分鐘。

湖畔親民馬來美食
Umai Cafe

供應各式馬來料理，其中最具人氣的有椰漿飯（Nasi Lemak）、炸香蕉（Jemput Pisang）、椰子煎餅（Lempeng Kelapa）、炸蝦餅（Cucur Udang）等，口味地道且價格親民，而用餐環境更是一流！於露天區更可享有優美湖景。

是布城著名的湖畔餐廳。

—Info—
地址：Bangunan ANJUNG Alaf BARU, Putrajaya
電話：+60133508121
開放時間：0900-2200
休息日：週一
消費：約RM$20-25/位
網址：umaicafe.business.site
前往方法：在千禧紀念碑（Monumen Alaf Baru）附近，沿河畔步行約需3分鐘。

慢活靜享湖景
麥當勞

座落在湖畔一間別墅小屋裡，餐廳設有半露天用餐區，坐擁寧靜迷人的湖景，讓這裡成為全城最受歡迎的快餐店。料理方面，雖跟一般麥當勞沒太大差別，但久不久亦會推出一些富有當地特色的餐點。

樓高2層，擁有舒適愜意的渡假氛圍。

牆身設有充滿伊斯蘭特色的通花圖案。

—Info—
地址：2M1, Sebahagian Lot 7, Presint 2, Putrajaya
電話：+60388615413
開放時間：24小時營業
網址：www.mcdonalds.com.my
前往方法：從千禧紀念碑（Monumen Alaf Baru）步行前往，約需5分鐘。

稻田美景
適耕莊 (Sekinchan)

在吉隆坡西北方向105公里之外，屬於雪蘭莪州北部的沿海小城，是馬來西亞著名水稻產區，很適合從吉隆坡前來作一天遊。這裡擁有一望無際的稻田風光，稻米隨風搖動，組成了療癒系大自然美景，遊人除了可在稻田間愜意走走拍美照，也可到熱浪海灘散散步，享受海邊風情。此處還盛產豐富的新鮮海產。

《單戀雙城》劇中出現過的「我愛適耕莊」及海邊樹屋，位於鄰近漁村的熱浪海灘（Redang Beach），兩位主角於最後一集便在此一吻定情。

《單戀雙城》漁米之鄉
適耕莊Sekinchan

MAP: P.031 A1

位於雪蘭莪北部的沙白安南縣，因《單戀雙城》一劇曾在此取景拍攝而聲名大噪。原本只是一條小漁村，後來發現土壤利於耕種，於是發展成馬來西亞主要的稻米生產區。面積廣達4,300英畝，擁有廣闊的稻田，一年四季均有不同的美態。由於盛產稻米，不少米廠均會開放給旅客參觀，更可購買白米當作伴手禮。附近亦擁有9個大漁港，新鮮豐富的海產隨處可見，素有「漁米之鄉」的美譽，成為當地人的度假勝地。

每年的6月及12月為收割期，變成一片美麗的金黃色稻田。

鄰近拿督公廟的許願樹，高達十多米，是當地人祈福必到的地方。

每年的3及9月為插秧期，農民都要下田插秧，稻田呈現一片嫩綠色。

綠油油的稻田在藍天襯托下恍如一張明信片。

---Info---

地址： Sekinchan, Selangor
前往方法： 從吉隆坡Puduraya車站乘搭SPT公司的巴士直達，車程約1小時45分鐘，單程車費RM$12.5。

多元大都會
檳城 (Penang)

　　位於馬來西亞半島的西北部，乃全馬第2大城市。又名檳榔嶼或檳州，馬來語是Pulau Pinang，意指檳榔之島，因昔日島上遍種檳榔樹而得名。範圍包括檳榔嶼及威省半島，中間被檳威海峽分隔，並由13.5公里長的檳城大橋連接。

　　早於1786年，已被英國殖民政府開發為遠東最早的貿易自由港，融合多元文化特色，古蹟名勝處處，其中喬治市於2008年與馬六甲同被聯合國教科文組織列為「世界文化遺產」。

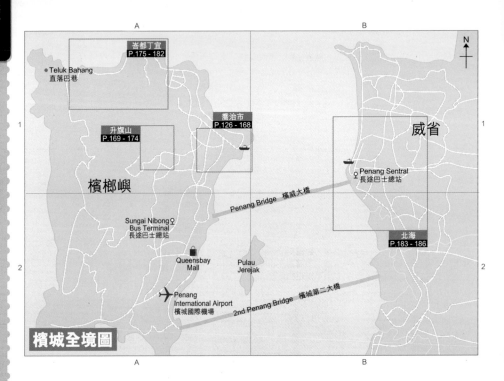

檳城全境圖

地圖標示：
- 岑都丁宜 P.175 - 182
- Teluk Bahang 直落巴巷
- 升旗山 P.169 - 174
- 喬治市 P.126 - 168
- 威省
- Penang Sentral 長途巴士總站
- 檳榔嶼
- Penang Bridge 檳威大橋
- Sungai Nibong Bus Terminal 長途巴士總站
- Queensbay Mall
- Pulau Jerejak
- 北海 P.183 - 186
- Penang International Airport 檳城國際機場
- 2nd Penang Bridge 檳城第二大橋
- N

檳城二三事：

1.檳城氣候

屬於熱帶雨林海洋性氣候，全年溫度維持約攝氏27度，4至5月是全年最熱的月份，10至12月則為雨季。

2.語言

檳城為多元文化城市，馬來語、印度語、英語、華語（普通話），以及廣東話皆為主要溝通的語言。

3.多族聚居地

馬拉人佔總人口42%，華人佔總人口41%，印度人則佔10.1%，是當地3大主要族裔。

4.檳城取景的電影

1992年《情證今生》（Indochine）
主演：凱撒琳·丹尼芙
　　　（Catherine Deneuve）
1999年《安娜與國王》
主演：周潤發、Jodie Foster
2007年《夜明》
主演：李心潔、趙文瑄
2007年《色·戒》
主演：梁朝偉、湯唯
2010年《初戀紅豆冰》
主演：李心潔、阿牛
2013年《一夜驚喜》
主演：李治廷、范冰冰

5.檳城華人明星

阿牛（陳慶祥）：台灣走紅的流行歌手，曾拍攝電影《夏日的麼麼茶》。
陳勢安：台灣出道的流行歌手，曾推出多張國語唱片。
朱麗倩：香港天王劉德華的太太。

6.國際榮譽

2008年：檳城喬治市被聯合國教科文組織列入世界文化遺產。
2009年：紐約時報網上讀者票選「全球44個最佳旅遊景點」排名第2位。
2010年：ECA國際列為「亞洲最適宜居住城市」第八位。
2012年：美國有線電視新聞網生活旅遊網站（CNNGo）語選為「亞洲10大最佳小吃城市」之一。
2014年：《英國衛報》評選為「全球40大最佳旅遊景點」排名第8位。

7.有趣街名

昔日殖民地時代命名的街道，後來被當地人以其熟悉的稱呼命名，形成許多有趣的街名，如Lebuh Ah Quee 亞貴街、Jalan Balik Palau太上老君、Jalan Cheong Fatt Tze香港街、Lorong Love 愛情巷、Lorong Muda 二奶巷、Lorong Chulia 豬肉巷等等。「Lebuh」及「Jalan」解作路或街，「Lorong」則指巷弄。穿梭喬治市內大街小巷時，不妨細心留意。

提提你

檳城實用資料

前往檳城交通

　　香港及台灣均有直航檳城的航班，旅客亦可從馬西來亞各地轉乘內陸機前往，非常方便。

I Can Tips

國際航班
以下航空公司現時有提供直航至檳城的航班：
香港-檳城
航空公司：國泰航空CX、亞洲航空AK等。
航程：約4小時
台灣-檳城
航空公司：中華航空CI、馬來西亞航空MH、星宇航空JX等。
航程：約5小時

檳城國際機場
Penang International Airport (PEN)

　　1973年啟用，位於檳榔嶼的東南邊，距離喬治市約16公里。航廈分兩層，上層為出境大廳；下層為入境大廳，設有多間不同的餐廳、零售店及汽車出租櫃台等設施，十分方便。

航廈以全玻璃外牆式設計，別具時尚感。

Info
地址：Bayan Lepas, Penang
電話：+60 - 4 - 252 - 0252
網址：www.penangairport.com

機場交通：

1.的士

　　可於機場出境大廳外之的士站乘坐，往喬治市車程約30至40分鐘，車費約RM\$45，於半夜零時至06:00會有50%附加費。

2.巴士

　　可乘搭由Rapid Penang營運的當地巴士102、401、401E號路線前往喬治市，車程約45分鐘。如前往峇都丁宜，則可乘坐102號路線，車程約2小時。車費約RM\$3-5。

3.Grab叫車服務

　　於Grab APP裡直接叫車前往目的地。

城際交通

1. 國內航班

　　馬來西亞各地如吉隆坡、浮羅交怡、新山、沙巴等城市，均有內陸航班前往檳城。

Info
亞洲航空：www.airasia.com
飛螢航空：www.fireflyz.com.my
馬來西亞航空：
www.malaysiaairlines.com

從檳城出發：

目的地	航程
吉隆坡	約1小時10分鐘
浮羅交怡	約40分鐘
新山	約1小時15分鐘
沙巴（亞庇）	約2小時45分鐘

2. 長途巴士

　　當地巴士網絡四通八達，旅客可選擇乘坐長途巴士從各大城市前往檳城，且費用便宜。當地有多間長途巴士公司每日提供多班路線往返檳城至吉隆坡、怡保、馬六甲等地。

路線	車程	車費
檳城-吉隆坡	約5至5.5小時	約RM30-45
檳城-怡保	約2至2.5小時	約RM20-25
檳城-金馬崙高原	約4.5小時	約RM35
檳城-馬六甲	約7小時	約RM50-55

　　最方便是選乘直達喬治市內「Penang Komtar」光大巴士總站的長途巴士，但班次較少需預早訂票。而大部分路線則於喬治市以南11公里外的「Sungai Nibong Bus Terminal」設站，到埗後需再轉乘的士或叫車前往喬治市，車程約20分鐘。

　　於檳城東岸的北海也設有另一長途巴士總站「Penang Sentral（Butterworth）」，但較為遠離喬治市。在訂票時請留意路線的總站位置，以免訂錯車票。

到達Sungai Nibong Bus Terminal後需再轉車。

而光大巴士總站就在喬治市地標「光大廣場」裡。

Info
可於Bus Online Ticket長途巴士預訂平台查看班次、價格及預訂車票。

官網：
www.busonlineticket.com/

Bus Online Ticket APP

世遺名城

喬治市

(Georgetown)

喬治市是檳城首府,位於檳榔島嶼東北部,面積達23平方千米,以英國國王喬治三世而命名。市內擁有眾多逾百年歷史的名勝古蹟,更於2008年被列入「世界文化遺產」。在喬治市的大街小巷穿梭,恍如回到30年代的老香港,處處盡顯懷舊氣息。後來更因壁畫及電視劇的影響下,為舊城區注入青春氣息,掀起一片觀賞壁畫的熱潮。

喬治市市內交通：

1.巴士（Rapid Penang）

提供逾20條行駛於喬治市市中心的巴士路線，大部分均會途經「光大廣場」旁邊的光大巴士總站（Terminal Komtar），此外也有多條路線於姓周橋附近的Weld Quay Jetty Bas Terminal巴士總站設站。另外，亦提供多條路線往檳城其他大區，包括峇都丁宜和升旗山纜車站等。以當地人乘搭居多。

Info

Rapid Penang
電話：+603-7885 2585
車費：

路程	成人（RM）	小童（RM）
7公里內	$1.4	$0.7
7-14公里	$2	$1
14-21公里	$2.7	$1.4
21-28公里	$3.4	$1.7
28-35公里	$4	$2
35-42公里	$4.7	$2.4
42-49公里	$5	$2.5

網址：www.rapidpg.com.my
*車票可於上車時向司機購買

Tips

Myrapid PULSE 手機應用程式
可於APP裡查看各點對點巴士路線、巴士站位置和時刻表，十分方便。

2.免費穿梭巴士（Central Area Transit - CAT Shuttle）

由市政府提供的免費穿梭巴士，途經喬治市主要景點，如光大廣場（Komtar）、檳榔律（Jalan Penang）、舊關仔角、食物狂想館、小印度及康華麗斯炮台等，旅客可於19個巴士站隨意上落。

Info

營運時間：0600 - 2400
班次：約每20分鐘一班
巴士路線：
由Weld Quay Jetty Bas Terminal巴士總站開出至光大巴士總站（Terminal Komtar）。

免費穿梭巴士都是由Rapid Penang營運，於車頭和車尾會顯示「CAT」路線。

巴士站牌會寫上「Central Area Transit」Free Shuttle。

3.的士

司機多為華人或印度人，可透過酒店代為電召的士，但開車前需與司機議價。

4.Grab 叫車

建議使用Grab APP叫車，可直接從Grab叫車手機APP裡Call車，輸入了時間、出發點和目的地後，會以距離和繁忙時段作計費，並可預先知道車資及於網上付款，省時方便。

5.三輪車

喬治市景點集中，可選擇乘坐富傳統特色的三輪車，深入穿梭大街小巷。車伕以當地華人及印度人為主，開車前可與車伕議價。

三輪車大多停靠在各大著名景點等候乘客。

喬治市市中心周邊地圖

新關仔角夜市
Gurney Drive Hawker Centre

Plaza Gurney

Gurney Paragon Mall

Jalan Bagan Jermal

Jalan Kelawai

Jalan Burma

檳城泰國臥佛寺
Wat Chaiya Mangalaram

Sleeping Buddha
巴士站

緬甸佛寺
Dhammikarama
Burmese Temple

浮羅池滑巴剎
Pulau Tikus
Hawker Center

Ascott Gurney Penang

Jalan Kelawai

檳城不巴南邏廟堂
Wat Buppharam Thai
Buddhist Temple

Jalan Pangkor

往喬治市市中心
（連接P.126地圖）

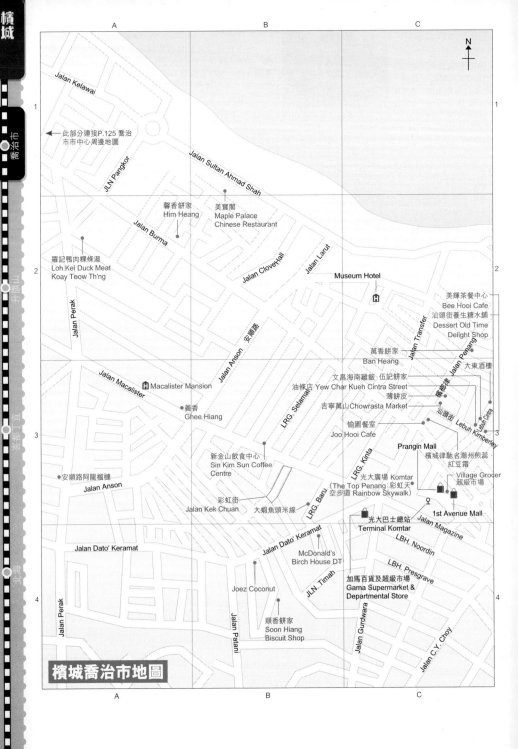

槟城

喬治市

升旗山

喬治市

Jalan Kelawai

此部分連接P.125 喬治市市中心周邊地圖

Jalan Sultan Ahmad Shah

JLN Pangkor

馨香餅家
Him Heang

美寶閣
Maple Palace
Chinese Restaurant

Jalan Burma

Jalan Clove Hall

Jalan Larut

羅記鴨肉粿條湯
Loh Kei Duck Meat
Koay Teow Th'ng

Jalan Perak

Museum Hotel

美輝茶餐中心
Bee Hooi Cafe
汕頭街養生糖水鋪
Dessert Old Time
Delight Shop

Jalan Transfer

Jalan Penang

萬香餅家
Ban Heang

大東酒樓

Jalan Anson
安順路

Jalan Macalister

Macalister Mansion

文昌海南雞飯 伍記餅家
油條店 Yew Char Kueh Cintra Street
薄餅皮
吉寧萬山Chowrasta Market

檳榔律

Lebuh Kimberley
汕頭街

義香
Ghee Hiang

Lebuh Cinta

愉園餐室
Joo Hooi Cafe

LRG. Selamat

新金山飲食中心
Sin Kim Sun Coffee
Centre

Prangin Mall

檳城律馳名潮州煎蕊
紅豆霜

LRG. Kinta

安順路阿龍榴槤
Jalan Anson

彩虹街
Jalan Kek Chuan

大蝦魚頭米線

LRG. Baru

光大廣場 Komtar
(The Top Penang:彩虹天
空步道 Rainbow Skywalk)

Village Grocer
超級市場

1st Avenue Mall

光大巴士總站
Terminal Komtar

Jalan Magazine

Jalan Dato' Keramat

McDonald's
Birch House DT

LBH. Noordin

LBH. Presgrave

Jalan Perak

Jalan Patani

JLN. Timah

Joez Coconut

加馬百貨及超級市場
Gama Supermarket &
Departmental Store

Jalan Gurdwara

Jalan C.Y. Choy

順香餅家
Soon Hiang
Biscuit Shop

檳城喬治市地圖

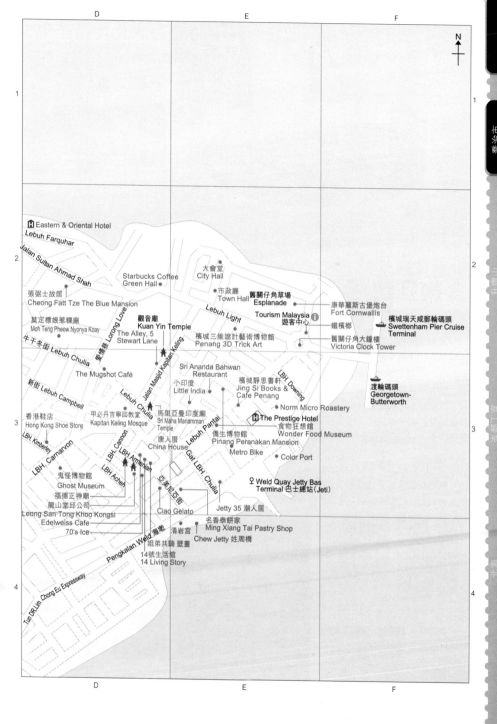

N

D   E   F

1

2

H Eastern & Oriental Hotel
Lebuh Farquhar
Jalan Sultan Ahmad Shah

大會堂
City Hall

Starbucks Coffee
Green Hall

市政廳
Town Hall

舊關仔角草場
Esplanade

康華麗斯古堡炮台
Fort Cornwallis

鐵檳榔

檳城瑞天咸郵輪碼頭
Swettenham Pier Cruise
Terminal

張弼士故居
Cheong Fatt Tze The Blue Mansion

莫定標娘惹粿廠
Moh Teng Pheow Nyonya Koay

觀音廟
Kuan Yin Temple

Lebuh Light

Tourism Malaysia
遊客中心 ⓘ

舊關仔角大鐘樓
Victoria Clock Tower

牛干冬街 Lebuh Chulia

夏摩巷 Loong Love

The Alley, 5
Stewart Lane

檳城三維詭計藝術博物館
Penang 3D Trick Art

The Mugshot Café

Sri Ananda Bahwan
Restaurant

渡輪碼頭
Georgetown-
Butterworth

新街 Lebuh Campbell

Lebuh Chulia

小印度
Little India

檳城靜思書軒
Jing Si Books &
Cafe Penang

LBH. Downing

香港鞋店
Hong Kong Shoe Store

甲必丹吉寧回教堂
Kapitan Keling Mosque

馬里亞曼印度廟
Sri Maha Mariamman
Temple

Norm Micro Roastery

H The Prestige Hotel

食物狂想館
Wonder Food Museum

3

LBH. Kimberley

LBH. Carnarvon

唐人厝
China House

僑生博物館
Pinang Peranakan Mansion

Metro Bike

Color Port

鬼怪博物館
Ghost Museum

福德正神廟

龍山堂邱公司
Leong San Tong Khoo Kongsi

Edelweiss Cafe

70's Ice

Ciao Gelato

Ω Weld Quay Jetty Bas
Terminal 巴士總站 (Jeti)

Jetty 35 潮人居

Pengkalan Weld 海墘

姐弟共騎 壁畫

清岩宮

名香泰餅家
Ming Xiang Tai Pastry Shop

Chew Jetty 姓周橋

14號生活館
14 Living Story

Tun DR. Lim Chong Eu Expressway

4

D   E   F

巨大化地道美食

這裡展示了10多個款特大美食模型，全是著名地道美食，旁邊也放置了多款「樂樂」串，可以拿著來打卡。

超大碗的大馬傳統甜品煎蕊很吸睛，看到人很興奮。

跟美食瘋狂打卡

食物狂想館
Wonder Food Museum

　　來到「大馬美食之都」槟城，這裡有太多地道美食，沒有頭緒不知道吃什麼好？那就先要逛逛這間以美食為主題的博物館，取一下靈感吧！這裡樓高2層，於1樓有各種當地美食的詳細介紹，另外，還有巨大化美食模型，包括亞參叻沙、煎蕊、蠔煎、印度飛餅等，讓到訪者可以拍出超有趣的照片。而2樓，則主要介紹世界各地料理的冷知識，也設有多個食物場景互動拍照區，還附設道具讓人盡情打卡。 **MAP: P.127 E3**

了解當地吃喝文化

展廳列出了槟城美食清單，讓初來槟城的遊人對當地美食有更深的概念。

館裡也利用了許多袖珍模型去介紹各種當地特色飲食文化，就像這正在拉茶的店員。

馬來西亞多元飲食

　　館內介紹了馬來西亞的多元飲食文化，包括馬來人、華人、印度人和娘惹各民族的特色美食和飲食習慣。

經典印度料理和常用香料

令人垂涎欲滴的中式料理

香氣濃郁的馬來菜式

傳統娘惹特色菜餚

Info

地址： 49, Lebuh Pantai, George Town, Penang
電話： +6042519095
開放時間： 0900-1800
門票： 成人RM$30；小童RM$20
前往方法： 於小印度（Little India）附近，步行前往約需5分鐘。

世界各地料理冷知識

想知道那些是世上最昂貴的料理？
就看看這餐桌上的菜式吧。

有什麼特色美食將快失傳？這原居民料理-
「豬籠草蒸糯米飯」就是其中之一，因為豬
籠草是不易被尋獲的。

瘋狂打卡互動區

附設了許多食物道具，讓人
可以盡情打卡！而在場的工
作人員亦很樂意幫忙拍照。

無論是大人或小朋
友，來到這裡都一
樣會玩得很開心。

還有多個誇張的場景！就如這正在「反枱」中，枱上的食物都在半傾瀉狀
態，讓人可拍出有趣的照片。

如果沒有拍攝靈感，也可
跟著牆上的「示範圖片」
擺出表情和姿勢。

用食物和餐具堆出來的《蒙娜麗莎》，令人
拍案叫絕。

Jimmy Choo

這幅講述國際著名鞋子設計師Jimmy Choo，最初曾在汕頭街的香港鞋店當學徒。

地址：Lebuh Leith 的Gala House側邊牆壁外

篤篤麵

以檳城篤篤麵麵檔為題。篤篤麵（Tok Tok Mee）於當地亦稱為雲吞麵，是很受歡迎的地道麵食。

地址：103, Lebuh China

喬治市特色壁畫系列
鐵塑漫畫

於2009年檳城政府舉辦了一項名為「標識喬治市」的藝術比賽，這系列共52幅的鐵塑漫畫作品自當年勝出後，立在喬治市的各個大街小巷，成為城中最具代表性的特色壁畫系列。這些漫畫由本地藝術家Tang Mun Kian的團隊創作，以「人民之聲」為主題，透過作品展示了一些當地文化和民間故事，令喬治市的街角更具歷史韻味。

老味道，老樣子

推著點心車的老店員和食客間的對話！這些漫畫都是帶出當地的文化特色。

地址：Lebuh Cintra與Lebuh Kimberley交界

間諜

以日本人為題，座落在日本橫街（Lebuh Cintra）和日本新路（Kampung Malabar）交界。於20世紀初這裡是日本人的聚居地，當時的日本相機店曾被涉嫌從事間諜活動，這漫畫正描述當年這歷史。

地址：34, Lebuh Cintra

城中最受矚目的壁畫

姐弟共騎 Kids On Bicycle　`MAP：P.127 D3`

由定居於檳城的立陶宛藝術家恩納斯（Ernest Zacharevic）繪畫，從姐弟的笑容可感受到親情和童心！曾獲英國《衛報》評為「全球15大最佳壁畫」，更是亞洲區唯一入選作品。壁畫中的單車是實物，有不少遊客會坐在尾端拍照。

地址：2, Lbh Armenian

追風少年 Boy on Motorbike
是恩納斯的另一幅著名作品。
地址：12, Lbh Ah Quee

*在Jetty35 潮人居外也有一些著名壁畫（詳細介紹見 P.147）

全城共有52幅大大小小的鐵塑漫畫散落在大街小巷，每幅都有不同的主題，值得停下來細味箇中的故事。

──Info──

地址：George Town, Penang
開放時間：全年

 提提你

極富氣派的中式大廳，配上南洋的吊燈及桌椅，恍如電影場景。

《小娘惹》拍攝場地
僑生博物館
(Pinang Peranakan Mansion)

　　建於19世紀末，又名「娘惹博物館」。前身為殖民時期當地華人富豪鄭景貴的故居，原名「海記棧」。樓高兩層，設計糅合中西式殖民風格，富麗堂皇得令人嘆為觀止。一樓主要是中式大廳及西式飯廳。二樓則是睡房，並展示逾千件珍貴的古董及收藏品，如昔日峇峇娘惹的日用品及結婚時的服飾等。《小娘惹》及《單戀雙城》等多套電視劇亦曾取景拍攝。遊人可跟著官方導遊參觀博物館，了解更多展品歷史和娘惹文化。另設餐廳供應正宗娘惹料理。

MAP: P.127 E3

鄭景貴小檔案
原名嗣文，祖籍廣東增城。1841年隨父往霹靂州經商，因投資開採錫礦躋身富豪。1877年被獲封為「甲必丹」武官職銜後，積極回饋社會，如建立祠堂及興建私塾等。為紀念其功績，當地更以其名字命名街道，如Jalan Ah Quee（亞貴街）及Lebuh Keng Kwee（景貴街）。

提提你

博物館外牆以翠綠色為主，門口停泊了數輛人力觀光車。

二樓的睡房陳設充滿南洋風味，都保存良好。

前往二樓參觀時需脫鞋。

博物館門口放置了新加坡人氣電視劇《小娘惹》海報。這套劇曾經在此拍攝。

Info
地址： 29, Jalan Church, Georgetown, Penang
電話： +60 - 4 - 264 - 2929
開放時間： 0930 - 1700
門票： 成人RM\$25、
　　　　小童RM\$12、6歲以下小童免費
＊門票已包含官方導遊導賞（普通話或英語）
網址： www.pinangperanakanmansion.com.my
前往方法： 從食物狂想館 步行前往，約需5分鐘。

槟城
乔治市
升旗山
若都丁宜
北海

跟一眾鬼怪共進晚餐！這個場景打卡一流，餐桌中間有一個大窿，遊客可以走進桌下然後伸出頭部，人頭頓時變成鬼怪的美食。

幽靈喪屍出沒
MAP: P.127 D3

鬼怪博物館
Ghost Museum Penang

是全馬來西亞首創的鬼怪博物館！以來自世界各地的幽靈和鬼怪為主題，一走進去，在暗黑燈光下穿過一個又一個以鬼怪作主題的佈置場景，一眾駭人的殭屍、吸血鬼、貞子、木乃伊就在眼前，逼真度高，令人心驚膽跳又興奮！而每個場景都設了打卡位，並展示出示範照片教大家如何拍出有趣的照片，另外亦有隨行職員幫忙拍照，絕對是跟鬼怪們打卡的好去處。

來自中國的殭屍造型逼真，額頭都被貼上了靈符。

遊客可以穿上黃袍道士服，斬妖除魔，收服殭屍。

館內還有提供鬼怪服裝，讓遊客可以穿上拍照。

---Info---

地址：57, Lebuh Melayu, George Town, Penang
電話：+6042612352
開放時間：1000-1900
門票：成人RM$33；小童、學生RM$23
網址：coolghostmuseumpenang-online.globaltix.com
前往方法：從光大廣場或食物狂想館步行前往，約10分鐘。

其中當然有一些令人毛骨悚然的場景,恐怖又有趣。

在每隻鬼怪的旁邊都列出了中文、英文和馬來文的詳細介紹。

Tips

1. 每個場景都貼上了示範照片,讓遊客可以汲取靈感,拍出有趣又充滿真實感的鬼怪照。

2. 博物館並不建議孕婦和心臟病人士進內參觀。

在日本電影《咒怨》中伽椰子從樓梯爬下來的經典一幕,在這裡重現了出來,令人目瞪尖叫。

就連來自西方的鬼怪也有出場!

入館參觀時,會有隨行職員講解、帶路和幫忙拍照。

就像親身走入了鬼怪的世界!是體驗恐怖氣氛的好地方。

全場共有30多款不同類型的鬼怪,氣氛十足,令人心跳加速。

檳城最高觀景玻璃步道
The TOP Penang

MAP: P.126 C3

光大廣場
Komtar
是檳城最高的建築物，亦是當地的重要地標。始建於1974年，在1985年竣工之時屬於馬最高的摩天大樓，於2013至2017年進行大型翻新，從原本65層加建至68層。

光大中心是檳城著名地標之一。

　　位於喬治市最高建築物光大廣場（Komtar）內的室內主題公園，在多個樓層設有共十多個不同主題的玩樂設施，其中最具人氣的是設在頂層68樓觀景台的「彩虹天空步道」（Rainbow Skywalk），底部用了透明強化玻璃來建造，踏上去走一圈可感受前所未有的視覺震撼，眼前腳下盡是城市美景！如想挑戰膽量，可參加空中索道（The Gravityz），在離地239公尺的大廈外圍步行和飛索，享受極致的刺激感。

呈彩虹弧形的玻璃步道，絕對是飽覽全景的最佳地點！

Tips

彩虹天空步道
1. 需要先脫鞋才可踏上玻璃步道。
2. 在步道上不可使用自拍棒。
3. 當下雨或天氣不佳時有機會關閉，而室內觀景台則不會受影響。

居高臨下可享壯麗景色，而夜景更浪漫迷人。建議可於日落前到訪，盡享日與夜的不同景致。

室內觀景台

讓人腿軟的玻璃底部，一步一驚心！滿有視覺效果。

位於65樓的室內觀景台，也有一部份屬「玻璃底」，在挑戰彩虹天空步道前，可踏上去這個先試膽量。

―Info―

地址：Komtar, 1, Jalan Penang, George Town, Penang
電話：+60172890800 (Whatsapp)
開放時間：
彩虹天空步道及觀景台
1000-2200；週二 1000-1900
空中索道 The Gravityz
1100-1400、1500-1900；週一 休息
侏羅紀研究中心、水族館
1000-1900
其他遊樂設施
1000-1900；週二 休息
門票：
彩虹天空步道及觀景台
成人RM$68；小童RM$48
COMBO套票
包括：彩虹天空步道及觀景台＋水族館＋侏羅紀研究中心
成人RM$75；小童RM$55
SUPER 9套票
包括：彩虹天空步道及觀景台＋水族館＋侏羅紀研究中心＋榴槤博物館＋Tech Dome＋鏡迷宮等共9個玩樂設施
成人RM$98；小童RM$58
空中索道 The Gravityz
RM$149 *需預約
*預約網址：www.thegravityz.com/booking
網址：thetop.com.my
前往方法：
步行 從牛干冬街（Lebuh Chulia）後段步行前往，約需10分鐘。
巴士 乘坐11、201、301等路線巴士至光大廣場旁邊的市內巴士總站「Terminal Komtar」。

侏羅紀研究中心

裡面共有多達200隻不同的恐龍和化石模型，另有迷你劇場和考古實驗室等互動體驗。

設有室內和室外區，小朋友還可在室外區騎乘「恐龍車」。

是馬來西亞最大的恐龍公園，亦是十分受歡迎的親子景點。

水族館

在水族館裡可看到許多海洋生物，探索海底世界。

榴槤博物館

參觀這間小型榴槤博物館，可了解多點這「水果之王」的歷史和生長過程。

正門入口設在 Jalan Dr Lim Chwee Leong 的「Komtar Walk」，登上樓梯入內後，沿著扶手電梯即可通往5樓售票處。

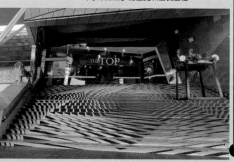

多個玩樂設施設在光大廣場的不同樓層：

3樓
榴槤博物館 Durian King Museum
Penang State Gallery

4樓
水族館 TOP Boutique Aquarium

5樓
售票處
升降機（登上65樓）
侏羅紀研究中心 Jurassic Research Center
Dino Gym
Tech Dome Penang

65樓
室外觀景台 Observatory Deck
空中索道 The Gravityz
升降機（登上68樓）

68樓
室外觀景台
彩虹天空步道 Rainbow Skywalk
景觀餐廳 Top View Restaurant

提提你

很好逛！大型連鎖超市
Village Grocer

MAP: P.126 C3

在光大廣場旁邊的1st Avenue商場地庫，位置十分便利！店內面積挺大，具有空間感令人逛得舒適，而商品種類繁多，無論是新鮮食品、地道食材、生活雜貨都一應俱全，整體定價也算合理，是入貨的好地方。

這間分店於2022年全新開幕，內部裝潢特別光鮮亮麗。

商品擺放得整齊有序，讓人可以舒適地慢慢逛。

在這裡可以找到高露潔竹炭和檸檬蘆薈口味的牙膏。RM\$24/2支裝

大馬著名茶葉品牌BOH的薑味即溶拉茶，很有風味。RM\$17.5

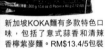

新加坡KOKA麵有多款特色口味，包括了意式蒜香和清辣香檸紫麥麵。RM\$13.4/5包裝

Info
地址： LG11-12, 182, Jalan Magazine, George Town, Penang
營業時間： 1000-2200
網址： villagegrocer.com.my
前往方法： 從光大廣場步行前往，約需5分鐘。

娘惹後人製糕
莫定標娘惹粿廠
（Moh Teng Pheow Nyonya Koay）

店主的父親於1933年在這裡創辦了一間娘惹糕點工坊，其後於2016年，在工坊後方開設了這間小店，讓客人可以即席品嚐新鮮製作的糕點和古早味娘惹菜，如包裹香蕉葉的椰漿飯、黃薑飯及香草飯等。於2023年更獲選為米芝蓮的必比登推介。 **MAP: P.127 D2**

一邊是製娘惹糕的工坊，另一邊是娘惹菜館。

用沾了開水的刀去切娘惹糕，不會破壞糕點賣相。

店主莫獻銘與太太及女兒繼續傳承早業。而每件娘惹糕點都不用RM\$1，十分抵食。

製糕點的木模。

叻沙特色是用魚湯加上椰漿。RM\$7.2

Info
地址： Lebuh Chulia, Jalan Masjid, George Town, Penang
電話： +60124152677
營業時間： 1030 - 1700
休息： 逢週一
Facebook： Moh Teng Pheow Nyonya Koay & Canteen
消費： 約RM15-20 / 位
前往方法： 從牛干冬街（Lbh Chulia）中後段步行前往約需5分鐘。

這裡有不少菜式都融合了東南亞元素，具有創意又美味，菜單還會不時更新。

熱鬧的人聲在樓底特高的貨倉裏變成了迴音，營造了很獨特的用餐氛圍。

清新系人氣咖啡館

MAP: P.127 E3

Norm Micro Roastery

　　隱藏在街角上的一間特色咖啡館！利用廢棄舊倉庫改造而成，推門一進，就像去到了另一個角度。在樓底極高的空間，以簡約低調的裝潢帶出了充滿自然風的用餐氣氛。高聳的石磚牆、鐵鏽枱面和S型座位，再加上綠草小樹和石仔路，令人印象深刻。這裡主要供應西式料理、輕食、咖啡和甜點，在這個環境下嘆杯咖啡和吃些美食和甜點，十分Chill！

門前設了簡約風的鏡面大門，並沒有店名和招牌，可直接推門而入。

一客令人回味的巴斯克焦香芝士蛋糕，口感香濃軟滑。Basque Burnt Cheesecake RM$17

汁燒鴨肉班尼迪蛋配以冬陰公口味荷蘭醬，鴨肉軟嫩入味，爽度少許爽脆木耳絲，很有口感。Duck Benedict RM$28

地板上鋪滿了沙石，流露一股大自然氣息。

┏━Info━┓

地址：13, Gat Lebuh Gereja, George Town, Penang
營業時間：0900-2300
消費：約RM$55-70/位
網址：www.facebook.com/normmicroroastery/
前往方法：從食物狂想館步行前往，約需3分鐘。

137

Metro Bike簡介
提供單車租用,並舉辦不同單車Tour服務的單車公司,曾於2012 - 2013年度榮獲 Malaysia Ministry of Tourism & Culture頒發「The Best Tour Package Winner Award」,實力備受認可。

單車Tour特意選在天氣清爽的早上出發,以避開正午的酷熱,旅客毋需在陽光下曝曬。

單車漫遊檳城
All In One Bike Tour

　　檳城政府一向致力推廣單車旅遊,而當地的單車公司「Metro Bike」提供多款單車Tour,推介最人氣的「All In One Bike Tour」,並包含單車、頭盔、熒光衣、食水等裝備。由當地資深導遊帶領,逐一漫遊各大古蹟、穿梭壁畫小巷,行程更包含早、午餐,沿途品嚐多款地道美食,最適合一眾初遊者參加。

`MAP:P.119;127 E3`

集散地點置有Metro Bike的公司招牌,以作識別。

於集散地點,導遊早已預備當日參加者使用的單車,如獲派的單車太高或太矮不適用,可選擇其他合適自己的單車,非常個性化。

導遊裝備:

喇叭是用來播放歌曲,好讓團友能憑音樂跟隨。

穿上橙色熒光衣的導遊,態度親切,全程以英文溝通,講解風趣幽默,對所有景點資料瞭如指掌,值得一讀!

行程到尾聲時已是中午時份,街上愈來愈多車,全靠導遊不時吹響哨子,提示大家轉彎或前進。

租用單車 Metro Bike 亦有提供租用單車服務。
48小時租用費用:RM$25
*費用包含租用頭盔、熒光衣、單車鎖和保險。
取車地點:Metro Bike Center (278 Lebuh Victoria)

Info

地址:278, Victoria St, 10200 George Town, Penang
電話:+6019 - 409 - 4663
費用: All In One Bike Tour RM$230
電郵:support@metrobike.com.my
網址:www.metrobike.com.my

*包括早午餐、水、熒光衣、頭盔、保險及導遊講解。
#需提前1-2天致電或以電郵預約,最少2人成行。

沿途景點：

單車Tour途經10多個景點，每站約停留十多分鐘，想停久點亦得，非常有彈性。

┌── Info ──┐
All In One Bike Tour
需時：3.5小時（0830 - 1200）
集合時間：0815
集散地點：Tanjung City Marina
　　　　　（Beside Jetty Bus Terminal）
*以下只供參考，確實行程以當日為準。

第1站：姓周橋
鄰近出發地點，亦是旅客必到的旅遊熱點之一，導遊正在介紹景點的歷史。

第2站：壁畫街
暢遊Lebuh American一帶壁畫街，旅客可逐一與壁畫拍照留念。

第3站：早餐時間
前往Little India的印度餐廳吃早餐，品嚐道地的印度拉茶及薄餅。

第4 - 6站：廟宇
參觀當地最古老的印度廟「Sri Mariamman Temple」、「福德正神廟」、以及「孫中山檳城基地紀念館」。

第7站：香港鞋店
世界知名鞋履設計師Jimmy Choo最初學藝的鞋店，老闆向團友展示度身訂造的鞋款。

第8站：薄餅皮
品嚐當地傳統小吃「薄餅皮」，手工貢糖餡料味道香甜。

第9站：Chowrasta Market
暢遊當地傳統市場吉寧萬山，品嚐傳統涼果及小吃。

第10、11站：午餐時間
一嚐檳城最出名的「潮州煎蕊·紅豆霜」，再於旁邊的餐廳品嚐椰漿飯、亞參叻沙等，之後途經回教寺廟「甲必丹吉寧回教堂」。

第12站：康華麗斯古堡炮台
最後一站，1786年Francis Light登陸檳城的地點。

單車漫遊檳城路線圖

英式皇宮
大會堂（City Hall）

Tips
內部不對外開放參觀。

位於海濱長廊，建於1903年的英國式建築。純白色的外觀，華麗又宏偉，是當年檳城首個安裝電力的建築物，更與德國公司Huttenbach Brothers合作，將電力連接到其他地方，貢獻良多。現時為市政事務中心，設有不同政府部門的辦公室。

─ Info ─
地址：Jalan Padang Kota Lama, George Town, Penang
前往方法：由光大廣場乘車前往約10分鐘。

MAP: P.127 E2

Tourism Malaysia

維多利亞式建築
市政廳（Town Hall）

在大會堂旁邊，建於1880年，是早期檳城市政府的所在地，設有劇院及宴會廳，經常舉辦大型活動。其維多利亞式建築莊重優雅，更曾吸引電影《安娜與國王》及電視劇《單戀雙城》在此取景拍攝。

MAP: P.127 E2

─ Info ─
地址：Jalan Padang Kota Lama, George Town, Penang
前往方法：鄰近City Hall。

Tourism Malaysia

懷舊馬來風情
Starbucks Coffee Green Hall

走進這間隱身在老房子裡的星巴克，猶如時光倒流回到上個年代！咖啡館裡保留了昔日古色古香的瓷磚地板，配上木質傢具和白色拱窗，流露著一份懷舊的老檳城味道。除了一般的西式咖啡和飽點，也有供應充滿馬來風味的輕食，包括：胡椒羊肉批、馬來咖喱角、斑蘭口味的Tropical Paradise Cake等，而Starbucks的粉絲們也可在此選購馬來西亞城市杯。

MAP: P.127 D2

座落在白色的老房子裡，滿有懷舊典雅的氛圍。

店內店外保留了舊日的裝潢，是文青們打卡的好地方。

每天1200-1500供應的輕食套餐，包括1款批和1杯咖啡。RM$18

─ Info ─
地址：Lot Ground Floor, 1, Jalan Green Hall, George Town, Penang
電話：+60125039663
營業時間：0800-2300
消費：約RM$20-40/位
前往方法：在市政廳的背後，步行前往約5分鐘。

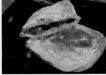
胡椒羊肉批羊味香濃，胡椒味重，風味十足。

陽光從白色拱窗灑下，可以在此享受一下恬靜愜意的咖啡時光。

檳城地標之一
鐵檳榔

檳城早期盛產檳榔，馬來語地名「Pulau Pinang」正正由檳榔樹而來。2005年，當地政府便以檳榔為題，於大鐘樓附近打造全新地標「鐵檳榔」，兩旁是打開的檳榔殼，中間圓形的則是果肉。

MAP: P.127 E2

— Info —
地址：Jalan Tun Syed Sheh Barakban & Lebuh, Georgetown, Penang
前往方法：由光大廣場乘車前往約10分鐘。

鐵檳榔造型極富時代感，初訪檳城不能錯過。

向英女王維多利亞致敬
舊關仔角大鐘樓
（Victoria Clock Tower）

— Info —
地址：Lebuh Pantal & Lebuh light, Georgetown, Penang
前往方法：在鐵檳榔旁邊。

樓高60呎，共4層，混合英式鐘樓及回教摩爾式設計的鐘樓。建於1897年，為紀念英女王維多利亞登基60周年，由當地富豪謝增煜捐款所興建。雖然現時不再敲鐘報時，但其歷史價值卻影響深遠。於2005年，政府更為鐘樓添加霓虹燈，極富現代感，電影《色·戒》也曾在此取景。

MAP: P.127 E2

電影《色·戒》中，王力宏及陳沖於檳城街頭漫步時，背景就是這座鐘樓。

英國船長登陸之地
康華麗斯古堡炮台
（Fort Cornwallis）

歷史可追溯到1786年，當時英國東印度公司的弗朗西斯·萊特船長（Captain Francis Light）首次登上檳榔嶼，隨後，船長決定在這裡建造一座堡壘去守衛此地，免受外來軍隊和海盜的侵擾。現在，這裡設有由昔日火藥庫改建成的博物館，另有當年留存至今的炮台，以及船長的紀念銅像等。

MAP: P.127 E2

當年荷蘭人送給柔佛蘇丹的大炮，依然保存良好。

英國船長Francis Light的銅像，站立於門口位置。

旅客可以與英軍來一張合照！

古堡炮台吸引不少旅客前來參觀。

建於1814年的圓頂火藥庫。

— Info —
地址：Jalan Tun Syed Sheh Barakbah, Georgetown, Penang
電話：+60 - 4 - 263 - 9855
開放時間：0900-1900
入場費：成人RM$20、小童RM$10
前往方法：由光大廣場乘車前往約10分鐘。

不同主題的空間雖然各有特色，但依然保留老房子的古色古香。

14道風味咖啡館 MAP: P.127 E3
唐人厝（China House）

　　總長達400呎的咖啡館，由3間傳統老屋組成，結合藝術畫廊與餐飲於一身。樓高兩層，分為14個不同主題區，如酒吧、畫廊、Cafe及精品區等，每區設計各有不同。餐飲方面，主要供應輕食、蛋糕、咖啡、雞尾酒和西式料理。位於2樓的畫廊定時邀請當地畫家舉辦畫展，極富道地特色。館內除滿布藝術作品，另有古董舊物作擺設，可盡情體驗14道風味的藝術氣息。

晚上更會有Live Band表演，滿有氣氛。

各款蛋糕擺滿一枱，任君選擇。

純白色設計的藝術空間Art+Theatre，位於2樓。

小庭院連接後面的酒吧和用餐區。

各式餡餅、鬆餅和蛋糕選擇很多，每件約為RM$15-20。

Info
地址：153&155, Lebuh Pantai and 183 Lebuh Victoria, Georgetown, Penang
電話：+60 - 4 - 263 - 7299
營業時間：0930-0100
網址：www.chinahouse.com.my
消費：約RM$30-50 / 位
前往方法：從食物狂想館步行前往約需5分鐘。

視錯覺打卡場景
檳城三維詭計藝術博物館
（Penang 3D Trick Art Museum）

　　是著名的「打卡」博物館，內裡展示了40多幅3D視錯覺繪畫和雕塑，只要發揮想像力就可拍出有趣的照片！其中有不少畫作和場景都是融合了當地傳統文化，拍照之餘，亦可了解多點檳城人的日常生活，很有地道特色。 MAP: P.127 E2

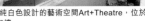

很適合親子同遊的景點。

Info
地址：10, Lebuh Penang, George Town, Penang
電話：+6042631628
開放時間：0900-1800
門票：成人RM$28；小童、長者RM$18
前往方法：從舊關仔角步行前往約需5分鐘。

這些陶瓷磚掛飾美侖美奐，充滿當地特色。

店的中央放了一台衣車，以及很多精心製作的布藝品。

手作精品
14號生活館（14 Living Story）

位於亞美尼亞街（Lebuh Armenian）14號，是由當地3位年輕人創立的手工精品店。老闆們有感當地老房子改建的酒店或咖啡店，均需消費才能進入，於是決意打造一個完全對外開放的展覽空間，定期邀請不同的藝術家舉辦展覽，讓所有人都可深入了解喬治市的生活故事，同時可購買各款懷舊的手作精品。

MAP：P.127 D3

百家布做成的精品，極富節日色彩。

店裡展示了檳城老屋的小模型，並圖文並茂作介紹。

藝術展覽空間，不定期更換展覽主題。

店門掛上色彩繽紛的布料作裝飾。

販賣很多富有民族風情的手作品，種類繁多。

┌Info┐
地址：14, Armenian Street, Penang
電話：+60 - 4 - 261 - 0352
營業時間：1000 - 1800
Facebook：搜尋「14 Living Story」
前往方法：在Edelweiss Cafe附近，步行約需1分鐘。

藍色大屋
張弼士故居
（Cheong Fatt Tze Mansion）

建於1880年，又名「Blue Mansion」（藍屋），曾屬南洋首富張弼士的豪宅。於2000年榮獲聯合國教科文組織頒發「亞太區文化古蹟保護獎」。建築融合中西風格，屋內有18個廳、13個天井及99個房間，手工精細且結構嚴謹，更是全馬最大的園林式住宅。張弼士的後裔於1991年將其出售，經過多年翻新和粉飾，裝修後正式對外開放，現為當地著名4星級酒店，就連法國電影《情證今生》亦曾來取景拍攝。

`MAP: P.127 D2`

因外牆以藍色為主調，當地人稱之為「藍屋」。

中西合璧的大廳，配上南洋吊扇、西洋水晶吊燈及中式桌椅，依然保存良好。

昔日舊時代的傳統服飾，亦一一展出。

導賞團由當地華人導遊講解，由於旅客多是外國人，一般也以英文介紹。

Tips

就算不是酒店的住客，也可從以下途徑進內參觀。
1. Self-Guided Audio Tour
需預先於官網購票，憑票可於當日自由參觀，進場時會提供語音導賞APP，需自備耳機，另因名額有限，建議提前預約。
門票：RM$25
2. Daily Guided Tour
每天1100和1400設有官方英語導賞團，在導遊帶領下進內參觀，導賞時間為45分鐘，可於官網預約。
門票：RM$25

Info
地址： 14, Leith Street, Georgetown, Penang
電話： +60 - 4 - 262 - 0006
開放時間： 1100-1800
網址： www.cheongfatttzemansion.com
前往方法： 從牛干冬街（Lebuh Chulia）後段步行前往，約需5分鐘。

老城小巷風情
`MAP: P.127 D2-D3`
愛情巷（Lorong Love）

這條小巷之所以叫做「愛情巷」，相傳是因為這裡曾開滿了妓院，有不少男士前來尋歡作樂，享受短暫的愛情，此地也是昔日著名偷藏情婦之地。如今，小巷聚集了許多背包客旅舍、酒吧餐廳和咖啡館，一到晚上則會變身成酒吧街。

小巷前段開滿了酒吧，於晚間會較為熱鬧。

兩旁老屋都充滿飽歷滄桑的歷史感。

在中段跟Stewart Ln的交界處，有一幅以「芭蕾舞者」為題的壁畫。

Info
地址： Love Ln, Georgetown, Penang
前往方法： 在牛干冬街（Lebuh Chulia）中後段交界、杳田仔街（Lebuh Carnarvon）的斜對面。

財神廟

福德正神廟
（Hock Teik Cheng Sin Temple）

建於1850年，由遷居檳城的福建人所建。裝潢極富閩南風格，屋頂左右兩旁設有鰲魚，正中則放置關羽像，前者意指「獨佔鰲頭」，後者則有「忠義」含義，更是全馬唯一的雙層廟宇。又名「福德祠」及「大伯公廟」，因供奉的大伯公向來掌管財運，故被當地商家視為守護神。

MAP: P.127 D3

寺廟就在亞美尼亞街（Lebuh Armenian）的中後段街角位置。

─Info─
地址：57 Lebuh Armenian, Georgetown, Penang
開放時間：0800-1800；週日 0800-1000
前往方法：在龍山堂邱公司附近，步行前往約需2分鐘。

一整排肥瘦相間的煙薰五花肉，外皮鬆化，肉嫩鮮香。RM$48

南瓜薯仔湯十分香濃細滑。RM$18

被遺忘的時光

MAP: P.127 D3

Edelweiss Cafe

逾150年歷史老屋改建成的餐廳。老板是一位瑞士人，在這間別具特色的餐廳裡提供正宗瑞士風味料理，包括芝士火鍋、意大利麵和各式雞尾酒等，其中煙薰五花肉為人氣菜式，鬆化軟嫩，充滿鮮香。餐廳擺滿各式古董、時鐘、燈飾及刨冰機等，處處充滿懷舊氣息。於晚間在泛黃燈光和古董舊物下顯得挺有情調。

接骨木花特飲帶有微甜花香，入口清新。
Elderflower Spritzer RM$18

恍如走進電影才會出現的懷舊餐室，古色古香。

餐廳只在晚市營業。

─Info─
地址：38, Armenian Street, Penang
電話：+60 - 4 - 261 - 8935
營業時間：週四、週五 1830-2200；
週六、週日 1700-2200
休息：週一至週三
網址：www.edelweisscafe.com
消費：約RM$65-85 / 位
前往方法：在亞美尼亞街中段。

招牌咸蛋酥 MAP: P.127 E3

名香泰餅家
(Kedai Biskut Ming Xiang Tai)

位於亞美尼亞街前段，是當地著名傳統廣東酥餅店。裝潢帶有復古感，還設有舒適用餐區，而各式酥餅都是手工製作，整齊陳列在玻璃櫃裡，其中有咸蛋控必吃的咸蛋酥，是店家的招牌一口酥點，另外還有充滿果香的鳳梨芒果酥和滿有馬來風味的溏心榴槤酥。

各款傳統廣東酥餅放滿了兩邊的玻璃櫃，令人目不暇給。

店裡也有供應茶葉蛋、豆花和各式涼茶等，是歇歇腳的好地方。

榴槤酥裡有口感煙韌的榴槤粿加蕉和溏心豆蓉作餡料，滿有榴槤香。RM$4.8

一口一個的招牌咸蛋酥，內餡有原隻咸蛋，十分香口。另有班蘭口味的翡翠咸蛋酥。RM$2.6

門外畫了地道壁畫，吸引來買酥餅的遊客，順道打卡。

Info
地址： No.26, Lbh Armenian, Ghaut, George Town, Penang
營業時間： 0900-1800
網址： www.mingxiangtai.com.my
消費： 約RM$10-20/位
前往方法： 從姓周橋步行前往約需2分鐘。

人氣意式冰淇淋

Ciao Gelato

在炎熱的檳城吃一口甜美幼滑的意式冰淇淋，冰涼透心的感覺實在超爽！這間當地人氣意式冰淇淋店，除了用心製作多款美味的手工意式冰淇淋和雪芭，還提倡環保概念，全店採用金屬碗和匙羹來取代一般的冰淇淋紙杯，受到當地人的熱愛。

MAP: P.127 D3

椰子冰淇淋味道香濃，口感細膩。RM$10-12/每杯1口味約60g

每天供應大約10款口味。

店裡裝潢簡約時尚，設有舒適用餐區。

Info
地址： 171-A, Lebuh Victoria, Street, George Town, Penang
營業時間： 1100-2300
網址： ciao-gelato.com
消費： 約RM$10-20/位
前往方法： 在名香泰餅家斜對面。

彩色貨櫃海濱雅座 MAP: P.127 E3
Color Port

　　用了多個彩色貨櫃打造成的海濱餐廳，設有露天座位可享迷人海景！餐廳在2022年世界盃期間開設，還特意安裝了一個大熒幕，讓食客可一邊吹著海風嘆美食，一邊觀看賽事。現時，於當地和國際球賽舉行日亦設現場直播，於週末晚間也有樂隊表演，氣氛一流。

微風吹送，用餐環境相當愜意。

色彩繽紛的貨櫃美食店，營造了打卡一流的環境。

這裡提供各式各樣的美食，包括當地料理和西餐。

─Info─
地址：COLOR PORT Tanjung City Marina Alfresco, Pengkalan Weld, Georgetown, Penang
電話：+60139272628
營業時間：1100-2400
網址：www.colorportpenang.com
前往方法：從姓周橋步行前往約需6-8分鐘，在巴士總站（Weld Quay Jetty Bas Terminal）旁邊。

舊倉庫文青風市集
Jetty 35 潮人居

　　把舊式倉庫改建而成的生活藝術空間，由當地年青藝術家精心打造了一個滿有復古氛圍感的文創景點，把手作、藝術、古物和咖啡館多元的概念匯集在一起，內裡有以老式家具和擺設裝飾而成的咖啡館，也有販賣特色手工製品，每個角落都散發著文藝氣息，是當地文青一族的聚腳點。 MAP: P.127 E3

以老式家具作飾的咖啡館SamaSama Café & Workshop，裝潢像家一樣，感覺舒適自在。

迷人的復古氛圍，讓人分不清是新潮或是老派。

在這裡販售很多不同的手工製品、飾物和文創商品，有不少是在地設計的。

入口共有2個，這個設在Gat Lebuh Chulia巷弄裡，另一入口則在Pengkalan Weld大馬路上。

★I Can Tips

喬治市著名壁畫
在潮人居外的Gat Lebuh Chulia巷弄裡，可以找到2幅喬治市著名的壁畫！更有不少遊人是特意來打卡的。

新鮮純正豆漿檔
壁畫中的老太太正在賣豆漿給小男孩。

兄妹盪鞦韆
是當地一名聽障藝術家顏詒隆之作品。

─Info─
地址：35, Pengkalan Weld, George Town, Penang
電話：+60 164774499
營業時間：1100-1800
休息：週二
前往方法：從姓周橋步行前往約需3-5分鐘。

橋上開設了一些特色小店和咖啡館。

向海延伸的木橋，充滿古樸風味。

高腳木屋上繪滿了壁畫，吸引不少遊人前來打卡。

水上華人村

姓周橋（Chew Jetty）

始建於19世紀中期，座落喬治市東北岸邊，依據華人姓氏建有7條橋樑，如周、林、李、陳、王、楊及郭。當中以姓周橋最具規模，來自福建泉州同安縣杏林社的華人以捕魚為生，並於海上築橋、興建水上木屋定居。至今依然保留古樸風味，更設有餐廳、民宿及紀念品店等，電影《初戀紅豆冰》便在此取景拍攝。

MAP: P.127 E4

一間間水上木屋並排而列在藍天襯托下，美如明信片。

在這間古色古香的清岩宮旁邊，就是前往姓周橋的路徑。

—Info—

地址：Chew Jetty, Weld Quay, Georgetown, Penang
前往方法：從食物狂想館步行前往，約需10分鐘。

華人祠堂 **MAP: P.127 D3**

Tips

[公司] 在當地意指華人會館，一般包括宗祠和集會之地。

龍山堂邱公司（Khoo Kongsi）

建於19世紀末期，為大馬華人姓氏宗祠中最具特色的祠堂之一。邱氏宗族是檳城福建幫五大姓氏之一，與謝、陳、林及楊氏在當年極具影響力。這裡佔地逾2萬平方呎，劃分為中央的正順宮、以及側邊的福德宮及浴谷宮，建築仿照清朝宮殿般精雕細琢的建築，金碧輝煌，內裡更附設「邱氏文物館」。電影《安娜與國王》及電視劇《單戀雙城》都曾在此取景。

瑰麗堂皇的邱宗祠，每日吸引大批旅客遊覽。

祠內雕刻金碧輝煌，手工極為精細。

—Info—

地址：18 Cannon Square, Georgetown, Penang
電話：+60 - 4 - 261 - 4609
開放時間：0900 - 1700
入場費：RM$10
網址：www.khookongsi.com.my
前往方法：從鬼怪博物館步行前往，約需8分鐘。

店裡也有很多充滿禪意的生活小物和禮品。

這款小葉紅茶來自台灣自然生態茶園，獲得有機認證。RM$52

書軒以「社區客廳」為理念，在城中提供寧靜和諧的賞書空間。

令人平靜的賞書空間
檳城靜思書軒
（Jing Si Books & Cafe Penang）

Tips

進店需要脫鞋，然後放入店家提供的鞋袋裡。

　　走進書軒感受一片寧靜愜意！這裡是全球首間靜思書軒，結合了佛系書店與茶室，在繁忙的城市帶來一個充滿善念平和的空間，內部裝潢注入了東方禪意，亦滿有現代簡潔感。店的前半部是書店，售賣各類好書、養生天然食品、茶葉、文具及禮品等，而後半部是可供休憩的茶室，提供多款泡茶、養生茶和健康輕食料理，是靜心品茶和享受書香的好去處。 **MAP: P.127 E3**

茶室提供書本讓客人翻閱，在此點杯泡茶小休一下，慢享茶香書香也很不錯。

於2000年開業並取名為「靜思」，意指時刻靜心思考人生方向。

木質裝潢給人和諧之感，優雅舒適。

Info

地址：31, Beach St, George Town, Penang
電話：+6042616562
營業時間：0900-1800
消費：約RM$10-20/位
網址：www.jingsibooksncafe.com
前往方法：從食物狂想館步行前往約需3分鐘。

百年歷史建築裡
McDonald's Birch House DT

　　絕對是檳城最美的麥當勞！藏身在一座翻新過的殖民時期英式建築內，外觀宏偉優雅！雖然店裡裝潢和所供應的料理都跟其他麥當勞沒大分別，但也有一些富有當地特色的餐點。 **MAP: P.126 B4**

始建於1908年，外觀相當優雅。

美味可口的班蘭椰糖蛋糕配美式咖啡。RM$13.2

Info

地址：73, Jalan Dato Keramat, George Town, Penang
電話：+6042265685
營業時間：0700-0200
消費：約RM$25/位
網址：www.mcdonalds.com.my
前往方法：從光大廣場步行前往，約需8分鐘。

檔口累積口碑
大蝦魚頭米線

店主從車仔檔起家，因做到有口碑，於是在五洲茶室開設檔口至今有50年光景。其魚頭米粉用豬骨熬煮湯底來快煮麵條，並以兩種麵條濕炒和乾撈，吃起來分外脆口。

`MAP: P.126 B3`

店主每天清晨便準備食材。

魚頭炒米粉，小RM$9，大RM$12.5。

魚塊滾油炸過，特別香口。

菜單沒有的炸花膠，味道不俗。

Info
地址：No. 45, Lorong Baru, George Town, 10450 George Town, 檳城
營業時間：0830 - 1200
休息日：週二
消費：約RM$15 / 位
前往方法：由光大廣場徒步約8分鐘。在五洲茶室（Goh Chew Cafe）內。

長龍懷舊冰球
70's Ice

香橙荔枝口味冰球，味道香甜，消暑一流！RM$3

圓形的刨冰球是檳城70年代最流行的懷舊小吃。在冰球上淋上不同味道的果汁，可選擇荔枝、香橙、可樂、黑加侖、芒果及玫瑰口味，其中還有打卡一流的三色彩虹口味。特別在天氣炎熱時，不少旅客均會前來購買，大口地啜食冰球。

`MAP: P.127 D3`

Info
地址：282, Beach St, George Town, Penang
電話：+60 10-383 5814
營業時間：週三至週日 0900-1900；週二 0900-1700
休息：週二
消費：約RM$5
Facebook：搜尋「70's ice」
前往方法：從姓周橋步行前往約需5分鐘。

古老印度廟
馬里亞曼印度廟
（Sri Maha Mariamman Temple）

I Can Tips

大寶森節是一個重要的印度教節日，於每年在淡米爾曆的第十個月滿月時慶祝，即是約在公曆1月中至2月中。

建於1833年，是檳城最古老的印度廟宇，主要供奉馬里亞曼女神，即是傳說中的雨露女神，掌管姻緣生育，能治百病，故深受印度人的崇拜。這裏亦是一年一度舉辦的「大寶森節」之出發地點，信徒會乘坐載有神像的馬車巡遊，非常熱鬧。

`MAP: P.127 D3`

廟內擁有很多精美雕像及印度壁畫，極富欣賞價值。

入口處的高塔全是神祇雕刻，手工精細，形態生動。

Info
地址：Lebuh Queen, Georgetown, Penang
開放時間：0800 - 1200、1600 - 2100
前往方法：在牛干冬街（Lbh Chulia）中段轉角位置。

古老回教寺
甲必丹吉寧回教堂
（Kapitan Keling Mosque）

始建於1801年，佔地18公頃，是檳城最古老的回教堂之一，由印度人領袖興建。1926年由回教商人甲必丹吉寧（Kapitan Keling）再次修建，就連建築材料也從印度進口，內裝優雅莊嚴。位於教堂旁的白色高塔，以前為廣播中心，為通知信徒祈禱時間，現已改為資訊中心。

`MAP: P.127 D3`

雪白的外觀配上圓頂，極富印度建築特色。

Info
地址：14, Jln Buckingham, George Town, Penang
開放時間：0500-2200 *祈禱時間不可進入
前往方法：從牛干冬街（Lbh Chulia）中段步行前往約需5分鐘。

印式風情
小印度（Little India）

位於Lebuh Pasar附近一帶就是當地印度人聚居的地區。街上開滿各式傳統服飾店、餐廳、超市及香料店等。整條街道極富印度風情，不時播放印度歌曲，且產品大多價錢相宜，值得一逛。 **MAP: P.127 E3**

街上開設很多售賣傳統印度婦女服飾Saree的店舖，價錢相宜。

印度人大多非常熱情，不抗拒面對鏡頭拍攝。

印度服飾款式眾多，且手工精細。

街上也設有色彩艷麗的鮮花店。

Info

地址： Lebuh Pasar, Georgetown, Penang
前往方法： 在食物狂想館附近，步行前往僅需3分鐘。

印度正宗風味
Sri Ananda Bahwan Restaurant

位於小印度區的知名印度餐廳，提供多款地道印式美食及拉茶，光是印度薄餅Roti就多達8款，如Roti Canai、Roti Tissue及Roti Boom 等。每日中午更提供一款咖喱特色套餐，如咖喱魚及咖喱雞，味道香辣惹味又正宗。除了吸引當地印裔光顧，就連華人及大馬人亦是常客。 **MAP: P.127 E3**

印度拉茶（Masala Tea）入口順滑，清甜且富奶香味。RM$2.9

印度高塔脆餅Roti Tissue，高如小山峰的賣相極吸引，口感香脆，澆上醬汁後味道更香甜。

炸至金黃色的酥脆薄餅Roti Canai，蘸上特製的醬汁拌食，口感香脆又不油膩。RM$ 1.8/片

Info

地址： 53 & 55, Penang Street, Georgetown, Penang
電話： +6043310781
營業時間： 0700-2230
消費： 約RM$20/位
前往方法： 由光大中心步行前往約5分鐘。

Cream Cheese Bagel，外脆而內裏煙靭軟糯，並帶有芝士及芝麻香氣。RM$11.5

檳城天氣炎熱，門口加上竹簾遮擋陽光。

提提你

藍莓沙冰帶有新鮮果肉，酸酸甜甜很開胃。RM$21.5

Mango & Walnuts Yougurts味道酸酸甜甜，混有新鮮芒果肉及核桃，口感豐富。RM$17

玩味十足
The Mugshot Café

MAP: P.127 D3

　　位於喬治市的古跡區，同樣由老屋改建而成，長方形的店面劃分為3個空間，每個區域各有不同的主題及設計。這裡主要供應輕食、蛋糕和各式咖啡，尤以每天新鮮製作的Bagel及自家製Yogurts最出名。緣於店主Jesse早年曾在英國學習烘焙，Bagel是他最喜歡及熟悉的，於是決定返回檳城開店，告訴大家Bagel其實可當作正餐。最特別是提供模仿罪犯拍照位置，就連檳城的首席部長也來拍過，還做出各種搞怪表情。

Info

地址: 302 Chulia Street, Georgetown, Penang
電話: +601126447007
營業時間: 0800-2200
Facebook: 搜尋「The Mugshot Cafe」
消費: 約RM$40/位
前往方法: 位於牛干冬街的中後段，鄰近愛情巷（Lorong Love）。

人氣西班牙油條
The Alley, 5 Stewart Lane

　　座落觀音亭旁的小路，由一間舊香莊改建而成，門口仍保留原有的舊招牌，營造新舊交融的感覺。內部以黑白色為主調設計，配合落地大玻璃外牆，顯得環境格外開揚。提供咖啡及蛋糕等輕食，當中最受歡迎的是Cheesecake及西班牙油條Churros，全部均由廚師現點現做，極富風味。高質咖啡配以簡約舒適的環境，成為當地年輕人的聚腳熱點。

MAP: P.127 D3

門口依舊掛上吉祥香莊的舊有招牌。

這裡主要提供單品咖啡，香氣濃郁，滿足一眾咖啡愛好者。

Churros鬆脆酥香且不油膩，可自選巧克力、焦糖、海鹽焦糖、肉桂及Nutella榛子醬拌食，還有季節限定的醬汁，別具風味。RM$13/客

Chesses Cake（前RM$16）口感紮實，帶有濃郁芝士味；Caramel Latte（後RM$13）味道香甜濃郁。

環境舒適愜意，吸引不少年輕人光顧。

Info

地址: 5, Stewart Lane, Georgetown, Penang
電話: +60173734829
營業時間: 1000-1800
休息日: 每月首個週三
Facebook: 搜尋「The Alley, 5 Stewart Lane」
消費: 約RM$35/位（只接受當地電子支付）
前往方法: 從食物狂想館步行前往，約需6分鐘。

亞參叻沙味道酸酸微辣有層次，麵條滑順，吃起來滿有鮮味。Assam Laksa RM$15

囉吔乃地道蔬果沙律，有青芒果、菠蘿、豆腐卜、青瓜等，味道甜辣，清爽宜人。Rojak$15

蠔煎的蛋炒得滑，蠔仔肥美飽滿有鮮味，用料挺多。$15/小份

一站式正宗檳城美食

MAP: P.126 C3

愉園餐室（Joo Hooi Cafe）

在檳榔律（又稱：檳榔路/Jalan Penang）的著名舊式餐室，一到用餐時間，一位難求，氣氛熱鬧！這裡匯集了多個人氣美食檔口，可以一站式品嚐地道檳城美食，其中炒粿條遠近馳名，另外人氣美食還有亞參叻沙、囉吔、蠔煎、咖哩麵等，適合遊客前來探索檳城特色美食。

點餐程序：進去先找位置，然後在各檔攤下單，店家弄好後會送來，然後付款享用。

中午時段這裡坐無虛席，十分熱鬧。

Info

地址：475, Jln Penang, George Town, Penang
電話：+60149033561
營業時間：0930-1730
消費：約RM$20-30/位
前往方法：從光大廣場（Komtar）步行前往，約需5分鐘。

檳城必吃！煎蕊

檳榔律馳名潮州煎蕊・紅豆霜
（Penang Road Famous Teochew Chendul）

檔口設在愉園餐室外的橫巷裡，逾70多年的歷史，現由第三代傳人經營。攤檔由三輪手推車改造而成，以自製的獨家「煎蕊」打響名堂，以口感香甜幼滑及材料豐富見稱。另外可選擇紅豆冰，有仙草、甜玉米及葡萄乾等材料，味道香甜濃郁，同樣大受歡迎。 MAP: P.126 C3

每日吸引大量旅客，不惜在酷熱天氣下排隊品嚐。而愉園餐室的食客，也可外帶煎蕊進去吃。

煎蕊帶有淡淡的椰漿香味及清甜椰糖味，內有紅豆及啫喱等配料，甜而不膩。RM$4.4

Info

地址：475, Jalan Penang, George Town, Penang
營業時間：1030 - 1930（售完即止）
消費：約RM$5 / 位
前往方法：位於Penang Road及Lebuh Keng Kwee交界處。在愉園餐室（Joo Hooi Cafe）側門外。

檔販雲集食肆
浮羅池滑巴剎（Pulau Tikus Hawker Center）

食肆有20多年歷史，裏頭有多家馳名小販，包括生滾鍋Lok Lok、傳統檳城美食福建炒麵，及印度蒸米粉等小吃。 **MAP: P.125 B2**

宋奕財擺檔50年，食客可選雞蛋或鴨蛋來大火快炒福建麵。

這裡從80年代開始崛起。

福建炒麵是檳城代表性美食之一。

Lok Lok老闆在食肆擺檔40年，有50多種食材讓食客自行燙熟。從新鮮時蔬、菇類、肉類、海鮮、內臟、滷味到魚蛋，及想不到的食材蚶蚶都有，一到黃昏後便吸引許多年輕人來燙，鮮蚵、螺肉、八爪魚、瀨尿蝦是最多人食的。

把食材放入清湯焓熟。

食蟳蚶，最好連汁一起吃。

---Info---
地址： Jalan Burma, George Town, Penang
營業時間： 1700-2200
前往方法： 從檳城泰國臥佛寺步行前往，約需5分鐘。

在這裡可以品嚐到很多不同種類的地道美食。

土產連鎖專賣店
MAP: P.126 C2
萬香餅家（Ban Heang）

源自1997年，是檳城首家研發多種不同口味淡汶餅的餅家，以往曾推出過香橙、咖啡、蝦米等等口味，把傳統地道的淡汶餅加入了創新元素。現在萬香有超過百種土產，包括馬蹄酥、太陽餅、榴蓮乾、椰子餅等，大部分都包裝精美，送禮一流。

原味淡汶餅是店家最暢銷的TOP1商品，遊客首選。RM$12.9

貓山王榴槤乾果香味濃，滿有口碑。

內部裝潢亮麗時尚，販售超過百款的自家品牌土產手信，選擇眾多。

在喬治市有數間分店，另於檳城機場、吉隆坡、雲頂、馬六甲等地都有設店。

---Info---
地址： 245 & 247, Jln Penang, George Town, Penang
電話： +60 4-262 7125
營業時間： 0900-1800
前往方法： 從愉園餐室（Joo Hooi Cafe）步行前往，約需3分鐘。

地道市場

吉寧萬山（Chowrasta Market）

當地著名的傳統街市，於1964年開業，以售賣蔬菜肉類及便宜的土產為主，也有不少熟食攤檔，吸引不少遊人前去湊湊熱鬧。

醃製涼果款式選擇眾多，如木瓜乾、橄欖、芒果乾。

吉寧萬山 名字的由來
在檳城福建話中「吉寧仔」意指印度人，而「萬山」則是市場的意思。因在開業初期，這裡大部分檔主都是來自南印度的移民。

MAP: P.126 C3

這裡有很多地道土產，價錢較一般手信店便宜。

Info
地址：Pasar Chowrasta, Jalan Chowrasta, Georgetown, Penang
營業時間：0630-1800
前往方法：從光大廣場步行前往約需8分鐘。

檳城傳統小吃

薄餅皮

逾60年的傳統老店，以薄餅皮打出知名度，看起來吹彈可破的薄餅皮，包着豐富的餡料，連名食家蔡瀾及韜韜吃過也大讚好味！時至今日，依然堅持人手製造傳統薄餅、春卷及尖不辣薄餅。惟因人手短缺，每周只有3至4日不定期發售，想食的話還要看看運氣！

MAP: P.126 C3

薄餅皮手工貢糖
RM$13 / 盒

薄餅皮包貢糖，口感香甜爽脆。

每日於店門前發售新鮮薄餅皮及手工貢糖。

Info
地址：No. 5, Jalan Chowrasta, Georgetown, Penang
電話：+60164308444
營業時間：0800 - 2000
前往方法：位於Chowrasta Market對面。

街巷上的七彩老屋

彩虹街（Jalan Kek Chuan）

令人出乎意料的街頭驚喜！藏身在吉川路（Jalan Kek Chuan）的九間七彩老屋，名為「吉川九閣」，繽紛奪目的色彩在老城區顯得十分耀眼，亦成為了檳城人氣打卡景點。在這排七彩老屋更設了不同風格的商店，也有文青系咖啡館。

MAP: P.126 B3

一整排色彩繽紛的老屋，拍照起來滿有復古異國風！

房子的顏色搭配，是出自當地一名著名藝術家的設計。

前來打卡之餘，也可待在這裡的餐廳或咖啡館享受美食。

Info
地址：Jalan Kek Chuan, George Town, Penang
前往方法：從新金山飲食中心步行前往約需5分鐘。

Jimmy Choo學藝鞋店

香港鞋店

MAP: P.127 D3

(Hong Kong Shoe Store)

開業逾60年的老鞋店，緣於創店人黃三才十分喜歡香港而得名。現由第二代繼承人黃慶文接班，曾為無數客人度身訂造鞋履，但真正令它聞名的，是著名華裔設計師Jimmy Choo（周仰傑）曾在此拜師學藝，每次返回檳城定必探訪老師傅聚舊。因Jimmy Choo的名氣，吸引不少外國人特意前來訂造鞋子，店內亦有多款鞋子售賣，款式獨特而大受歡迎。

老闆黃慶文手持為客人度身訂造的鞋款。

店主平時造鞋的工場，位於店舖後半部分。

Jimmy Choo小檔案

周仰傑，祖籍中國廣東省梅縣客家人，由於爸爸是鞋匠，11歲時已親手製造第一雙鞋子。18歲時跟隨「香港鞋店」老闆黃三才當學徒學習造鞋技術，後來遠赴英國藝術學院深造。憑著精湛技術及獨特設計，得到英國戴安娜王妃的賞識，成為御用鞋履設計師，自此聲名大噪。

提你

Jimmy Choo與店主的合照放於店內作宣傳。

─Info─

地址：20, Kimberly Street, Georgetown, Penang
電話：+60125056905
營業時間：0900 - 1900
休息：逢週日
前往方法：於汕頭街（Lebuh Kimberley）街頭，從檳城鬼怪博物館步行前往約需5分鐘。

160年的麻油

義香（Ghee Hiang）

創於1856年的老字號，乃馬來西亞主要的麻油生產商。從上世紀30年代開始，以中國福建傳統技巧釀製的麻油，麻而不油，味道醇香，備受當地餐館及名廚推崇，就連香港出名挑剔的食家蘇施黃也曾大讚。另外多款舊式唐餅如豆沙餅、清糖餅及馬蹄酥等，亦是熱賣的伴手禮。

MAP: P.126 A3

店舖附設開放式工場，可看到師傅的製作過程。

純正麻油以上等芝麻烘炒，味道香濃，不含防腐劑。RM$16.1/300ml

甫開店已有不少客人在排隊等候購買。

義香在檳城設有4間分店，以方便當地人及旅客前來購買。

─Info─

地址：216 Macalister Road, Georgetown, Penang
電話：+6042272222
營業時間：週一至週五0900-1900；週六、週日0900-2100
網址：www.ghee - hiang.com
前往方法：從光大廣場乘的士前往約需5-10分鐘。

現烤各款酥餅

馨香餅家（Him Heang Sdn Bhd）

店家創於1948年，目前由第3代經營，堅持每天新鮮烤製，不加任何防腐劑，及盡量少鹽和少油，令食客吃得健康。土產有豆沙餅、淡汶餅、肉鬆薄脆、豆蔻、蝦膏及各種醬料等。 **MAP: P.126 A2**

每天新鮮出爐的馬蹄酥，很受食客歡迎！保存期為14天。RM$12.5/8件

肉鬆薄脆最熱賣，許多食客會一次過買數罐。

百年老店殷勤招待。

高峰時段會有旅遊車帶著一大班旅客來買餅。

推出豆蔻製品。

─Info─

地址：No. 162A, Jalan Burma, George Town, 10050 檳城
電話：+60 4 - 228 - 6129、+60 4 - 228 - 6130
營業時間：0930-1500
休息：逢週日
網址：www.himheang.com
前往方法：由光大廣場乘車前往約8分鐘。

正宗風味
文昌海南雞飯

MAP: P.126 C3

創於1967年的老店，主打正宗海南雞飯。緣於老闆當年來自海南島的媽媽，將海南雞飯帶到檳城後大受歡迎，至今仍以昔日秘方烹調，味道依然。海南雞可選擇白切雞或燒雞，口感鮮嫩香滑，雞油飯帶有油香。

海南雞飯往往到中午就售完，建議早上前往。

Info
地址：61 Lebuh Cintra, Georgetown, Penang
電話：+60 - 4 - 264 - 3810
營業時間：1100-1900
消費：約RM$10 / 位
前往方法：由光大廣場 乘車前往約10分鐘。

囍餅專家
伍記餅家

創立於1928年，有逾半世紀歷史的囍餅店。以創辦人羅伍的名字命名，承傳至今由第3代傳人主理。選用上乘材料，並不添加防腐劑，製作傳統餅食如摩囉酥、鹹切酥、椰子撻、蛋撻及合桃酥等，全部日日新鮮出爐。由於富有傳統廣東風味，是當地人舉辦囍事的必然之選。

MAP: P.126 C3

多款懷舊小食如薩琪瑪、山楂餅及薄燒等，全是當地人的最愛。

椰子撻富有濃郁椰子香味，香軟而酥脆。RM$2.5

香脆牛油皮蛋撻配上嫩滑蛋漿，富有香濃牛油味。

餅家位於文昌海南雞飯的旁邊。

傳統囍餅如摩囉酥豆沙，價錢相宜。

鹹切酥又稱胡椒餅，以砂勞越的胡椒粉及上海的南乳等材料製成，味道鹹香惹味，口感鬆脆。RM$10

Info
地址：No.61, Lebuh Cintra, Georgetown, Penang
電話：+60 - 4 - 261 - 2229
營業時間：週二至週六 0900-1800；
　　　　　週日 0900-1600
休息日：週一
前往方法：由光大廣場乘車前往約10分鐘。

沒名字的油條大王
油條店
(Yew Char Kueh Cintra Street)

店主擁有逾40多年炸油條的經驗，每分鐘都有新鮮油條出爐。店面雖環境簡陋，亦沒有店名，卻大受當地人歡迎，全因每條油條均炸至金黃香脆。除了零售，亦會供應給各大餐廳及熟食攤檔。

MAP: P.126 C3

招牌欠奉反而令人留下深下印象。

店員每日於鍋前不停忙着手搓麵粉及炸油條。

Info
地址：76, Lebuh Cintra, Georgetown, Penang
營業時間：週一至週五0930-1400；
　　　　　週六0930-1500
休息日：週日
消費：約RM$3 / 位
前往方法：在文昌海南雞飯的對面。

左側標籤：檳城 / 喬治市 / 小檳生 / 客都下草 / 北海

地道餐室

美輝茶餐中心
（Bee Hooi Cafe）

集合了多個地道美食檔口的舊式餐室，料理選擇也挺豐富，包括蟹肉炒粿條、大碌麵、蠔煎、砂煲雞飯、豬腳飯、沙爹串燒等等。全部價位都十分貼地，經濟美味，不用付出很多就可以一次過吃到多款當地美食。

MAP : P.126 C3

檸檬冰清甜解渴，消暑一流。RM$3

十分足料的蠔煎！用上了鮮美肥大的蠔仔，入口嫩滑無比，蛋香十足。RM$10

大碌麵亦即是福建麵，又黑又濃，也稱之為黑麵。下單後即時下鑊用老抽炒，很夠鑊氣。RM$8

在汕頭街的中後段，位置便利。

Info

地址：157,159, Lebuh Kimberley, George Town, Penang
電話：+60124533207
營業時間：0700-2100；週五 0700-2330
消費：約RM$15-20/位
前往方法：從光大廣場步行前往，約需8至10分鐘。

夏日冰品糖水

汕頭街養生糖水舖
（Dessert Old Time Delight Shop）

在汕頭街一間滿有人氣的糖水舖，除了供應各式養生糖水，如清補涼四果糖水、雪耳龍眼糖水之外，還有多款透心涼刨冰，在炎熱天氣下絕對是客人們的至愛！當中熱門冰品有初戀紅豆冰（Ice Kacang），又叫做ABC冰，有軟綿紅豆和粟米粒等配料，再淋上煉奶、椰糖和粉紅色玫瑰糖醬，於頂部再加一個雪糕球，是檳城著名的飯後甜點。

MAP : P.126 C3

祖傳腐竹薏米糖水軟綿滋潤，還有一片片腐竹增加口感。RM$3.5

一客消暑透心涼的初戀紅豆冰，色彩繽紛充滿熱帶風情。RM$5

一到入夜，這間糖水舖相當受歡迎，更有機會一位難求。

店裡裝潢較為簡單，但也整潔亮麗。

Info

地址：78, Lebuh Kimberley, George Town, Penang
電話：+60164666657
營業時間：1500-2300
休息日：週三
消費：約RM$10/位
網址：www.facebook.com/dessertoldtimedelightshop/
前往方法：在美輝茶餐中心（Bee Hooi Cafe）斜對面。

點心選擇大約有二十多款，全部傳統地道風味。

脆皮炸蝦卷，咬下去會發出卡滋聲。

採用肥瘦適中的叉燒作餡，滲出陣陣叉燒香。RM$2.5

馳名懷舊點心
大東酒樓（Tai Tong Restaurant）

　　是檳城歷史悠久的老字號酒樓，也是當地人嘆一盅兩件的飲茶熱點！開業有逾20多年，一張張大圓枱坐滿了來吃點心的食客，沒有花巧的裝潢，但感覺有年代感。其中最受歡迎的懷舊點心包括叉燒包、帝皇包、流沙包、糯米雞，口味和價位都十分親民地道，是感受熱鬧飲茶氣氛的好地方。

MAP：P.126 C3

酒樓設有自取點心區，也有懷舊點心車，在這裡可以感受到於檳城飲早茶的熱鬧氛圍。

帝皇包是大包與糯米雞的合體。RM$9.8

就連韓國遊客也特意來品嚐點心。

―― **Info** ――

地址：No. 45, Lebuh Cintra, George Town, 10100 George Town, 檳城
電話：60 4 - 263 6625
營業時間：0630-1400 、1800-2130
休息日：週一
消費：約RM$30-40/位
前往方法：從光大廣場步行前往，約需10分鐘。

以流動車開設的檔攤，不少客人即買即吃，坐在街邊享受地道風味。

店員會替客人剝開榴槤，手法熟練。

蔡瀾曾撰寫文章大讚龍哥的榴槤。

不懂挑選靚榴槤?大可放心，店員會替你選出最好的一個!

街邊人氣榴槤檔
安順路阿龍榴槤

開業逾30年的知名榴槤檔，老闆龍哥自小已幫爸爸開檔，一聞即知榴槤好與壞，並於全國13個相熟果園挑選最好的榴槤售賣。雖然只是路邊攤，但全年提供不同品種的榴槤，6、7月當造期更有紅蝦、貓山王、葫蘆及黑刺等品種可供選擇，且品質甚高。難怪香港著名美食家蔡瀾、韜韜及台灣明星陳美鳳等也慕名光顧。

MAP: P.126 A3

有相為證，韜韜和龍哥的合照。

老闆龍哥已成檔口生招牌，親自為客人挑選最好的榴槤。

Info
地址: The intersection of Jalan Anson and Jalan Perak, Georgetown, Penang
電話: +60 - 19 - 412 - 1616
營業時間: 1030-2000
前往方法: 由光大廣場乘車前往約5分鐘。

椰子飲料解暑
Joez Coconut

MAP: P.126 B4

來自印度的Joe早年搬到檳城，與家人一起經營椰子飲品專賣店，其中招牌飲品是充滿家鄉風味的椰子奶昔。現在已開了近20年，還請來同鄉幫手，新鮮破開椰殼，取出椰子肉打碎成果粒，加入花奶成了一杯消暑飲料，這杯椰子奶昔不但生津止渴，大啖喝更叫人暑意全消。另外還有火龍果椰子奶昔、牛油果椰子奶昔和椰子果凍等。

加了粉圓的椰子奶昔及椰青水，美味養顏。Coconut Shake RM$5

在炎熱的天氣下，喝一口椰子飲料解暑一流。

Info
地址: No. 201, Jalan Dato Keramat, 10150 George Town, 檳城
電話: +6042296063
營業時間: 0800-2400
消費: 約RM$10 / 位
前往方法: 由光大廣場徒步約9分鐘。

古早風味手工餅
順香餅家
（Soon Hiang Biscuit）

主打手工製造的傳統道地餡餅，包括豆沙餅、淡汶餅、烏糖香餅、馬蹄酥等。店家每天清晨5點起床手工揉麵團，就是為了食客吃到最新鮮最騰騰的香餅。為了保持香餅的品質，非熟人不賣、焗得好不賣、不夠新鮮不賣、沒預訂也不賣為原則，建議前一天先致電預訂。

`MAP: P.126 B4`

外皮酥脆，綠豆蓉餡綿密濕潤。

平均烤焗20分鐘。

用紙包著香餅而不會滲油，表示焗得好。豆沙餅 RM$4.2/5個

舊樓前舖後居，來買餅的人都是一早預訂好的。購買後可保存4至5天。

Info
地址： No 33, Jalan Kuantan, George Town, 10000 George Town, 檳城
電話： +60 04 - 229 - 5799
營業時間： 0900 - 1900
休息日： 週日
消費： 約RM$10-20/位
前往方法： 從光大廣場步行前往約需12分鐘。

真材實料熬製
羅記鴨肉粿條湯
（Loh Kei Duck Meat Koay Teow Th'ng）

店家有幾十年歷史，由胡欽義從街邊小檔到夜市設檔口，現在由女兒胡靜珊與丈夫掌舵，白天在華人公會內開檔，晚上到浮羅池滑巴剎擺賣。其鴨肉粿條湯設有乾和濕2款，湯底則用上豬大骨、鴨、江魚仔及沙葛熬煮約4小時，鴨肉用上土鴨來保持口感鮮甜。

`MAP: P.126 A2`

現場也有販售各款咖啡。

炒芽菜十分爽口。

鴨肉片非常鮮甜，清湯入味好喝。

以秘製清湯烚熟鴨肉，放點醬油更能提升鴨肉味道。

另外有鴨肉丸、鴨血、鴨腳、鴨內臟等的小吃和料理。

第1、2代攜手搞好鴨肉美饌。

Info
地址： No.13, Jalan Perak, George Town, 10400 George Town, 檳城（華人公會內）
電話： +60 19 - 559 - 2633
營業時間： 0730-1130
休息日： 週四
消費： 約RM$15 / 位
前往方法： 由光大廣場乘車前往約6分鐘。

食飯時段會人頭湧湧。

老檳城人至愛

新金山飲食中心
（Sin Jing San Food Centre）

有20多年歷史，裏頭有多家美食攤販，如有以木頭炭燒的Pizza很受海外食客棒場；富當地特色的炒粿條、福建蝦麵夠鑊氣；出名風味小吃白斬雞則有海南雞味，還有以江氏白咖啡調製的特色飲品都極具人氣。

MAP: P.126 B3

Info

地址：168, Jalan Macalister, George Town, Penang
電話：+60125187808
營業時間：0700-2330
休息日：週一
消費：約RM $20-30 / 位
前往方法：由光大廣場徒步約15分鐘。

沖調特色飲料
茶水檔

這裡最具人氣的飲品是三色冰，用上椰糖、淡奶、奶茶做到濃、純、香的口感。另外，也有供應多款自家製涼茶，舒爽解渴。

八寶涼茶清熱解毒，消暑生津。

泡沫白咖啡、三色冰及柑桔汁最受食客們歡迎。

魚頭秘製惹味
明咖喱魚頭

　　店家從20歲做到現在，在這裡設立檔口都有20多年，以秘煮金目鱸魚馳名。金目鱸魚加入香辣椰漿、咖喱叻沙，放片薄荷葉來秘製。吃起來魚肉醮上了辛辣味的咖喱叻沙，特別令人開胃。

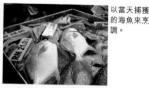
以當天捕獲的海魚來烹調。

店主專心做好魚頭。

咖喱叻沙配以金目鱸魚辛辣夠勁。

粿條炒得有鑊氣。

風味炒粿條吸引食客來吃。

炒粿條夠火喉
CHAR KOAY TEOW

　　在這裡擺攤約10多年，早年以豬油大火翻炒，後來為了食客吃得健康，改用植物油，並加入鮮蝦、韭菜來配搭，上菜時用蕉葉盛裝。

檳城麵食代表
福建蝦麵

　　以蝦殼、蝦頭熬煮湯底，放入大蝦、肉絲、蛋絲、豆芽等多元配料，再配上黃麵條、米粉，加入辛辣醬，成了一碗富檳城風味的福建麵，廣受歡迎。

簡單食材帶來豐富口感。

配上瘦肉、辣醬令味道和口感更為豐富。

白斬雞夠滑溜
雙喜怡保芽菜雞飯

　　選用當地雞場的鮮雞來炮製，配上爽口的芽菜味道出眾。其製法是把未曾生蛋的母雞及未打鳴的公雞來浸熟，然後澆上冷水讓雞皮脆口，這做法可保持肉質鮮嫩，故深受當地人推薦。

是日老火湯。

在檳城也可以品嚐到怡保風味的料理。

白斬雞芽菜雞飯做到很好吃。

秘製香料燒烤西班牙黑豬排骨，非常鮮嫩多汁。RM26/100克

高質新派中菜

美寶閣
（Maple Palace Chinese Restaurant）

　於2009年開業，坐落在Maple Gold Club俱樂部內，屬於當地知名新派粵菜館，內部裝潢優雅。菜式料理融入西方烹調技巧，來提升傳統粵菜的口感，當中最值得推介的菜式有香料燒烤西班牙黑毛豬小排骨、花膠菜膽瑤柱炖雞湯、招牌蜜汁黑毛豬叉燒、炭燒片皮北京鴨等等。

MAP: P.126 B1

大廚James Lee有幾十年藝技功力，炒菜就好像一場表演。

前菜拼盤賣相別緻，有魚子釀雞翼、涼拌陣醋雲耳等。

阿婆冬菇雞腳用上含有豐富膠原的雞腳來炆冬菇，香濃入味。RM$50

酥炸榴槤用了當造的黑刺榴槤，香甜味美。

花膠菜膽瑤柱炖雞湯滋潤無比。

┏━Info━┓

地址： No. 47, Jalan Sultan Ahmad Shah, 10050 George Town, 檳城
電話： +60 4 - 227 - 9690, +60 4 - 227 - 4542
營業時間： 1200 - 1430、1800 - 2200
網址： www.maplepalace.com
消費： 約RM$150-200 /位
前往方法： 由光大廣場乘坐的士前往約8分鐘。

祥和平靜
檳城泰國臥佛寺
（Wat Chaiya Mangalaram）

位於喬治市市中心外圍的浮羅池滑區（Pulau Tikus），始建於1845年，是檳城最古老的泰國寺廟，當年由暹羅人所建，在1958年加建了一尊名為「Phra Chaiya Mongkol」的臥佛，造工精雕細琢，其全長約有33米，建成後曾是馬來西亞最大型的臥佛，亦自此成為了這裡的標記。 **MAP：P.125 B2**

臥佛寺內外融合了中國、泰國和緬甸建築風格。

跟其他臥佛像一樣，描繪右側臥著的佛陀修行圓滿，準備進入涅槃時，臉上帶著幸福的表情。

內裡鋪設了蓮花圖案的彩色地板，有祥和平靜之感。

33米長身穿金色袈裟的臥佛像，是這座寺廟的最著名的特色。

主殿外橫列了四條金光閃閃的青龍，有十足的氣勢。

Info
地址：17, Lorong Burma, Pulau Tikus, George Town, Penang
電話：+60164105115
開放時間：0800-1600
門票：免費
前往方法：巴士 從喬治市市中心乘坐101、102、103、104、304號巴士到「Sleeping Buddha」站，再步行1分鐘。
的士 從光大廣場乘坐的士前往，約需10分鐘。

檳城唯一緬甸寺
緬甸佛寺 **MAP：P.125 B2**
（Dhammikarama Burmese Temple）

建於1803年，是當地最古老的佛寺之一，也是檳城唯一的緬甸佛寺。佛寺上半部設有四方錐形塔，而下半部則是方形建築，屬於經典的緬甸佛寺風格，旁邊有於1805年開光的圓錐金色佛塔，十分注目耀眼。

內殿十分莊嚴，設有大型金色立佛像。

位置就在檳城泰國臥佛寺對面，遊人可安排一併參觀。

殿外有一對威武的神獅雕像守護著，造工栩栩如生。

Info
地址：24, Jalan Burma, Pulau Tikus, George Town, Penang
電話：+6042269575
開放時間：0900-1400
門票：免費
前往方法：於檳城泰國臥佛寺的對面馬路。

每當入夜時份就會變得很熱鬧，到處都是人潮。

地道小食最強
新關仔角夜市

關仔角(Gurney Drive) 的馬來語為「Persiaran Gurney」，乃檳城最出名的夜市，擁有逾過百個攤檔，以最多地道美食而聞名，包括叻沙、蠔煎、烤魷魚、福建蝦麵、沙嗲、莫莫查查、囉吔等應有盡有。除了馬拉及華人美食外，亦有印度小食攤檔，極受遊客及當地人歡迎，保證可以食到飽！

MAP: P.125 A1 位於Plaza Gurney隔壁，非常易找。

不論平日還是周末前往都是非常多人。

┌Info┐

地址： 172, Solok Gurney 1, Pulau Tikus, Jelutong, Penang
營業時間： 約1700 - 0000
前往方法： 從光大廣場乘的士前往，約需10分鐘。

炒粿條

檳城代表美食之一，粿條較長及幼身，拌上蝦仁、雞蛋、豆芽、醬油及辣醬等配料一起炒，鑊氣十足，味道微辣。

福建蝦面

以豬骨、蝦頭及蝦殼熬製的湯頭，集鮮及甜味於一身。配有切片雞蛋、蝦仁、魚餅、爆香葱頭等，嗜辣者可拌上辣醬與麵條佐食，極之惹味！RM$6

亞參叻沙

用魚熬製湯底，帶有少許酸味，形成口味獨特的叻沙。以米線配上亞參膏、黃瓜、紅辣椒、菠蘿、生菜等配料，帶有酸辣的湯底伴着魚鮮味，相當開胃。

豬腸粉

傳統式捲狀的豬腸粉，現點現剪。淋上熟油後，加上甜醬及蝦醬，最後灑上大量芝麻，讓味道提升。口感嫩滑，味道甜甜的。

沙嗲串

提供羊肉、牛肉及雞肉沙嗲串燒，即叫即燒，非常惹味。吸引大量遊客光顧，惟排隊需時。

囉吔

有小黃瓜、菠蘿、大頭菜、豆芽及油條等配料，加入糖、蝦醬、青椒汁混成的醬汁及花生碎拌食，味道略甜。

莫莫查查

刨冰加入紅豆、芋頭、啫喱等配料拌食，由於極受歡迎，現點現做，老闆不用30秒已做好。味道香甜，消暑必食。
RM$5

*莫莫查查即馬來語Bubur Cha Cha。

椰青

來到東南亞地區，每個遊客必買的椰青水，味道清甜，解渴清熱。店員更提供湯匙方便吃椰肉，非常細心。RM$6.5

豆腐花

澆上黑糖水的豆花，味道清甜，口感軟滑，絕對入口即溶。RM$2

龍眼豆花

另一受歡迎的甜品，豆花較為硬身，配有數粒去核龍眼肉，效果出奇地夾，惟味道略甜。RM$2

神學院變商場

Gurney Paragon Mall

商場是海濱區上一項重要的發展計劃，當年耗資7.5億馬幣造了一個70萬平方英尺的購物中心、宅樓及商廈。商場前身為古蹟建築物前神學院，保育後進駐了多家名店，包括內衣品牌Victoria's Secret、行李箱品牌Tumi及Lego專門店等約140家店舖。

MAP: P.125 B1

購物商場內有H&M流行品牌。

底層設有超級市場。

發展商耗資1千萬馬幣保留了具歷史文化意義的神學院小教堂。

單眼佬涼茶是馬來西亞最悠久歷史的涼茶專門店，也在此設有分店。

─Info─
地址：163 - D, Persiaran Gurney, 10250 George Town, 檳城
電話：+60 4 - 228 - 8266
開放時間：1000 - 2200
網址：www.gurneyparagon.com
前往方法：由光大廣場乘車前往約10分鐘。

商場位置鄰近新關仔角夜市，非常方便。

當地大型百貨公司百盛亦在此設有分店。

本土品牌的服飾店Padini Concept Store，不時提供折扣優惠。

購物好去處

Plaza Gurney

樓高6層的購物商場，位置方便就腳，售賣不少國際及本地品牌的服飾、護膚品及化妝品，也有餐廳、超級市場及百貨公司等，很多港台明星都曾在商場舉辦宣傳活動。

MAP: P.125 B1

場內設有數十間不同類型的餐廳和食店，選擇多元。

─Info─
地址：170, Persiaran Gurney, Pulau Tikus, George Town, Penang
電話：+6042228222
營業時間：1000 - 2200
網址：www.gurneyplaza.com.my
前往方法：由光大廣場乘車前往約15分鐘，鄰近新關仔角夜市。

在雲端上漫步
升旗山 (Penang Hill)

　　海拔高達833的升旗山（馬來語：Bukit Bendera）是檳城最高點，也是鳥瞰全景的最佳地點。遊人可搭乘已營運了逾百年的登山纜車，登上升旗山山上，欣賞在雲端上壯麗的城市美景。然後走進生態公園裡的樹冠步道，在原始熱帶雨林中漫步，感受清透的空氣和大自然的純粹。最後在森林裡的咖啡館，細味綠意和美食，享受治癒系的一天遊。

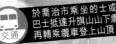

交通 於喬治市乘坐的士或204號巴士抵達升旗山山下纜車站，再轉乘纜車登上山頂。

169

喬治市

升旗山

升旗山山頂
Penang Hill

山上站
Upper Station

升旗山纜車

山腰站
Middle Station

山下站
Lower Station

☖Stesen Bukit Bendera 站

☖Pekan Air Itam 站

極樂寺
Kek Lok Si Temple

喬治市
Georgetown

升旗山全境圖

N

升旗山山頂地圖

升旗山生態公園（入口）●
The Habitat Penang Hill

● Sri Aruloli Thirumurugan
印度廟

懸崖咖啡廳 Cliff Cafe ＋
泰迪熊博物館 TeddyVille Museum

Masjid Bukit Bendera
清真寺

● 公眾觀景台

升旗山山上纜車站
Penang Hill Upper Station

升旗山生態公園（出口）●
The Habitat Penang Hill

升旗山纜車

● Kopi Hutan

N

A

下纜車後可沿著右方路徑步行分鐘至公眾觀景台，欣賞在雲端上的城市美景。

登上檳城最高點
升旗山纜車 (Penang Hill Funicular Cable Car)

只要從山腳乘坐世上最古老之一的登山纜車，僅需5分鐘即可抵達位於海拔833米的升旗山山頂，亦即檳城的最高點。這爬坡型纜車當年由殖民時期的英國人建造，是世上最陡峭的軌道之一，全程約2公里，至今已營運了超過100年。下纜車後可步行至附近的公眾觀景台，俯瞰的喬治市的壯麗全景。 **MAP: P.170 A1-A2；C3-C4**

★ I Can
Tips

除了主要的山下站（Lower Station）和山上站（Upper Station），中途也設有山腰站（Middle Station），但只有小部分班次會在此站停下和允許上落車。

整架纜車最多可乘坐100人，設有座位，也可站立。

在升旗山有機會遇到這種可愛的鬱烏葉猴，圓碌碌的眼睛周圍有一個白圈，就像戴了眼鏡的模樣。

不同時份景致不一，到訪當天剛巧有點霧，景色帶點迷離。

於山下纜車站設有紀念品商店和一些餐廳。

在山上廣場展示了一架百年歷史的第一代升旗山纜車。

山上建有18世紀Sri Aruloli Thirumurugan，是檳城最古老的印度廟之一，廟內主要供奉戰神。

Info

地址：422, Jalan Bukit Bendera, 11500 Bukit Bendera, Penang
電話：+604 8288880
售票處開放時間：0615-2000
運行時間：0630-2200
班次：約半小時一班
來回車票：成人RM\$30；小童RM\$15
*另有Fast Lane特快通道車票
網址：www.penanghill.gov.my
前往方法：
🚌 從光大廣場巴士總站乘坐204號路線，於「Stesen Bukit Bendera」站下車即達，車程約30-35分鐘。
🚕 從喬治市市中心乘坐的士前往，約需20分鐘。

Tips
完成行程於出閘時需再次掃描門票，記緊保留門票。

園裡有一條230米長的雨林吊橋（Langur Way Canopy Walk），橫跨熱帶雨林。

漫步在熱帶雨林中

升旗山生態公園（The Habitat Penang Hill）

　　屬於大自然的天堂！這裡是馬來西亞擁有1.3億年歷史的原始熱帶森林，園內建了一條1.6公里的森林步道，讓遊人可以悠閒地在一片綠林中漫步，又或是在林間樹蔭下盪鞦韆，感受清透空氣和熱帶雨林的寧靜美。而園裡亮點絕對是環型架空的樹頂天空步道（Curtis Crest Treetop Walk），登上13米高的步道可於海拔800米的高處遠眺檳城360度的全景。 **MAP: P.170 B3**

整條森林步道平坦易走，可以跟著園方地圖或園裡的指示走。

位於海拔800米的樹頂天空步道，是整個檳城最高的公眾觀景台。

登上步道，可遠眺檳城360度的全景。

森林中設有數個巨型鞦韆，讓遊人可在林間下盪玩，感受大自然的自在。

遊人可近距離欣賞不同種類的熱帶植物。

森林步道屬於單向，走畢全程後不用返回入口，而出口設有紀念品店。

抵達出口後，可乘坐園區提供的免費高球車，回到山上纜車站。

┃Info┃

地址： Jalan Stesen, Bukit Bendera Air Itam, Penang
電話： +60196457741
開放時間： 0900-1900
門票： RM$60
網址： thehabitat.my
前往方法： 從山上纜車站外沿著前方大馬路往左邊上斜，步行約5至10分鐘可達入口。

森林治癒系咖啡館
Kopi Hutan

Tips

只需出示用餐後的收據，回程時即可免費乘坐咖啡館專車回到山上纜車站。

咖啡館設在升旗山行山路徑旁邊，路徑挺寬闊易走，除了徒步也可乘坐山區高球車前往。

　　隱藏在猴子杯花園（Monkey Cup Garden）的咖啡館，擁有迷人的原始氛圍，四周被一片綠意盎然包圍著，就像一道森林秘境！咖啡館主要供應各式輕食、咖啡和蛋糕。在這裡可以悠閒地喝咖啡，放空一下，同時細味鳥語花香的大自然美景，是遠離城市喧囂的好地方。

MAP: P.170 A4

擁有森林原始氛圍的戶外用餐區，可以好好感受大自然。

用傳統咖啡壺盛著的咖啡，香氣濃郁，很具風味。RM$8/1人份；RM$14/2人份；RM$20/3人份

三文治餡料很多，包括有蕃茄、火腿、蛋、生菜、青瓜等。RM$10

巴斯克燒乳酪蛋糕有著經典的焦黑外皮，內層柔軟香滑，芝士味濃。RM$15

如果遇上下雨天，也可待在有蓋用餐區嘆咖啡和享受美食。

—Info—

地址：Monkey Cup Garden, Jalan Tunku Yahaya Petra, Bukit Bendera, Penang
電話：+60124289585
營業時間：0900-1800
消費：約RM$30-40/位
前往方法：山下纜車站 乘坐付費高球車前往需10分鐘。另可徒步前往，步程約30-45分鐘。
　　　　　　升旗山生態公園 從出口右轉徒步前往約需15-20分鐘。

懸崖咖啡廳

懸崖咖啡廳
(Cliff Cafe)

MAP：P.170 C3

位於升旗山山上纜車站站外的景觀美食廣場，樓高3層，裡面匯集了各式各樣的食店，其中「Lily Penang Hill Ice Kacang」小店的甜點冰品很具人氣，包括有芒果冰、香蕉船、紅豆冰等，全部都份量十足。在炎炎夏日品嚐，熱氣全消。

門前放置了一大排甜點模型，幾可亂真，十分吸睛！

芒果冰很大一碗！除了有香甜芒果粒，還有一大球芒果冰淇淋覆蓋在刨冰上，清涼解暑。Mango Ice RM$12

在頂層主要供應主食和馬來小吃，中層則是飲料和甜點，而最底層是泰迪熊博物館的所在。

Info

地址：Astaka Bukit Bendera, Jalan Tunku Yahaya Petra, Bukit Bendera, Penang
電話：+6048288880
開放時間：0900-1800
消費：約RM$20-30/位
前往方法：於升旗山山上纜車站站外旁邊。

充滿童趣

泰迪熊博物館
(TeddyVille Museum)

在懸崖咖啡廳的下層設了一間小型博物館，很適合親子旅行或喜歡打卡的遊客！館內收藏了很多不同種類的泰迪熊。特別之處是以真人大小的泰迪熊設置了多個富有馬來西亞特色的打卡場景，有泰迪熊在拉茶，也有泰迪熊在吃美食！雖然內裡規模不算大，但也足以令人樂在其中。

MAP：P.170 C3

跟成年人一樣高的泰迪熊，正在拉茶，充滿當地特色！

場內有不少精心佈置的打卡場景。

泰迪熊化身成食客，在品嚐地道美食。

Tips

在峇都丁宜設有另一間規模較大的泰迪熊博物館。
TeddyVille Museum @Batu Ferringhi
地址：DoubleTree Resort by Hilton Penang, 56, Jalan Low Yat, Puncak Ria, Batu Ferringhi, Penang

Info

地址：Level B3, Astaka, Bukit Bendera, Penang
開放時間：0900-1800
門票：成人RM$15／小童RM$10
前往方法：進入懸崖咖啡廳後，再落樓梯往B3層。

全馬最大佛教寺廟

極樂寺（Kek Lok Si Temple）

Tourism Malaysia

建於1893年，佔地達12公頃，是檳城最出名的寺廟之一。1930年峻工的萬佛塔乃主要景點，高達7層，設計糅合三國的寺廟特色：八角形的底層是中國式建築，中間的排列採用泰國式建築，螺旋形的圓頂則是緬甸塔設計，象徵大乘佛教及南傳佛教的融合。位於山頂的銅鑄觀音像則建於2002年，高達30.2米，乃寺院另一人氣景點，旅客可乘坐寺內的斜坡觀景電梯前往，沿途更可飽覽檳城迷人風景。

MAP：P.170 A2

Tourism Malaysia

極樂寺在當地華人心中佔有很高的地位，即使平日也香火鼎盛。

距離升旗山山下纜車站僅10分鐘車程，可安排同天遊覽升旗山和極樂寺。

地址：Jln Balik Pulau, Air Itam, Penang
開放時間：0830-1730
門票：寺廟範圍 免費進入
　　　萬佛寶塔（登塔）成人RM$2
　　　斜坡觀景電梯 RM$6 來回
網頁：kekloksitemple.com
前往方法：
的士 從升旗山山下纜車站乘的士前往，約需10分鐘。
巴士 從光大廣場巴士總站乘坐201、204或502號路線，於「Pekan Air Itam」站下車，再步行8分鐘。

悠閒海灘

峇都丁宜
(Batu Ferringhi)

位於檳榔嶼北部，擁有檳城最美麗的Batu Ferringhi Beach，水清沙幼，適宜進行各種水上活動，多間五星級酒店也座落於此。每到晚上，大街兩旁更擺滿攤檔，售賣各種旅行紀念品，美食中心更大賣地道小食，人氣旺盛，非常熱鬧，是享受陽光與海灘的渡假勝地。

交通

的士 從喬治市乘坐的士前往約需30至45分鐘。

巴士 從喬治市乘坐由Rapid Penang 營運的當地巴士101或102號海濱路線，中途設有數十個站，可抵達大部份峇都丁宜的景點。車程：約1-1.5小時；車費：RM$1.4-3.4

175

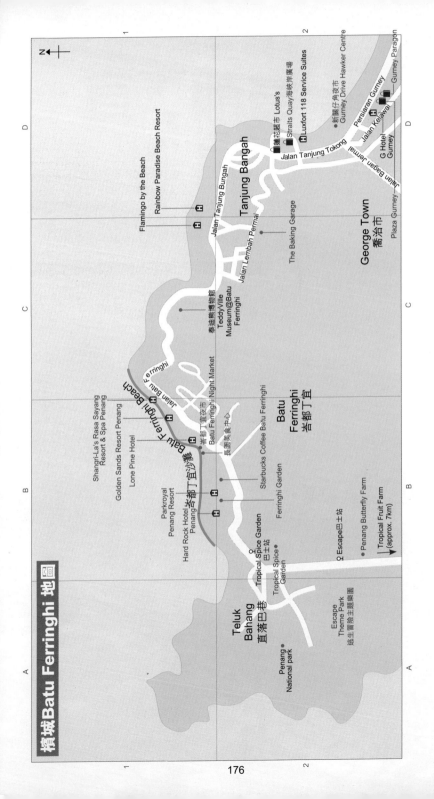

檳城Batu Ferringhi 地圖

Teluk Bahang
直落巴巷

Penang
National park

Escape
Theme Park
逃生冒险主题乐园

Tropical Spice Garden
巴士站

Tropical Spice
Garden

Escape巴士站

Penang Butterfly Farm

Tropical Fruit Farm
(approx. 7km)

Shangri-La's Rasa Sayang
Resort & Spa Penang

Golden Sands Resort Penang

Lone Pine Hotel

Parkroyal
Penang Resort

Hard Rock Hotel 峇都丁宜
Penang 峇都丁宜沙灘

Batu Ferringhi Beach

Jalan Batu Ferringhi

峇都丁宜夜市
Batu Ferringhi Night Market

長選美食中心

Starbucks Coffee Batu Ferringhi

Ferringhi Garden

**Batu
Ferringhi**
峇都丁宜

泰迪熊博物馆
TeddyVille
Museum@Batu
Ferringhi

Jalan Lembah Permai

Flamingo by the Beach

Rainbow Paradise Beach Resort

Jalan Tanjung Bungah

Tanjung Bangah

The Baking Garage

Jalan Tanjung Tokong

蓮花超市 Lotus's

Straits Quay海峽岸廣場

Luxfort 118 Service Suites

新關仔角夜市
Gurney Drive Hawker Centre

Persiaran Gurney

Jalan Kelawai

G Hotel
Gurney

Plaza Gurney

Gurney Paragon

Jalan Bagan Jamal

George Town
喬治市

檳城熱帶香料園
Tropical Spice Garden

MAP: P.176 B2

原是英國人的別墅，2003年正式對外開放。於佔地約8英畝的花園內，種滿逾500種本土及外地的香料。入場後只要跟著園方提供的地圖，沿著徒步路線走，就可欣賞到各式各樣的香料和植物，園裡還設有森林中巨型韆鞦和吊床，讓遊人可好好享受大自然。馬拉人烹調一向注重香料，故園內設有檳城首間烹調學校，教導旅客烹調各款地道美食，如沙嗲、椰漿飯及亞參叻沙等。臨走前還可到Gift Shop購買特色香料當手信。

香料花園吸引各小動物居住於此，如嬌小玲瓏的暗色葉猴（Dusky leaf monkey）。

Tips

1. **語音導覽**
   園內提供7種語言的語音導覽，其中包括中文和英文，讓自由參觀的遊客也可透過語音資訊了解更多園中香料的歷史和用處。

2. **導遊導賞**
   導賞團於週六和週日的0930和1130舉行，由園內資深職員帶領參觀，介紹各式香料。

3. **園內烹飪班**
   舉行時間一般於週末，可於官網查看看詳情，確實日期和報名。費用：RM$260/每位

旅客經導師指導下，烹調出色香味俱全的亞參叻沙。

貓鬚草（Cat's whisker），可製茶及藥用，有效治療腎病及風濕性關節炎等症狀。

園內全是綠油油一片的園林景觀，倍感寫意。

園內烹飪班裡所用的新鮮香草，都是在園中種植出來的。

Info

地址： Lone Crag Villa, Lot 595 Mukim 2, Jalan Teluk Bahang, Penang
電話： +60124236797
開放時間： 週一至週四 0900-1600，週五至週日 0900-1800
最後進入時間： 關門前1小時
門票： 入場＋語音導覽 成人RM$28、小童RM$15、長者RM$20
　　　　入場＋導遊導覽 成人RM$48、小童RM$28、長者RM$38
*須於官網訂票並同時預約導遊導覽時段。
網址： http://tropicalspicegarden.com
前往方法： 從峇都丁宜沙灘區乘坐的士或101號/102號巴士於「Tropical Spice Garden」站下車，車程約10分鐘。

蝴蝶天堂
Penang Butterfly Farm

建於1986年，為世界首個蝴蝶展館。園內飼有逾60種、總數共數千隻蝴蝶。除可以欣賞不同種類的蝴蝶，每日還會舉辦不同的導賞及講座，令旅客了解更多有關蝴蝶及昆蟲的資訊。附設有昆蟲博物館，可觀賞蝴蝶、飛蛾及甲蟲等逾400款標本。

MAP: P.176 B2

園內種滿熱帶植物，環境綠意盎然，吸引蝴蝶們翩翩起舞。

屬於全馬最大的蝴蝶園。

金斑蝶（Danaus chrysippus），經常於花朵上吸嚐花蜜。

Info

地址： 830, Jalan Teluk Bahang, Penang
電話： +60 - 4 - 888 - 8111
開放時間： 0900-1700
休息日： 週三
門票： 成人RM$75、小童/長者RM$55
網址： https://entopia.com
前往方法： 在逃生冒險主題樂園（ESCAPE）的對面，步行約需5分鐘。

園內設施「The Longest」，屬於全球最長的滑水道！更獲得了健力士世界紀錄的認證。

世上最長滑水梯
逃生冒險主題樂園（ESCAPE）

　　於2013年開幕，是檳城很具人氣的遊樂主題公園，分為三大園區，包括以歷奇體驗為主題的冒險區「Adventureplay Park」、水上樂園「Waterplay Park」，以及於2019年啟用的第三園區「Gravityplay」，合共30多個冒險玩樂設施，包括有各類攀爬、滑索、繩索和水上滑梯，而其亮點絕對是建在第三園區熱帶雨林裡的全球最長滑水道「The Longest」，全長足足有1111公尺，需約4分鐘去滑完全程！是一家大小體驗刺激的好去處。

MAP: P.176 A1

遊客可於山腳乘坐長達420米的登山吊椅纜車，輕鬆抵達位於山上的「The Longest」滑水梯起點。

水上樂園裡設有多條刺激好玩的滑水梯。

幾乎直落的滑水梯Mega Drop，可感受高速垂直墜下的快感。

Info

地址： 828 Jalan Teluk Bahang, Penang
開放時間： 1000 - 1800
休息日： 週一
門票： 成人RM\$161；小童RM\$111；長者
　　　（61歲以上：有成人同行）免費
網址： www.escape.my
前往方法：
喬治市
的士 從市中心乘坐的士前往，約需40分鐘。
巴士 從光大廣巴士總站乘坐101或102號到「Escape」站即達，車程約75分鐘。
峇都丁宜
的士 從峇都丁宜乘坐的士前往，約需10-15分鐘。
巴士 從峇都丁宜乘坐101號/102號到「Escape」站即達，車程約15分鐘。

可以坐在大水泡裡於Lazy River 河道上慢慢隨波逐流，感受大自然的生活節奏。

樂園位於丹絨武雅（Teluk Bahang），相距峇都丁宜沙灘區只約5公里。

園內不設Wi-Fi，好讓大家能專心玩遊戲。

臨走之前可以逛一逛園內紀念品店。

印有Escape字樣的熊公仔。

其他精選必玩項目

橡皮艇滑行
Tubby Racer

坐在橡皮艇上從高處滑下，速度飛快，非常刺激。而多個橡皮艇還可以連在一起，一家人一起衝下去，享受家庭樂。

衝下來的一刻非常爽快！

人造滑道又長又斜，需要抓緊兩邊扶手。

淘金勝手
Discovery Dig

提供盆子於沙中尋找金沙，吸引小朋友紛紛鬥快淘金。現場亦有職員提供協助，教導小朋友如何淘金。

金沙隱藏於沙堆之中，需要細心找尋。

小朋友正在努力淘金。

馬拉版泰山
Jungle Swinger

拉着繩索不停飛來飛去，享受快感，有如泰山一樣在森林內自由地到處飛。

小朋友開心得不停大叫！

考你平衡力
Monkey Business

十分有挑戰性的大型繩網陣！考驗平衡技巧和定力，共有三個級別，有較為高難度的專業級，也有適合小朋友跟家長一起參與的簡易版。

挑戰者需要非常專注方可完成任務。

攻上光明頂
Gecko Tower

樓高兩層，挑戰者需與同伴於1分鐘內爬到頂端位置，沿途布滿不同的障礙考驗參加者。

遊戲難度一般，大部分人都可輕易完成任務。

蝦麵：富有鮮甜嫩滑的大蝦，麵身口爽彈牙。RM$15

雞肉沙嗲串燒：每個夜市及美食中心不可或缺的地道小食，即叫即燒，相當惹味。RM$1-3/串

地道小食雲集
長園美食中心
（Kafe Long Beach）

每到傍晚時分，美食中心便變得特別熱鬧。

大牌檔格局的美食中心，集齊大馬3大民族的特色小食，包括叻沙、蝦麵、大碌麵、印度咖喱、海南粿條湯等風味料理，另外也有西式意粉和薄餅，各式美食應有盡有，且價格相宜，環境潔淨舒適，加上鄰近各大酒店故備受旅客歡迎。擁有數十個小攤檔，下單後只需説出枱號，之後店主便會派員送上，免卻排隊等候之苦。惟假期及周末期間人潮眾多，需等上較長時間。

MAP: P.176 B1

荔枝特飲混有荔枝果肉，份外香甜。

桔子酸梅汁甜甜酸酸，很開胃。

燒雞翼：表皮烤得金黃香脆，雞肉香甜嫩滑。RM$15/5隻

燒蝦：即叫即燒，富有香辣味，蝦肉嫩滑。

Info

地址： Jalan Batu Ferringhi, Batu Ferringhi, Penang
營業時間： 1800-2400
消費： 約RM$35 / 位
前往方法： 由光大廣場乘車前往約35分鐘，鄰近Lone Pine Hotel。

擁有私人沙灘
Starbucks Coffee Batu Ferringhi

在多間連鎖咖啡店中，這家建在沙灘旁，室外空間寬敞，並設有小沙灘，可連接對出的公共海灘。由於用餐環境一流，不只吸引海外旅客，就連當地人一到週末都會開車前來享受獨一無二的景觀。

MAP: P.176 B2

放置數張沙灘椅，讓食客享受私人沙灘。

自家出品的咖啡粉。

這裡也有販售檳城城市杯。

─ Info ─
地址：No. 69, Jalan Batu Ferringhi, 11100 Batu Ferringhi, 檳城
電話：+60 4 - 881 - 2020
營業時間：週日至週三 0700-0100；週四 0700-0000；週五、週六 24小時
消費：約RM$25 / 位
網址：www.starbucks.com.my
前往方法：在峇都丁宜沙灘中段。

手工法式麵包
MAP: P.176 C2
The Baking Garage

30多歲的店主Ryan Woo以前從事推銷工作，期間學會了做手工麵包的技巧，於是興起開麵包店的念頭。一開始在家裏車房烤麵包，後來做到開設兩間店舖，每天堅持用天然酵母做包，特別推介牛角包。

牛角包外皮香脆，內在非常鬆化。

每款自家烘焙的蛋糕都是嚴選用料，食得健康。

Ryan Woo採用法國進口的牛油與食材，甚受當地人認可。

─ Info ─
地址：No. 45（Ground Floor），Lebuh Lembah Permai 1, Tanjung Bungah, 檳城
電話：+60124596288
營業時間：0800-1800
休息：週一、週二
消費：約RM$10 / 位
Facebook：The Baking Garage
前往方法：從海峽岸廣場乘的士前往，約需10分鐘。

海濱購物廣場
可走上燈塔吹吹海風，遠眺海灣。
海峽岸廣場Straits Quay

歐式風格建築、古式燈塔與停滿遊艇等有像黃金海岸的錯覺。這裡設有裝潢華麗的商場，而環繞廣場外開滿了臨海餐廳，亦建有海濱步道，特別在日落時份，泛著橙紅的海景流露著迷人浪漫的氛圍。 **MAP: P.176 D2**

多艘遊艇停泊在廣場外的碼頭。

設有海濱步道徑。

露天廣場給人悠閒感覺。

─ Info ─
地址：Jalan Seri Tanjung Pinang 10470 Tanjong Tokong, Penang Malaysia
電話：+60 4 - 891 8000
開放時間：1000-2200
網址：www.straitsquay.com
前往方法：從光大廣場乘的士前往約需20分鐘。

餐廳的熱帶園林用餐環境，很有渡假感，讓人感到份外的舒適感意。

烤雞腿以迷迭香醃製，用炭烤方式處理。

享受森林美饌

MAP: P.176 B2

Ferringhi Garden

　　美極了的浪漫渡假風餐廳，用以眾多綠葉和蘭花精心布置成一個熱帶花園，流水潺潺散發著迷人的園林氣息，配上優雅的木系家具，讓人有十足的舒適感！餐點以西式的烹調風格融合了亞洲風味，以海鮮和肉類等高級食材為主，烤牛扒和龍蝦料理是這裡的招牌菜，而中午則有供應價格較為親民的輕食。

主要供應高級西式料理，配以浪漫用餐氛圍，很適合打卡。

紅菜頭加入蔬果打成飲料。

這裡供應多款肉類料理。

── Info ──
地址：34, Jalan Batu Ferringhi, Kampung Batu Feringgi, Batu Ferringhi, Penang
電話：+6048811196
營業時間：1700-2230
消費：約RM$250-350/位
網址：www.facebook.com/ferringhigarden
前往方法：從長園美食中心步行前往，約需10分鐘。

檳城版女人街

峇都丁宜夜市

Batu Ferringhi Night Market

　　每到夜晚，Batu Ferringhi大街都會變身成熱鬧夜市。馬路兩旁開滿售賣飾品、紀念品及小吃等的小攤檔，擠滿遊客，猶如檳城版女人街！

MAP: P.176 B1

有各款手工藝品及服飾等，價錢便宜。

就連紋身印水紙及Cap帽都有發售！

── Info ──
地址：Jalan Batu Ferringhi, Batu Ferringhi, Penang
營業時間：約1800 - 2200

工業城區

北海 (Butterworth)

位於喬治市對岸威斯利省西北部一個沿海城區，是威省最大的城市，也是檳城州的工業城區，設有大型貨船停靠的碼頭，方便貿易往來。另外，這裡擁有超過300種鳥類的雀鳥公園。由於威省地方仍有發展的空間，政府多年來一直在此進行多項大型基建設施，構思打造成一個工業購物重鎮。位於北海以南約35公里，於年前則開設了全北馬唯一的大型購物Outlets。

交通

的士
從喬治市乘搭的士前往北海市中心，約需35分鐘。

渡輪
從喬治市渡輪碼頭乘坐渡輪往北海渡輪碼頭，船程約15分鐘。班次約半小時一班，但會根據客量而更改開船時間，如果時間不多，比較建議從陸路前往。船費：RM$1.2

N

A B C

喬治市渡輪碼頭

王清發海鮮
Ong Cheng Huat Seafood

南北大道

北海

1

喬治市

光大廣場

西刀林

Tesco Extra Seberany Jaya

北海渡輪碼頭

雙威嘉年華購物中心
Sunway Carnival Mall

威斯利省 / 威省

檳島 / 檳榔嶼

檳城飛禽公園
Penang Bird Park

檳威大橋/ 檳城大橋
Jambatan Pulau Pinang

2

木蔻山島
Pulau Jerejak

檳威海峽
Selat Selatan

Tun Dr. Lim Chong Eu Highway

檳城國際機場
Lapangan Terbang
Antarabangsa Pulau Pinang

新欣名牌城
Design Village Outlet Mall

3

檳城第二大橋 Jambatan Kedua Pulau Pinang

A B C

提 提 你

新欣名牌城
Design Village Outlet Mall（DVOM）
於2016年開業，是北馬唯一的大型Outlet
購物村，佔地24英畝，匯集了大約150個國
際和本土品牌，包括Timberland、Coach、
Hush Puppies等，是購物的好去處。

─Info─

地址：733, Jalan Cassia Barat 2, Bandar
Cassia, Simpang Ampat, Penang
營業時間：1100-2200
網頁：designvillagepenang.com
前往方法：從喬治市光大廣場乘的士前往，
約需45分鐘。

跨海著名地標
檳威大橋
（Jambatan Pulau Pinang）

連接檳島的東北部和對岸威斯利省的第一座跨海大橋，全長有13.5公里，於1985年正式通車。此橋對於當地人別具意義，因為在落成啟用之前，渡輪是唯一往來威斯利省和檳島的交通工具。

MAP: P.184 B2

此橋又稱為「檳城大橋」。

─ Info ─

前往方法：由光大廣場乘車前往約35分鐘。

全國最長跨海大橋
檳城第二大橋
（Jambatan Kedua Pulau Pinang）

跨越檳威海峽的另一條大橋，連接檳島的東南部和威斯利省。正式名稱為蘇丹阿卜杜勒哈林大橋，於2014年落成，足足花了6年時間和耗資了45億馬幣來打造，全長24公里，來回共設6線車道，是目前馬來西亞最長的跨海大橋！

MAP: P.184 B3

這座大橋亦是東南亞第二長的跨海大橋。

─ Info ─

前往方法：由光大廣場乘車前往約35分鐘。

唧出滑彈魚丸
西刀林 （Sai Toh Lim Restaurant）

有60年歷史的家傳老店，現時傳到第3代，經過多年磨練後掌握到手唧魚丸的秘訣，要用新鮮的西刀魚打成漿，然後用手的虎口位唧出魚丸，並放在溫水泡浸，再使用豬骨、雞骨熬煮湯底來煮，口感特別彈韌。

MAP: P.184 B1

五香肉卷包裹著惹味的肉碎，是店家的人氣小吃。RM$2.7/條

自製金桔仔飲料，清爽怡人。

店家即席示範手唧魚丸。

手唧魚丸口感彈牙。西刀魚丸湯 RM$5/細

─ Info ─

地址：No. 15 & 17, Lorong Ceri 5,Taman Ceri,12300 Butterworth, 檳城
電話：60 04 - 331 - 2431
營業時間：0730 - 1700
消費：約RM$15 / 位
休息：隔週一
前往方法：由光大廣場乘車前往約50分鐘。

因童子雞吃椰子大，炸過後鎖住雞肉甜香。

八爪魚醮些酸辣醬更好味。RM$25

童子雞炸得好
王清發海鮮
（Ong Cheng Huat Seafood）

　　王清發經營食店20多年，最初賣雜貨，後來炒家鄉菜到烹煮海鮮，並在北海開設了這間中式海鮮館。推介菜式有椰腳雞仔、八爪魚、鮮蝦薄餅、潮州蒸魚頭和炒米粉等。用餐區也挺大，不過，一到繁忙時間即座無虛席，要注意晚市是不營業的。　**MAP: P.184 B1**

鮮蝦薄餅的餅皮炸得脆口。M$7.5

清蒸當造海產，肉質鮮嫩。

炒米粉炒得夠香口，一碟份量都不少。RM$9

這裡供應的菜式不算很多，但都是店家長年的招牌美食。

一到繁忙時間整間餐館座無虛席，有不少街坊捧場客。

Info

地址： No. 6093, Kampung Pokok Keras, 13400 Butterworth, 檳城
電話： +60124535188
營業時間： 1100 - 1730
消費： 約RM$30-40 / 位
前往方法： 由光大廣場乘車前往約35分鐘。

陽光與海灘

浮羅交怡 (Langkawi)

又稱「蘭卡威」，馬來語為「Pulau Langkawi」，位於馬來半島的西北部，毗鄰泰國，是馬來西亞吉打州逾百個群島中最大的1個。自當地政府於1987年將浮羅交怡打造成為免稅海島，從昔日的蕭條狀態演變成今天的人氣旅遊熱點。擁有海天一色的迷人海景、紅鷹滿天飛的震撼畫面、免稅商品血拚等旅遊玩樂，多年來一直吸引各地旅客，前往島上享受悠閒假期。

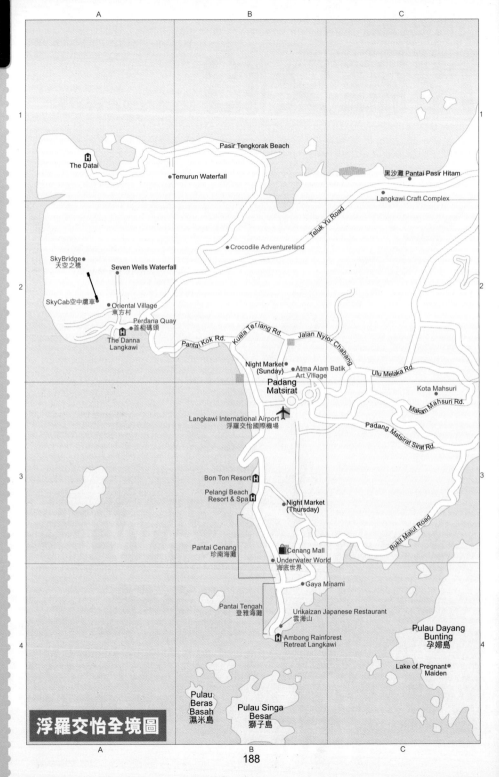

浮羅交怡

1

Pasir Tengkorak Beach

The Datai

Temurun Waterfall

黑沙灘 Pantai Pasir Hitam

Langkawi Craft Complex

Teluk Yu Road

Crocodile Adventureland

SkyBridge
天空之橋

Seven Wells Waterfall

2

SkyCab 空中纜車

Oriental Village
東方村

Perdana Quay
首相碼頭

The Danna
Langkawi

Pantai Kok Rd.

Kuala Teriang Rd.

Jalan Nyior Chabang

Ulu Melaka Rd.

Night Market
(Sunday)

Atma Alam Batik
Art Village

Padang
Matsirat

Kota Mahsuri

Makam Mahsuri Rd.

Langkawi International Airport
浮羅交怡國際機場

Padang Matsirat Sirat Rd.

3

Bon Ton Resort

Pelangi Beach
Resort & Spa

Night Market
(Thursday)

Bukit Malut Road

Pantai Cenang
珍南海灘

Cenang Mall

Underwater World
海底世界

Gaya Minami

Pantai Tengah
登雅海灘

Unkaizan Japanese Restaurant
雲海山

Pulau Dayang
Bunting
孕婦島

4

Ambong Rainforest
Retreat Langkawi

Lake of Pregnant
Maiden

Pulau
Beras
Basah
濕米島

Pulau Singa
Besar
獅子島

浮羅交怡全境圖

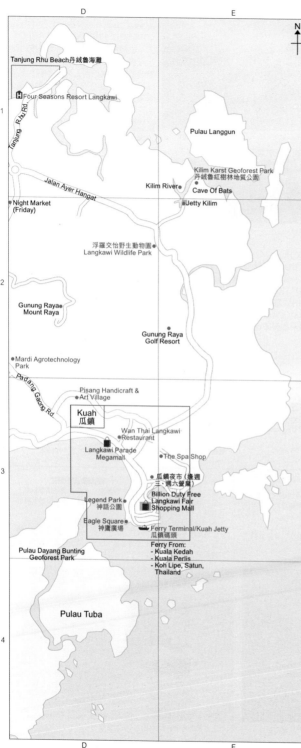

Map labels (left page):

D · E

N

Tanjung Rhu Beach 丹絨魯海灘

H Four Seasons Resort Langkawi

Tanjung Rhu Rd.

Pulau Langgun

Kilim Karst Geoforest Park
丹絨魯紅樹林地質公園

Kilim River

Cave Of Bats

Jalan Ayer Hangat

Jetty Kilim

Night Market (Friday)

浮羅交怡野生動物園
Langkawi Wildlife Park

Gunung Raya
Mount Raya

Gunung Raya
Golf Resort

Mardi Agrotechnology Park

Padang Gaong Rd.

Pisang Handicraft & Art Village

Kuah
瓜鎮

Wan Thai Langkawi Restaurant

Langkawi Parade Megamall

The Spa Shop

瓜鎮夜市(逢週三、週六營業)

Billion Duty Free
Langkawi Fair Shopping Mall

Legend Park
神話公園

Eagle Square
神鷹廣場

Ferry Terminal/Kuah Jetty
瓜鎮碼頭

Ferry From:
- Kuala Kedah
- Kuala Perlis
- Koh Lipe, Satun, Thailand

Pulau Dayang Bunting Geoforest Park

Pulau Tuba

D · E

浮羅交怡二三事:

1.浮羅交怡氣候

浮羅交怡四季如夏,較為潮濕及常有
驟雨,全年溫度維持攝氏25至33度之
間,雨季為10月至翌年2月,旅遊時
最好做足防曬及準備雨傘。

2.語言

以英文及馬來語為主要溝通語言。

3.島名解碼

相傳當年一隻老鷹飛抵馬來西亞的
西北部並誕下104個不同的小島,
潮漲時只得99個,當中則以浮羅交
怡的面積最大。而馬來語Palau意指
「島嶼」,Lang是指「老鷹」,Kawi
是指「紅褐色的老鷹」,故得名為
「Langkawi」,老鷹更成為當地吉祥
物。

4.浮羅交怡取景的電影

1999年《安娜與國王》
主演:周潤發、Jodie Foster

浮羅交怡跳島遊 (Hopping Island)

可透過當地旅行社安排跳島遊,前往孕
婦島、獅子島及濕米島遊覽,和進行各
項水上活動。

a.孕婦島(Palau Dayang Bunting)

位於浮羅交怡西南端的第二大群島。因
湖邊高山及突出的岩石輪廓有如仰臥的
孕婦而命名。著名景點是被群山包圍的
孕婦湖(Taski Dayang Bunting),海拔
15公尺,水深約8至13米。相傳只要喝
下湖水便可懷孕,傳說天上的仙女與當
地王子相戀後結婚,惟胎兒不幸夭折後
被埋葬於湖中,仙女為免將來有人遭受
相同經歷,施予湖水可治療不孕症的神
奇功效。

前往孕婦湖會途
經Dayang Bunting
Marble Geoforest
Park。

湖邊的高山形狀有
如一個仰臥的孕
婦。

b.獅子島(Palau Singa Besar)

島上並沒有獅子,全是茂密的紅樹林,
亦有很多老鷹不停在天空盤旋。每當船
家向海拋出雞肉,一群老鷹隨即爭先恐
後前來奪食,場面非常壯觀。

c.濕米島(Palau Beras Basah)

擁有水清沙幼的海灘,可清楚見到海裏
的魚群游來游去,十分適合游泳。另外
島上猴子眾多,對旅客的手袋特別感興
趣,認為袋內藏有食物,故遊覽時敬請
小心保管。

━Info━

*可於當地旅行社或透過Klook旅遊訂購平台
報名。
行程時間:約4小時
收費:約$40起,視乎行程和接送安排;另
需付孕婦島登島門票:成人RM6、小童RM3

浮羅交怡 (side tab)

提提你

浮羅交怡實用資料

前往浮羅交怡交通

1.飛機

現時香港及台灣均沒有直航機前往浮羅交怡，旅客需於吉隆坡或檳城轉乘內陸機前往。馬來西亞航空、亞洲航空、飛螢航空等均有提供航班。當中以Air Asia於吉隆坡的內陸航班班次最頻密。

紀念品店以當地的代表紅鷹作裝潢，非常搶眼。

如乘坐Air Asia的內陸航班，可於機場辦理自助登機服務。

屬浮羅交怡島上唯一的機場。

浮羅交怡國際機場
Langkawi International Airport

位於島上的西面南，距離市中心「瓜鎮」約25分鐘車程，而前往人氣熱鬧的沙灘區珍南海灘，車程則約20分鐘。雖然機場不大，但一般所需的租車公司櫃台、便利店、餐廳及紀念品店等均齊備。

出發地點	航程
吉隆坡	1小時15分鐘
檳城	約35-40分鐘
新加坡	1小時30分鐘

─ Info ─

電話：+60-4-955-1311
地址：Padang Mat Sirat Pulau Langkawi, Langkawi
網址：www.langkawiairport.com

---

2. 客輪

來往檳城喬治市至浮羅交怡的渡輪，於COVID期間開始停運，客輪公司於2023年發出了公告表示沒有重開的計劃。旅客也可從馬來西亞吉打（KUALA KEDAH）或玻璃市（KUALA PERLIS）搭乘由Langkawi Ferry Line營運的渡輪前往浮羅交怡瓜鎮。船票可於「Cuti Cuti Langkawi」APP裡或於碼頭即場購買。

─ Info ─

Langkawi Ferry Line

路線	船程	船費
浮羅交怡 - 吉打 Langkawi- Kuala Kedah	約1小時30分鐘	成人RM\$34.5；小童25.5
浮羅交怡 - 玻璃市 Langkawi - Kuala Perlis	約1小時15分鐘	成人RM\$27；小童19.5

網址：www.langkawiferryline.com

浮羅交怡市內交通

1. 的士

旅客從機場乘坐的士前往島上各大酒店，車程不過15至30分鐘，可要求酒店代為電召的士。島上的士一般不設咪錶，上車前請先跟司機議價。如一日前往多個景點，可要求包車。

2. 租車自駕

浮羅交怡國際機場大堂設有不同租車公司的櫃台，如Avis、Hertz、Europcar等。可於網上預訂，非常方便。以1天租借8小時為例，Proton Saga的租金RM\$180起，最多可乘坐5個人。租金已包括稅項、雜費及保險等。

網址：www.langkawiairport.com/langkawi-airport-car-rental

浮羅交怡3大海灘

浮羅交怡是陽光與海灘的度假勝地，島上盡是水清沙幼的沙灘，最適合進行各種水上活動，如香蕉船、浮潛、水上電單車等，也可與陽光玩遊戲，曬成一身古銅色的健康膚色。

1. 珍南海灘Pantai Cenang　**MAP: P.188 B3**
位於西南面，附近大小餐廳、紀念品店及酒店林立，非常熱鬧，位置方便。

2. 丹絨魯海灘 Tanjung Rhu Beach　**MAP: P.189 D1**
位於島上的北面盡頭，面向安達曼海，水清沙幼且旅客較少。名牌酒店Four Seasons Resort便選址在此，擁有極之美麗的海灘。

3. 黑沙灘 Pantai Pasir Hitam　**MAP: P.188 C1**
位於北面，鄰近Tanjung Rhu的黑沙灘，源於從前海底火山爆發，將海底泥層與岸上泥土混合，形成現時沙粒呈現黑色的獨特面貌。

玩畢水上活動後，在黃昏時分欣賞美麗的日落也是不錯的節目。

玩水上電單車時會有教導陪同，以策安全。

神鷹那傲然挺立的姿態，象徵着這裡步向欣欣向榮。

Tips

瓜鎮 Kuah Town
神鷹廣場所在的小鎮，是浮羅交怡最主要城鎮，免稅店、商場和餐廳林立，島上主要渡輪碼頭「瓜埠碼頭」也設在此。

浮羅交怡地標
神鷹廣場
（Eagle Square）

　　鄰近瓜鎮碼頭，耗資110萬馬幣打造，高12.6米、寬21.6米，由大理石雕刻而成，羽毛則由銅片所製。其展翅高飛的神態，極具氣勢。島名Langkawi在馬來古文中意思即是紅褐色的老鷹，這隻巨大的神鷹正是當地最具代表性的建築。　**MAP：P.189 D3**

神鷹是島上的地標，是旅客到訪必定拍照的熱點。

位於神鷹附近的紀念品店，座落在拱形的小白屋裡，很富特色。

神鷹的側面更見其英勇的霸氣。

―― Info ――
地址：Dataran Lang, Persiaran Putera Kuah, Langkawi
前往方法：從瓜鎮碼頭步行前往，約需5分鐘。

神話故事
神話公園
（Legend Park）

　　佔地逾50公頃，擺放了17個以當地神話故事為題的雕塑，手工精細，可藉此了解大馬歷史文化。設有4個人工湖及人造沙灘，另設有跑道穿梭，成為當地人跑步的好去處。　**MAP：P.189 D3**

石頭上刻着浮羅交怡的地圖。

公園位於碼頭和神鷹廣場的旁邊。

―― Info ――
地址：Kuah Jetty, Kuah, Langkawi
開放時間：全年
門票：免費
前往方法：鄰近神鷹廣場。

天空之橋全長125米，是世上最長的曲線懸索橋之一，在橋上可飽覽島上的迷人風光。

飽覽島上景色

SkyCab空中纜車
（Langkawi Cable Car）

　　是馬來西亞最高的空中纜車！總長2.2公里，起點於山下東方村，只需15分鐘即可抵達浮羅交怡第二高峰馬西岡山（Mt. Machinchang）山頂，沿途有優美宜人的風光。在山下纜車站設有3D藝術博物館、3D探險電影（SkyRex）、天幕劇場（SkyDome）和6D影院（6D Cinemotion）等的觀光景點，而在海拔710米的山上更建有絕美的天空之橋（SkyBridge）。

MAP: P.188 A2

在山上纜車站外設有6D影院，觀賞時可體驗不同的感官刺激。

乘坐纜車到達山頂時，可觀賞浮羅交怡海天一色的美景。

位於纜車起點站的東方村變得愈來愈小。

登山纜車門票，進場時掃描票上條碼。

除了標準車廂，也有玻璃底纜車，可體驗了無遮擋的景觀。

Info

地址：Oriental Village, Burau Bay, Langkawi
電話：+60 - 4 - 959 - 4225
營運時間：0930-1800；部分週三 1200-1800；公眾假期 0930-1800
　　　　　*確實時間請於官網查閱。
門票：SkyCab 空中纜車套票
來回纜車（標準車廂）＋3D藝術博物館＋SKYREX＋SKYDOME
成人RM$85、小童RM$65
*另設其他套票組合，可於官網或其他旅遊訂票平台查閱。
SkyBridge 天空之橋
成人RM$6、小童RM$4
網址：www.langkawicablecar.com.my
*設有多種不同的組合套票，詳情可參考官網。
前往方法：位於東方村內，由碼頭乘的士前往約35分鐘。

歐陸式設計的小屋，恍如置身於歐洲小鎮。

《安娜與國王》小鎮
東方村（Oriental Village）

以歐陸小鎮為主題設計，集購物、美食及玩樂於一身，充滿悠閒的假日氣息，是前往登山纜車的必經之地。因電影《安娜與國王》曾於村內取景拍攝而聲名大噪。村內設有數十間商店和小食亭，售賣各式傳統手工藝品，大受外國遊客歡迎。

MAP: P.188 A2

商舖售賣各款傳統手工藝品為主。

東方村內的小橋及吊橋，各有各的美。

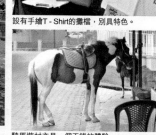

設有手繪T - Shirt的攤檔，別具特色。

騎馬遊村亦是一個不錯的體驗。

歐陸小屋配上湖光山色，恍如一張明信片。

Info

地址：Jalan Telega Tujuh, Burau Bay, Padang Mastsirat, Langkawi
營業時間：1000 - 1900
電話：+60 - 4 - 959 - 1855
網址：panoramalangkawi.com/oriental-village/
前往方法：在SkyCab空中纜車站（山下）外。

可看見紅鷹滿天飛及覓食的過程。

紅樹林探險體驗

丹絨魯紅樹林地質公園
（Kilim Karst Geoforest Park）

坐船漫遊紅樹林生態保育區和觀賞紅鷹，是不少旅客前來浮羅交怡的指定節目。上船碼頭位於浮羅交怡東北面的Kampung Kilim，附近有多家船公司，提供不同的遊覽行程，當中以2小時的行程最受歡迎，亦已包括主要的必玩景點。一般會安排前往魚排餵魚、觀賞紅鷹及到蝙蝠洞探險，沿途可欣賞紅樹林的自然生態及漂亮的安達曼海（Andaman Sea）。

旅客需要穿上救生衣確保安全。每艘船最多可乘坐10名成人和2名小孩。

MAP: P.189 E1

坐船欣賞紅樹林生態保育區的自然景觀，陣陣涼風撲面。

抵達安達曼海（Andaman Sea）時會看到大型的公園標誌，乃是必影熱點。

紅樹林是由水生的木本植物組成，通常於鬆軟的土質生長。

每日均有大量遊客前來碼頭租船出海，觀賞紅鷹。

Info

丹絨魯紅樹林地質公園
碼頭地址： Kilim River Tourism Jetty, Mukim Kampung Kilim, Langkawi
電話： +6049592323
開放時間： 0830-1700
網址： kilimgeoforestpark.com
Kilim Mangrove Tour （乘船遊覽）
官網價格（每艘船）：
2小時RM$350、3小時RM$450、4小時RM$500*詳細行程可參考官網
前往方法： 由機場乘的士前往約30分鐘。

魚排餵魚

第一站抵達魚排，在職員的指導下體驗餵飼的工作，可見到多種特色魚類，就連食人魚也有，更可於魚排品嚐新鮮海鮮，最適合小朋友。

吸引不少一家大小前來體驗。

每當職員餵食，所有魚就會一湧而上。

職員會介紹各種不同的魚類給旅客認識。

每種魚劃分於不同的魚排。

觀賞紅鷹

第二站可近距離觀賞紅鷹奪取肉食的過程，並前往安達曼海（Andaman Sea）欣賞海景，如果好運氣的話，更會於山林中見到猴子出沒！

旅客可近距離觀賞紅鷹奪取肉食的過程。

紅鷹知道有肉吃就會自動出現，不停在天空盤旋。

船家會將雞肉倒進海內，不久就會引來一大群紅鷹！

蝙蝠洞探險

最後一站會來到蝙蝠洞觀賞蝙蝠，由於蝙蝠數量眾多，天然洞穴略帶陣陣異味。

數以百計的蝙蝠躲藏在洞內一角。

蝙蝠洞漆黑一片，有需要的話可向船家租借電筒照明，就可清楚自到洞裡的蝙蝠。

穿梭蝙蝠洞，沿途會見到很多奇形怪狀的石柱。

工作人員會指導如何擺出pose，配合水果拍攝搞笑相片，趣味十足！

熱帶水果園

MAP: P.189 D2

Mardi Agrotechnology Park

建於1990年的知名果園，佔地14.2公頃，面積龐大，種滿逾20款熱帶水果，如山竹、榴槤及木瓜等。園區提供一小時導賞活動，旅客乘坐果園觀光車沿途觀賞，工作人員於各站停留時提供解說，介紹不同的果樹，更設有水果放題，可隨意品嚐即摘的新鮮水果。最特別是園內置有搞笑的道具水果供人拍照，每個遊客均樂在其中，最適合一家大小親子遊。

可隨意挑選自己喜歡的水果吃到飽。

提供多款新鮮的時令水果，包括西瓜、柚子、菠蘿、哈蜜瓜及楊桃，皆味道鮮甜。

園內一片綠油油的環境，非常寫意。

位於園內入口處的拍照熱點，以大馬果王榴槤及果后山竹為主。

Info

地址：Jalan Padang Gaong, Lubuk Semilang, Kedah Darul Aman, Langkawi
電話：+60 - 4 - 953 - 2550
開放時間：0830 - 1700
休息日：週五、週六
門票：成人RM$30、小童RM$15
網址：http://tatml.mardi.gov.my
前往方法：從瓜鎮碼頭乘坐的士前往，約需15-20分鐘。

接載旅客遊覽水果園的觀光車。

旅客正在享用新鮮又滋味的水果大餐。

工作人員指導旅客，以大樹菠蘿做面具的搞笑照片，引來大家爭相拍照。

獲贈草紮草蜢的小朋友如獲至寶，開心得緊緊抓實不放。

工作人員還會親手為每位小朋友綁上草紮飾物，很細心！

遊園結束前，工作人員會送上草紮飾物給小朋友留念。看看形狀很像菠蘿的頭部呢！

園內還有一大片菠蘿園。

使用手機拍攝，利用站立位置的遠近營造出水果的巨大影像，充滿玩味！

除了常見的熱帶水果，亦種有椰子樹。

工作人員於Art Gallery製作峇迪，最後為峇迪布逐一上色。

峇迪繪畫體驗 MAP: P.188 B2

Atma Alam Batik Art Village

創立於1987年，由著名油畫家Aza Osman及知名峇迪設計師Roshadah Yusof兩夫妻所創立的「峇迪藝術村」。當地大部分酒店的峇迪作品均由Roshadah Yusof設計，極受歡迎。村莊除了售賣峇迪服飾及手工藝品外，旅客更可嘗試親手為峇迪布上色，只要挑選喜歡的峇迪圖案款式後，導師便會從旁指導，簡單又好玩。

村莊以馬來西亞傳統建築設計，別具特色。

館內的峇迪布及傳統手工藝品款式繁多。

製作峇迪之前，需於布上以鉛筆畫出圖案的初稿。

使用已溶化的蠟在布上畫出圖畫線條。

峇迪繪畫步驟：

1 隨心所欲塗上喜歡的顏色。

2 最後使用風筒將作品吹乾。

3 大功告成，更可將作品帶走！

工作人員化身成為導師，指導客人上色。

Info

地址：Padang Matsirat, Langkawi
電話：+60 - 4 - 955 - 1227
營業時間：1000-1730
休息日：週二
峇迪體驗收費：RM$30
前往方法：從機場乘坐的士前往約5分鐘，鄰近Pertronas Fuel Station。

雀鳥區不設任何圍欄，旅客可近距離與鸚鵡接觸。

Tips
於園內counter可購買餵食小動物的水果和蔬菜。

親親雀鳥和小動物

MAP: P.189 D2

浮羅交怡野生動物園
（Langkawi Wildlife Park）

　　2002年開幕，飼有逾150種約共2500隻鳥類和小動物，包括貓頭鷹、兔子、鴕鳥、鹿、浣熊、孔雀、犀鳥及鸚鵡等，這裏的雀鳥區不設任何圍欄，遊客可與雀鳥近距離接觸，亦可於工作人員指導下餵飼各種小動物和鳥類，進行互動體驗。園內還附設有餐廳及免稅商店。

園內亦有不同種類的老鷹可近距離觀賞，如圖左的栗鳶（Brahminy Kite）。

工作人員會定時派發水果給猴子吃，原來牠們都很愛吃木瓜呢！

樣子帶點傻氣的白色火烈鳥（White Flamingo）。

遊客可一嘗餵飼工作，餵木瓜給犀鳥吃！牠們嘴巴張開時更會發出很大的叫聲。

喜歡嚼玉米粒的鸚鵡。

Info

地址：Lot 1485, Jalan Ayer Hangat, Kampung Belanga Pecah, Langkawi
電話：+60 - 4 - 966 - 5855
開放時間：0830-1730
門票：成人RM$50、小童RM$30
網址：www.langkawiwildlifepark.com
前往方法：從瓜鎮碼頭乘坐的士前往，約需15分鐘。

日本人主理 MAP: P.188 B4
Gaya Minami

2002年開業，專售各式手工藝品，全部均是老闆從大馬各地及泰國精心挑選，包括錫器、峇迪及手袋等，品質較一般手工藝品店精緻，最重要是價錢相宜。由於老闆娘是日本人，吸引不少日本旅客前來光顧。

大象形瓷碟

來自大馬各地不同款式的峇迪布，顏色鮮艷。

木製山竹擺設

皮製手繩

Gamat Cream屬人氣產品，對乾燥及灼傷肌膚極具滋潤效果。

Info
地址： Kg Tasik Anak, Jalan Teluk Baru Pantai Tengah, Mk Kedawang, Langkawi
電話： +60 - 4 - 955 - 7550
營業時間： 1400-1800
休息日： 週日
網址： www.gayaminami - langkawi.com
前往方法： 由機場乘坐的士前往約15分鐘。

手工護膚品
Pisang Handicraft & Art Village

售賣各款天然手造產品及傳統手工藝品的小店，老闆娘是日本人，已在島上生活逾十多年。當中以海參皂Gamat Soap最受歡迎，使用天然海參提煉而成，有14種味道可供選擇，如櫻花、熱帶水果、薰衣草等。

MAP: P.188 B2

> 「Gamat」在馬來西亞是指海參。當地人深信海參有醫療功效，並製成肥皂，保留的天然甘油，對於皮膚敏感及曬傷等問題極具滋潤效果。
>
> 提提你

各款手工海參皂是店家的人氣商品，就連敏感膚性質也適合使用，可防止皮膚痕癢及乾燥。RM$7.9/件

Info
地址： 14H, Lorong Bukit Indah 3A, Taman Bukit Indah, Langkawi
電話： +60 12-475 8448
營業時間： 1000-1600
休息日： 週四
前往方法： 從瓜鎮碼頭乘坐的士前往，約需12分鐘。

婚攝勝地
首相碼頭（Perdana Quay）

浮羅交怡島上最大的私人遊艇碼頭，附設各式餐廳及商店，非常方便。其景色優美，猶如歐洲小鎮，吸引不少當地人前來拍攝婚紗照。

MAP: P.188 A2

海天一色的美景構成天然的明信片。

鄰近設有鐘樓及炮台。

由於位置方便，吸引了不少私人遊艇停泊。

Info
地址： Telaga Harbour Park, Pantai Kok, Langkawi
前往方法： 從東方村乘坐的士前往約需8分鐘。

店裡販售各款美容護理產品，上至浴鹽、下至蚊怕水俱備！

傳統瓷器款式精美，絕非粗製濫造。

可舒緩疲勞的草藥球，使用前預先蒸熱10分鐘，再放於肩膀或背後輕輕按摩，且味道清香。RM\$25.9

這款浴鹽是店內人氣商品，有茉莉花香味、洋甘菊味及伊蘭花味等選擇。RM\$29.9

100%純天然
The Spa Shop

專售獨家品牌「The Element」的一系列美容水療用品及護膚品的專門店。不論是沐浴用品、面膜、磨砂膏、護膚面霜等都應有盡有。當中以浴鹽最受歡迎，標榜以100%純天然的原材料所製成，味道芳香，有助紓壓放鬆、促進新陳代謝及深層清潔。

蚊怕水味道清新怡人，東南亞地區最多蚊蟲出現，最適合旅行使用。

MAP: P.189 E3

Info

地址：No.52, Jalan Pandak Mayah 5, Kuah, Langkawi
電話：+60 - 4 - 966 - 8078
營業時間：1000-1900
網址：www.spashopasia.com
前往方法：在瓜鎮市中心，從瓜鎮碼頭乘坐的士前往約需5分鐘。

建築裝飾帶有伊斯蘭元素。

織籐手袋手工細緻，多個不同款式可選擇。

木製湯匙及叉子套裝，木柄刻上魚形圖案作裝飾。

恍如走進一個博物館，各式各樣大馬的傳統手工藝品均有發售。

藤織西瓜零錢包造型可愛，顏色鮮艷。

傳統手工藝總匯
Langkawi Craft Complex

1996年開幕，是當地歷史悠久的大型手工藝品中心。款式齊全乃島上之冠，包括藤器、木雕、錫器、峇迪及飾物等，館內還有導師現場繪畫峇迪、編織表演及展示作品。旁邊附設2所可免費參觀的博物館，包括：婚姻習俗博物館和文化博物館，讓遊客可了解多點馬來西亞的文化和習俗。

Info

地址：Kompleks Kraf Langkawi, Jalan Teluk Yu, Mukim Bohor, Langkawi
電話：+6049591917
營業時間：1000-1800
網址：www.kraftangan.gov.my/en/craft-complex/langkawi-craft-complex
前往方法：由機場乘搭的士前往約25分鐘。

MAP: P.188 C1

東南亞最大水族館
海底世界（Underwater World）

1995年開幕，是馬來西亞大型水族館之一，擁有過百個大型魚缸，飼有逾500多種海洋生物、超過4,000條魚類，當中包括魔鬼魚、鯊魚、海龜及企鵝等，品種數量龐大。焦點是一條長達15呎的海洋隧道，各種海洋生物不時在遊客身旁游過。另設有海洋劇場，可觀賞海獅的精彩表演。

MAP: P.188 B3

水族館位於熱鬧的Pantai Cenang，鄰近Zon Duty Free，交通方便。

來自南極的企鵝最具人氣，吸引不少遊客觀賞。

┌─ **Info** ─┐
地址： Zon Pantai Cenang, Mukim Kedawang, Langkawi
電話： +60 - 4 - 955 - 6100
開放時間： 周一至日1000 - 1800；公眾假期0930 - 1830
門票： 成人RM$43、小童RM$33
網址： www.underwaterworldlangkawi.com.my
前往方法： 由機場乘搭的士前往約15分鐘。

馬蘇麗公主陵墓
Kota Mahsuri

為紀念馬蘇麗公主而設的博物館。主要展出其生平資料及及後裔的相片等，室外依然保存着昔日住過的馬來傳統房屋及公主的陵墓，每日下午更會有樂隊演奏傳統音樂。

MAP: P.188 C3

提提你

馬蘇麗公主生平
相傳200多年前，馬蘇麗公主被誣陷通姦而被馬來短劍刺死，流出白色的血，臨死前更詛咒浮羅交怡往後一連7代都無法興旺繁榮。幸好7個世代過去後，現時浮羅交怡已成為大馬最熱門的旅遊勝地。

馬蘇麗公主的陵墓，以花崗岩石砌成。旁邊設有捐款箱，可捐款以示支持。

每日下午設有馬來傳統樂器的表演。

┌─ **Info** ─┐
地址： Kampung Mawat, Mukim Ulu Melaka, Langkawi
電話： +6049553515
開放時間： 0900-1800
門票： 成人RM$17、小童RM$7
網址： www.kotamahsurilangkawi.com
前往方法： 從瓜鎮碼頭乘坐的士前往，約需20分鐘。

鱷魚公園
Crocodile Adventureland

Tips

每天有多場表演和餵飼時間，活動時刻表可於官網查閱。

園內飼有逾千條鱷魚，遍布公園的人工湖。每日有兩場工作人員與鱷魚搏鬥的精彩表演。離場前更可購買鱷魚的相關產品，如喜歡鱷魚的遊客定必滿意。

MAP: P.189 B2

鱷魚正在懶洋洋地午睡。

┌─ **Info** ─┐
地址： Jalan Datai, Mukim Air Hangat, Langkawi
電話： +60 - 4 - 959 - 2559
開放時間： 0930-1800
門票： 成人RM$48起、小童RM$38起
網址： www.crocodileadventureland.com
前往方法： 由機場乘搭的士前往約20分鐘。

新鮮刺身，包括三文魚、青斑、帶子、八爪魚及拖羅等多款刺身，件件厚切，鮮甜味美。

炭烤鰻魚釜飯，外皮焦香的鰻魚帶有炭火香味，以傳統釜飯鍋烹煮的米飯，富有米香且口感軟糯。烤好的鰻魚與釜飯伴吃，更提升味道的層次感。RM$94

鰻魚飯套餐，烤得焦香的鰻魚香嫩入味，附天婦羅、新鮮刺身、麵豉湯及日式蒸蛋，非常抵食。RM$$120

壽司拼盤，包括蝦壽司、八爪魚壽司及拖羅壽司，可自由選擇心水壽司組合，味道新鮮。

島上唯一日本餐廳
雲海山(Unkaizan Japanese Restaurant)

　　2002年開業，乃島上唯一由日本人主理的知名日式餐廳。主打新鮮刺身、釜飯及鐵板燒。樓高兩層，以原木設計營造家庭般的舒適感。不少材料均由日本直送，充滿地道的日式風味，所有菜式都依照當日食材而設計精選，甜品方面則不可錯過鐵板燒雪糕。曾榮獲多屆「Malaysia's Best Restaurant」獎項，實力備受肯定，難怪每晚座無虛席。 MAP: P.188 B4

以原木設計的內部，配合島上的熱帶風情。

餐廳多年來獲獎無數，獎項都掛在一樓的當眼位置。

這間日式料理在當地很具人氣。

吃完青斑刺身後，還可將餘下的魚頭魚骨酥炸，一魚兩吃，香脆爽口且不油膩，乃佐酒小菜的最佳選擇。

Info
地址：Lot 395, Jalan Telok Baru, Pantai Tengah, Langkawi
電話：+60 - 4 - 955 - 4118
營業時間：1800-2230
最後入座：2145
休息日：週三、每月第2及第4個週二
網址：www.unkaizan.com
消費：約RM$150/位
前往方法：從浮羅交怡國際機場乘坐的士前往，約需20分鐘。

純正泰國風味
Wan Thai Langkawi Restaurant

MAP: P.189 D3

由於浮羅交怡鄰近泰國，故島上有不少泰國人經營的泰菜館。其中Wan Thai開業逾十多年，餐廳以泰式傳統房屋裝潢，加上柚木雕刻擺設。選料更是講究，新鮮香草、香料及蔬菜等食材都是每日早上從泰國運來，保證原汁原味。不少當地人大讚冬蔭功味道正宗，就連馬來西亞前首相馬哈迪也是捧場客。

每逢晚餐時間均座無虛席，非常熱鬧。

芒果糯米飯伴以香甜多汁的芒果，糯米香滑軟綿，淋上香濃椰汁拌食更一流！RM$16（細份）

青芒果沙律甜中帶酸，不會有愈吃愈酸的感覺，口感清爽醒胃。

冬蔭功以原個椰子盛載，賣相極吸引。內有大蝦、草菇等材料，味道酸酸辣辣，令人非常開胃。RM$45

─ Info ─
地址： No.80,82, Persiaran Bunga Raya, Langkawi Mall, Kuah, Langkawi
電話： +60 - 4 - 9661214
營業時間： 1100 - 1500、1830 - 2200
消費： 約RM$70-80（只收現金）
前往方法： 從瓜鎮碼頭乘坐的士前往，約需 8至10分鐘。

ATM提款必到
Cenang Mall

MAP: P.188 B3

位於Pantai Cenang區內的唯一商場，2013年才正式開幕。樓高3層，設有各類不同的商店，如餐廳、服飾店及快餐店等。但最受歡迎的卻是ATM櫃員機，幾乎每個遊客都是為了提款而來。

大堂有不少泳衣及水上用品店，即使忘了攜帶也不用擔心。

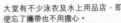

位置在Pantai Cenang沙灘區裡。

─ Info ─
地址： Jalan Pantai Cenang, Mukim Kedawang, Langkawi
營業時間： 1000 - 2000
前往方法： 由機場乘的士前往約15分鐘。

免稅商場
Langkawi Parade Mega Mall

MAP: P.188 D3

樓高3層的大型免稅商場，擁有逾40間商店、餐廳、按摩中心及娛樂設施等。美食廣場提供多種本地及國際美食，環境舒適且價錢相宜。場內設有大型「潮順發免稅店」（Teow Soon Huat Duty Free），商品選擇豐富。

潮順發免稅店規模很大。

島上只有一間戲院，就是設在這個商場裡。

─ Info ─
地址： A - 14 - 15, Pokok Asam, Kuah, Langkawi
電話： +60 - 4 - 966 - 5017
營業時間： 1000 - 2200
網址： www.langkawi-parade.com
前往方法： 在瓜鎮市中心。

歷史古城

馬六甲 **(Melaka)**

　　馬六甲州的首府，又名「麻六甲」，古稱「滿剌加」，馬來語是Malacca，被葡萄牙侵佔後才改稱馬六甲。位於馬來半島的西海岸、鄰近馬六甲海峽，素有「古城」的美譽。因地理環境優越，自古已是重要的貿易港口。於16至19世紀先後成為葡萄牙、英國及荷蘭的殖民地，遺留下不少歷史古蹟。2008年更被聯合國教科文組織列入「世界文化遺產」。

馬六甲全境圖

馬六甲島

馬六甲二三事：

1.馬六甲氣候
天氣炎熱，全年溫度約為攝氏21至32度，每年10至12月則為雨季。

2.語言
以廣東話、英文、華語及馬來語為主要溝通語言。

3.多族聚居地
主要為馬來人、華人、印度人及葡萄牙人後裔等。

提提你

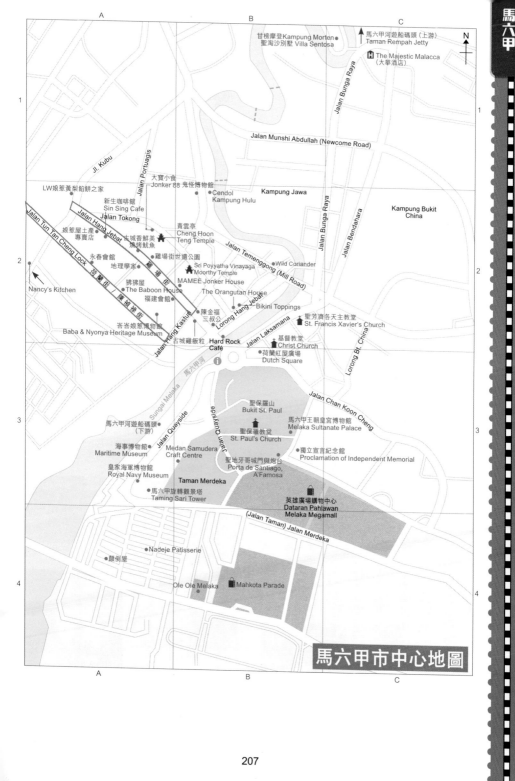

N

甘榜摩登 Kampung Morten
聖海沙別墅 Villa Sentosa
馬六甲河遊船碼頭（上游）
Taman Rempah Jetty
The Majestic Malacca
（大華酒店）

Jalan Bunga Raya

Jalan Munshi Abdullah (Newcome Road)

Jl. Kubu

Jalan Portuagis

大寶小食
Jonker 88 鬼怪博物館

Kampung Jawa

Kampung Bukit China

LW娘惹黃梨餡餅之家

新生咖啡館
Sin Sing Cafe

Jalan Hang Jebat

Jalan Tokong

Cendol
Kampung Hulu

Jalan Bunga Raya

Jalan Bendahara

娘惹屋土產
專賣店

古城香鮮美
燒烤魷魚

青雲亭
Cheng Hoon
Teng Temple

Jalan Temenggong (Mill Road)

Wild Coriander

永春會館
地理學家

雞場街世遺公園

Sri Poyyatha Vinayaga
Moorthy Temple

Jalan Tun Tan Cheng Lock

荷蘭街／敦陳禎祿街

MAMEE Jonker House

猜猜屋
The Baboon House
福建會館

The Orangutan House

Jalan Hang Jebat

Nancy's Kitchen

陳金福
三叔公

Bikini Toppings

聖芳濟各天主教堂
St. Francis Xavier's Church

岌岌娘惹博物館
Baba & Nyonya Heritage Museum

古城雞飯粒

Jalan Hang Kastud

Jalan Laksamana

基督教堂
Christ Church

Lorong Bt. China

Hard Rock
Cafe

Sungai Melaka

馬六甲河

荷蘭紅屋廣場
Dutch Square

Jalan Chan Koon Cheng

聖保羅山
Bukit St. Paul

馬六甲河遊船碼頭（下游）

Jalan Quayside

馬六甲王朝皇宮博物館
Melaka Sultanate Palace

海事博物館
Maritime Museum

Medan Samudera
Craft Centre

聖保羅教堂
St. Paul's Church

獨立宣言紀念館
Proclamation of Independent Memorial

皇家海軍博物館
Royal Navy Museum

聖地牙哥城門與炮台
Porta de Santiago,
A'Famosa

Taman Merdeka

馬六甲旋轉觀景塔
Taming Sari Tower

英雄廣場購物中心
Dataran Pahlawan
Melaka Megamall

(Jalan Taman) Jalan Merdeka

Nadeje Patisserie

顛倒屋

Ole Ole Melaka

Mahkota Parade

馬六甲市中心地圖

馬六甲實用資料

前往馬六甲交通：

馬六甲沒有機場，旅客一般從吉隆坡或新山等地轉乘長途巴士前往。

城際交通

長途巴士

從吉隆坡、檳城、新山及怡保等地乘坐長途巴士前往馬六甲，大部分路線會抵達巴士總站「Melaka Sentral」，到埗後，可再轉乘的士或叫車前往馬六甲市中心。另外也有部分路線會於市中心裡的酒店區設站。

路線	車程	車費
馬六甲－新山	約3-3.5小時	約RM$20-25
馬六甲－吉隆坡	約2.5小時	約RM$10-15
馬六甲－怡保	約5小時	約RM$30-40
馬六甲－雲頂高原	約5小時	約RM$50
馬六甲－檳城	約7小時	約RM$45-60

Tips

預訂長途巴士車票
於Bus Online Ticket長途巴士預訂平台匯集了全國大部分長途巴士公司的班次，發出時間、車站和價格都一目了然，並可於平台官網或手機APP預訂車票和預選座位。

—Info—
Bus Online Ticket
長途巴士預訂平台
官網：www.busonlineticket.com/

Bus Online
Ticket APP

—Info—
馬六甲中央巴士總站
Melaka Sentral
地址：Jalan Tun Razak, Melaka
前往方法：從雞場街乘搭的士前往約20分鐘。

市內交通

馬六甲地方不大，景點集中於雞場街及河畔一帶，大部分景點都是步行可達。

1.Grab 叫車服務

可直接從Grab叫車手機APP裡Call車，輸入了時間、出發點和目的地後，會以距離和繁忙時段作計費，並可預先知道車資。

Bus Online Ticket
APP

2.的士

普通的士起錶RM$3，隨後每公里RM$0.87。上車時要注意司機有否使用咪錶，以免下車付費時有所爭議。於晚間零時至清晨06：00，設有50%附加費。可透過酒店電召的士或安排包車服務。

HP 2368

3.三輪車

充滿馬六甲地道特色的觀光三輪車，大部分車身都用了色彩鮮豔的花朵來作佈置，還加入了卡通人物元素，有些更設有音響設備，車夫會一邊踏車一邊放強勁音樂來吸引遊客！主要於舊城區、荷蘭廣場和雞場街一帶走走，每輛車最多可容納兩位成人和一名兒童，車伕還會沿路介紹馬六甲各景點，讓遊客可體驗漫遊古城的樂趣。緊記上車前先議好價格。

市內景點集中，吸引旅客乘坐三輪車觀光。

在最熱鬧的荷蘭廣場和雞場街，都會看到很多在等候乘客的三輪車。

車身晚上更會亮燈，極為搶眼。

—Info—
費用：20分鐘路程約為RM$25
＊視乎路程而定，建議於上車前跟車伕確定好價格。

荷蘭基督教堂建於1753年，逾200多年歷史，是當地最古老的教堂。

馬六甲地標

荷蘭紅屋廣場（Dutch Square）

馬六甲曾為荷蘭殖民地，而城中最具代表性的紅屋廣場，擁有濃厚的殖民色彩！建於1641至1660年間，廣場上的建築物都統一以磚紅色作主調，當年特意從荷蘭運來紅磚建造，建成後曾為荷蘭總督官邸和最高行政中心，旁邊的基督教堂（Christ Church Melaka）是1953年荷蘭人為慶祝這裡成為殖民地100年而建立，而紅屋建築群中現設多間不同類型的博物館。

MAP: P.207 B2-B3

Tourism Malaysia

廣場鄰近設有不少特色小攤檔，售賣當地紀念品。

建於1886年的鐘樓，樓高兩層。至今依然提供準確的報時。

廣場上設有「I Love Melaka」打卡位，是遊客熱門拍照點。

旁邊還有代表荷蘭的風車和乳牛。

Tips

馬來西亞建築博物館 Muzium Seni Bina Malaysia 於廣場上一座18世紀荷蘭殖民紅屋之內，樓高2層，展出了一些當地特色建築和傳統房子的模型。

Info

地址：No. 1, Jln Kota, Banda Hilir, Melaka
開放時間：0900-1700
休息日：週一
門票：RM\$5
網址：www.jmm.gov.my/ms/muzium/muzium-seni-bina-malaysia
前往方法：背向基督堂直行轉左，步行約3分鐘。

教堂前的維多利亞女皇噴泉（Queen Victoria's Fountain）建於1901年，是英國統治時期建立的地標。

Info

地址：Jalan Gereja, Melaka
前往方法：由Melaka Sentral乘的士前往約15分鐘。在雞場街對岸，步行前往約需5至10分鐘。

經典仿古船「海洋之花」

海事博物館（Maritime Museum）

展示從馬六甲蘇丹王朝至殖民時期的海事歷史文物，由「海洋之花」、「海洋之花二期」及「皇家海軍博物館」3個展館組成。海洋之花（Flor De La Mar）仿照16世紀的葡萄牙遠航古船建成，這艘經典古船於1512年運送貨品前往印度途中沉沒。2期海洋之花則展示多款馬來西亞的船隻及歷史資料等。**MAP: P.207 A3**

Tips

一張門票可參觀3個展館，毋需額外購票。

在館內販售的古船擺設十分精美，價格相宜，是很不錯的紀念品。

出口位置售賣多款不同大小的古船擺設。

海洋之花（Flor De La Mar）長達110呎、寬22呎，可載1,000個船員及1,000噸貨物，非常厲害！

海洋之花2期的入口位置。

皇室成員專用的馬來西亞傳統船隻。

展館展出昔日的航海人員及用品。

┌Info┐
地址：Muzium Samudera, Jalan Merdeka, Bandar Hilir, Melaka
電話：+60 - 6 - 283 - 0926
開放時間：週二至週日 0900-1730
最後進入時間：1630
休息日：週一
門票：成人RM$10、小童RM$5
前往方法：從荷蘭紅屋廣場步行前往，約需5分鐘。

館內展出昔日使用過的軍用直升機。

室外擺放的海軍砲艇依然保存良好。

就連多款不同的海軍制服也有展示。

海軍文物

皇家海軍博物館（Royal Navy Museum）

原本位於霹靂州的紅土坎（Lumut），1995年遷往馬六甲至今。展出馬來西亞皇家軍部的珍藏展品及歷史資料，室外更有已經退役的海軍炮艇，以及軍用直升機等可供觀賞。

皇家海軍博物館位於海洋之花對面馬路。

整個馬六甲海峽和古城都能盡收眼底，風景優美。

飽覽全市景觀
馬六甲旋轉觀景塔
（Menara Taming Sari）

於2008年開幕的觀景瞭望塔，耗資2,400萬馬幣建造，高達110米，在360度旋轉的玻璃艙裡最多可容納66個乘客，只需一會即可徐徐上升至最高處，於80米高空飽覽馬六甲嘆為觀止的全市景色，其中包括多個城中最具代表性的地標，例如馬六甲河岸、海事博物館、聖保羅山、馬六甲海峽清真寺等。

MAP: P.207 A3

旋轉塔的上升速度緩慢，可細意享受美景。

在塔頂的視野十分廣闊，可鳥瞰馬六甲河岸的景色。

從高空觀望海事博物館裡的「海洋之花」，這座大船確實十分亮眼。

每10分鐘行駛1次，連同於最高點逗留的時間，整個旅程為7分鐘。

可遠眺著名地標荷蘭紅屋廣場的建築，盡入眼簾。

於塔下設有紀念品店和小食店。

── Info ──
地址： Jalan Merdeka Banda Hilir, Melaka
電話： +60 - 6 - 288 - 1100
開放時間： 0900-2200
最後進入時間： 2100
門票： 成人RM$23、小童RM$15
網址： http://menaratamingsari.com
前往方法： 荷蘭紅屋廣場步行前往約10分鐘，鄰近海洋博物館。

乘坐遊船遊覽馬六甲河，是當地十分熱門的觀光項目。每艘船大約坐20至30人，船程約45分鐘。

河岸日夜迷人景致
馬六甲河遊船
（Melaka River Cruise）

MAP: P.207 A3；C1

　　蜿蜒曲折的馬六甲河，曾有東方威尼斯的美譽，是昔日十分重要的貿易航道。河畔兩旁全是傳統的老房子，現在大部分改建為民宿、商店和餐廳。老屋外牆亦成為了藝術家們的畫布，繪上了很多色彩豐富的壁畫。遊客可乘船遊河，除了可從水上欣賞壁畫，也可從不同角度體驗馬六甲的歷史。一到入黑，河岸亮起迷人夜光，乘船穿過水波燈影中的古橋，又是另一番美景。

在船上欣賞河畔壁畫，領略當地本土風情。

在晚間遊河，另一亮點是欣賞馬六甲一座座別具特色的橋樑。

建議可在鄰近海事博物館和老城區的下游碼頭上船，這裡位置很便利。

河岸燈光浪漫迷人，跟日間的景致各有千秋。

當地著名的地保橋（Jambatan Hang Jebat）於晚間也亮起了五彩燈光。

---Info---

碼頭地址：
1. 下游：Melaka River Park and Cruise（於海事博物館和Quayside Hotel之間）
2. 上游：Taman Rempah Jetty（於Spicy Garden裡）
電話：+6062814322
營運時間：0900-2300
班次：約每30分鐘一班
船費：成人RM$30、小童RM$25
網址：melakarivercruise.my

壁畫1：My Kiehl's Heritage
這幅半抽象的大型壁畫被喻為「網紅牆」，色彩繽紛奪目，確實令馬六甲老城區生色不少。

捕捉街頭藝術
河畔壁畫

　　在老城區和河畔一帶會發現壁畫處處，大部分充滿濃厚的地道色彩，而這些馬六甲街頭藝術文化，更讓小城中的老房子增添了不少生氣，營造了新舊融合的城景。其中在雞場街街頭附近的「My Kiehl's Heritage」，由國際知名護膚品牌Kiehl's與油漆品牌Dulux聯合打造，半抽象彩繪裡暗藏馬六甲多個歷史地標圖案，是遊客們打卡必去之地。另外，在河畔一帶和街頭巷尾中，還有不少富有特色的壁畫，值得去發掘。 **MAP：P.207 B2**

壁畫2：
於馬六甲河東岸有這幅描繪古代軍臣的大型壁畫。從My Kiehl's Heritage的位置走到河畔，就可以看到了。

馬六甲壁畫地圖

★1 Can Tips

除了以上這幾幅，在2022年揭幕的大型壁畫「Julie's Magnify」，滿滿可愛風！也很值得去前打卡。
地址：85, Jalan Munshi Abdullah, Melaka。

壁畫3：
在河畔另有一幅以女性人物為主題的壁畫，穿上了傳統服飾盡顯美態，很有地道風情。

壁畫4： 在露天停車場裡有一幅大型壁畫，描繪了馬六甲河岸迷人的黃昏景色。

滿有懷舊氛圍的老街
荷蘭街
(Jalan Tun Tan Cheng Lock)

現名為陳禎祿街。有人認為這條是馬六甲最美的街道，兩旁建滿具有峇峇娘惹特色的傳統老屋，其中也有特色民宿、畫廊和藝文商店。

這裡沒有雞場街那麼熱鬧，卻多了一份恬靜感。

MAP: P.207 A2

Info
地址：Jalan Tun Tan Cheng Lock, Melaka
前往方法：從雞場街步行約需5分鐘。

博物館座落在荷蘭街的前段。

昔日的木屏風及樓梯均保存良好。

大廳極富南洋風情，椅子敬請勿坐。

《小娘惹》拍攝場地
峇峇娘惹遺產博物館
(Baba & Nyonya Heritage Museum)

1895年正式開放，由陳氏大宅改建而成。重現19至20世紀的早期峇峇娘惹風格，館內裝潢盡顯奢華，配上中式燈籠及水晶吊燈等，每個細節均是精雕細琢。房間及大廳則依然保留昔日的南洋風格，展示當時使用的日常用品如服飾、擺設、風俗用品及照片等。新加坡電視劇《小娘惹》的主場景「黃宅」便曾於此取景拍攝。

內部佈置充滿峇峇娘惹特色，非常適合拍照打卡。

Tips
館內更設有導賞團，讓旅客深入認識峇峇娘惹文化。

Info
地址：No.48&50, Jalan Tun Tan Cheng Lock, Melaka
電話：+60 - 6 - 283 - 1273
開放時間：1000-1700
最後進入時間：1615
休息日：週一
門票：成人RM$18、小童RM$13；導賞團RM$25（可於官網預約）
網址：http://babanyonyamuseum.com
前往方法：雞場街步行前往約5分鐘。

古意盎然
MAP: P.207 A2
永春會館
(Eng Choon Association)

富有閩南特色的古老建築，是由來自中國福建省永春縣的華人移民設立的會館。門外的飛檐翹角、彩繪壁畫和栩栩如生的浮雕，充滿濃濃的中國建築韻味，在老街上格外引人注目。

是福建人設立的會館，成立至今已有2百多年。

Info
地址：118, Jalan Tun Tan Cheng Lock, Melaka
電話：+606-282 4396
前往方法：在峇峇娘惹遺產博物館附近，沿著荷蘭街步行約3分鐘。

峇峇娘惹文化 (Baba Nyonya)
明朝時代，鄭和曾五度到訪馬六甲，帶來不少華人移民，造就今日的峇峇娘惹文化。這些中國移民與當地土著通婚所生的混血後裔，男性稱為「峇峇」；女性則稱為「娘惹」。2009年新加坡人氣電視劇《小娘惹》便於馬六甲及檳城取景拍攝，故事由30年代橫跨至現代，講述昔日娘惹們因爭寵而掀起的勾心鬥角，藉此帶出峇峇娘惹文化的故事，更有新加坡版的《金枝慾孽》及《大長今》之稱。

別具心思的佈置，再配以用心製作的美食，難怪成為了當地人氣的網紅餐廳。

天井空間更是一絕！無論是下雨天或是艷陽高照，都能營造出獨特的大自然用餐環境。

像在叢林裡的漢堡屋

MAP: P.207 A2

狒狒屋（The Baboon House）

　　按下門鈴，在服務生的帶領下走進這間老房子，裡面的每一個細節都讓人驚喜不已！天井被爬藤植物包圍著，讓人感到像置身叢林裡。這裡是荷蘭街上一間漢堡屋，原本房子已荒廢多時，多年前由店主一手一腳把它修復，還特意把老屋的破爛化為美感，營造出愜意悠然的大自然氛圍，很快就成為了文青勝地。至於料理也見心思，主打融入南洋風味的自家製漢堡包、Pizza、輕食和特飲。

翠綠愜意的環境配以懷舊風家具，韻味十足。

前廳掛上了「狒狒屋」的招牌字號，還有一張張泛黃的老照片。

這裡需按門鈴才可進入，裡面卻是別有洞天！

以蜜餞金柑、薄荷葉和蘇打水調製的特飲，十分清新味美。Sparkling Kumquat RM$12

自家漢堡飽口感軟綿，餡料有煙肉、烤菠蘿、半熔芝士、手打牛肉、洋蔥、青瓜、蕃茄、生菜，配搭豐富美味。Aloha Beef Burger RM$33

潛藏在荷蘭街上，裡面每個角落都是拍照的好地方。

─── Info ───
地址： No. 89, Jalan Tun Tan Cheng Lock, Taman Kota Laksamana, Melaka
電話： +60149717989
營業時間： 1000-1700
休息日： 週二
消費： 約RM$45-55/位
前往方法： 在荷蘭街的前中段

繁華老街
雞場街 (Jonker Street)　MAP: P.207 A2-B2

歴史悠久的老街，是遊覽馬六甲必去的地方！位於馬六甲河西岸，屬於當地繁華的唐人街，兩旁都是充滿南洋風格的舊建築，街上匯集了不少老字號土產店和販售古玩的古董店，也開滿了很多特色食店。每逢週五至週日晚上6時起，整條街道會搖身一變成為燈火輝煌的夜市，十分熱鬧。

在街頭和街尾建了古色古香的中式牌坊。

街尾位置設有露天表演舞台，是街坊們娛樂之地。

雞場街是當地最早的華人聚落區。

—Info—
地址： Jalan Hang Jebat, Melaka,
前往方法： 從荷蘭紅屋廣場前方過橋到河的對岸，即達雞場街街口，步程約需2分鐘。

紀念拿督顏文龍
雞場街世遺公園
(Taman Warisan Dunia Jonker Walk)

位於雞場街中段的小型公園，建於2010年，在園內中央放置了昔日「雞場街文化坊工委會」主席顏文龍局紳博士的銅像。緣於2008年，馬六甲被列入為世界文化遺產，為了感謝顏博士過去把雞場街成功打造為名揚四海的文化坊，故此在公園豎立了紀念銅像，以作對他的敬意。

MAP: P.207 A2

DATUK WIRA DR. GAN BOON LEONG
"MR. UNIVERSE" "MR. ASIA"
"MR. MALAYSIA" "MR. MELAKA"
"THE FATHER OF BODYBUILDERS IN MALAYSIA"

拿督威拉顏文龍局紳博士
"世界先生" "亞洲先生"
"馬來西亞先生" "馬六甲先生"
馬來西亞健美之父
文化與創辦人

園中設有拿督威拉顏文龍的銅像，旁邊也有一些生肖動物的雕塑。

世遺公園每當晚上更有亮燈的樹木，行到累不妨入內休息。

—Info—
地址： 88, Jalan Hang Jebat, Melaka
前往方法： 位於雞場街中段位置。

顏文龍小檔案
雞場街文化坊工委會主席，曾經擔任多屆州行政議員，在當地很有威望，於年輕時已被封為拿督。17歲開始健身，20多歲起參加各大健美比賽而獲獎無數，因身形健碩擁有「健美之父」的美譽，如「世界先生」、「亞洲先生」、「馬來西亞先生」、「馬六甲先生」等。其開設的文龍國際健身院更獲得亞洲健身總會評為全馬首家五星級健身院。顏博士於2022年與世長辭，享壽92歲。

健身院鄰近雞場街，經過時不妨留意。

在健身院門外放置了兩座紀念銅像，惟其金漆銅像比起世遺公園的顏色更亮眼。

 提提你

每逢週五至日的晚上，就會變成熱鬧非常的夜市。

人氣老街夜市

MAP: P.207 A2 - B2

雞場街文化坊夜市
(Jonker Street Night Market)

每逢週五至週日的傍晚，整條雞場街變成熱鬧的夜市，街道兩旁架起了大帳篷，從街頭至街尾開滿地道小攤檔，售賣各式街頭小吃、土產、特色手信和生活雜貨，大部分價位便宜，除了是當地居民週末的休閒聖地，也吸引了遊客們前去掃街湊熱鬧，吃盡當地人氣美食，其中包括榴槤泡芙、鮮榨蔗汁、炒雪糕、串燒、即製龍鬚糖等。

熱鬧的街道兩旁，開滿特色小食攤檔。

各式不同的娘惹糕點，種類繁多且價錢相宜。

當地街坊會於露天舞台上表演唱歌或跳舞，成為當地晚上的最佳娛樂。

在場有很多即燒串燒攤擋，經過都聞到香噴噴。

馬六甲特色的娘惹鞋，富有當地特色。

人來人往的雞場街，愈夜愈熱鬧。

Info

地址：Jalan Hang Jebat, Malaka
營業時間：週五至週日 1800-2400

店裡集中販賣眾多地道小吃和糕餅，有不少更是自家品牌，價格相宜，是入貨的好地方。

雞街場手信地標 MAP: P.207 B2

三叔公（San Shu Gong）

是當地著名的大型土產店，其深紅色的外觀設計與荷蘭紅屋有着異曲同工之妙，故成為雞場街的人氣地標。內部裝潢古色古香，主要售賣多款大馬特色食品，如老婆餅、淡汶餅、薩騎馬及粿加糕等，尤以精美的包裝深受旅客歡迎。店內另設「錢中園」冰室，必試以榴槤造型紙碗呈上的榴槤晶露及馬六甲椰糖晶露。

榴槤晶露的創意造型極其吸引，榴槤果肉配上紅豆、晶露及沙冰等，美味清甜，令人暑氣全消。RM$8.8 / 碗

口感煙韌的粿加蕉，是當地糕點名物！榴槤口味有濃郁天然椰香與榴槤香。RM$8.7

榴槤控必買三叔公榴槤果醬，可以用來塗多士或餅乾，味道香濃細滑，充滿榴槤飄香。RM$20.8

即沖拉茶和咖啡選擇很多，在店更設有試飲。

位於2樓設有盞大的用餐區，裝潢古雅。

三叔公位置就腳，是每個旅客到訪雞場街的必經之地。

Info

地址：33, Lorong Hang Jebat, Melaka
電話：+6062868262
營業時間：週一至週四 0900-1800、
　　　　　　週五至週日 0900-2200
網址：https://www.sanshugong.com.my/
前往方法：位於雞場街街頭。

陳金福博士簡介
陳金福博士，大馬華人，擁有「馬六甲
特產大王」的美譽，從上世紀30年代起
已從事特產行業，生前亦是當地的地產
大亨。

提提你

自家品牌豆蔻膏

內部裝潢優雅獨特，中庭種有一棵高高的大樹，營造了明亮恬靜的氛圍。

各式土產擺放得整齊有序。

馳名手信店 MAP: P.207 B2

陳金福（Tan Kim Hock）

以陳金福命名的老字號特產店，開業逾40年，專售大馬各地區的特色食品，款式齊全，亦有售賣自家品牌的商品如豆蔻膏及椰子糖等。而這間位於雞場街的分店，於2022年開設，無論是門面或內裝都盡顯優雅，踏上店內樓梯更可欣賞到古色古香的露天中庭。

充滿花生香的貢糖，也是手信之選。RM$7.5

蛋香滿滿的陳金福蛋燒，口感酥脆。RM$6.5

樓高2層，店裡面積甚廣，令人逛得舒適。

Info
地址：26, Jalan Hang Jebat, Melaka
電話：+6062818370
營業時間：週一至週四 0900-1800、
　　　　　週五至週日 0900-2100
網址：www.tankimhock.com
前往方法：在雞場街的前中段。

明星至愛連鎖雞飯粒

店內設計古色古香，恍如置身於皇宮一樣。

古城雞飯粒

雞飯粒是馬六甲獨有的美食，是把煮熟後的米飯和雞湯搓合成球狀丸子，然後再配以海南雞一起享用。城中有幾間著名食店專門供應這種地道雞飯粒，這間就是其中一間！而店內貼滿名人照片，不少港台明星也是其捧場客，就連名食家蔡瀾也曾介紹過。

MAP: P.207 B2

Info
地址：28, Jalan Hang Kasturi,
　　　Melaka
電話：+60 - 6 - 286 - 0120
營業時間：0900-1600
休息日：週三
消費：約RM$40/位
前往方法：位於雞場街前中段，陳
　　　　　金福對面。

電影中鄭秀文氣沖沖地從樓梯離開的戲份場景。

無論任何時候均是坐無虛席。

Ice Latte味道香濃鮮甜。RM$13

鮮黃色外牆配上淺藍色窗戶的老屋，由殖民時期的古老大宅改建而成，富有歷史價值。

二樓窗邊的位置最受旅客歡迎，可看到雞場街熱鬧的街景。

《夏日的麼麼茶》拍攝場地 **MAP: P.207 A2**

地理學家（Geographer Café）

1999年開業的咖啡館，因電影《夏日的麼麼茶》曾取景拍攝而聲名大噪。館內每個角落均設有極富詩意的名字，如走廊名為「夕陽走廊」；天井稱作「熱帶雨林」；一樓稱為「探戈樓」；二樓小露台則叫「小王子」。牆上掛滿各國旅客寄來的地圖作裝潢，布置得相當精緻。料理方面，除了供應具有東南亞特色的菜式，也有供應西餐和Pizza。另外，各式調酒選擇豐富，於週末晚上亦會設有現場樂隊音樂，營造歡快熱鬧的氛圍。

---Info---
地址：83, Jalan Hang Jebat, Melaka
電話：+60 - 6 - 281 - 6813
營業時間：週一、週二、週四 1300-2200；
　　　　　週五至週日1200-2300
休息日：週三
消費：約RM$50/位
網址：www.geographer.com.my
前往方法：位於雞場街中段位置。

獨特風味叻沙 **MAP: P.207 A2**

大寶小食 Jonker 88

由老屋改建而成，牆上掛滿毛澤東肖像畫並擺滿店主的珍貴收藏品，營造60年代中國風情。食品方面，主打娘惹及峇峇料理，最受歡迎有兩種不一樣風味的叻沙，包括峇峇叻沙及娘惹酸叻沙。品嚐過地道叻沙後，再來一客人氣甜品「發發精樂」，甜品以當地著名椰糖製成，味道清甜，極受歡迎。

牆上掛滿毛澤東主席的畫像裝潢，恍如有點回到舊時代的感覺。

採用自助購買形式，食客需要自行前往櫃台購買。

店門依然保留着老屋前身「義結會」的傳統牌匾。

發發精樂（BaBa Chendol）以椰糖、紅豆、晶露及刨冰製成的甜品，甜度適中，口感冰涼，最佳的飯後甜品。RM$7

峇峇叻沙（前，RM$10.5）有鮮蝦、豆卜、熟蛋及青瓜等配料，米粉吸滿湯汁精華，帶有香濃沙嗲味及椰漿味；娘惹酸叻沙（後，RM$10.5）富有炸腐皮、肉丸及鮮蝦，混合酸辣2種味道一試難忘。

---Info---
地址：No.88, Jalan Hang Jebat, Melaka
電話：+60192517667
營業時間：週日至週四 0930-1800；
　　　　　週五、週六 0930-1930
消費：約RM$20/位
前往方法：位於雞場街，鄰近世遺公園。

充滿閩南特色

MAP: P.207 A2

福建會館
（Hokkien Huay Kuan）

具有2百多年歷史，建在馬六甲古城著名老街上，是當地重要的歷史建築之一。這裡除了是一所寺廟，也是福建人的聚會場所。從外觀看來，整座會館充滿閩南地方特色，古雅華麗。門前彩繪裝飾精美絕倫，引人注目！柱廊上繞在柱上的龍更是栩栩如生。

始建於清朝，當時由福建移民建造，是城中最大型的中國會館。

門前浮雕色彩繽紛，具有傳統風格，華麗大氣。

---Info---
地址： 23, Jalan Hang Jebat, Melaka
電話： +6062830685
開放時間： 0900-1700
前往方法： 在雞場街前中段，Mamee Jonker House對面。

六十年老字號

MAP: P.207 A2

新生咖啡館（Sin Sing Cafe）

源自1959年的新生咖啡廠，屬於當地老字號，旗下咖啡產品種類多不勝數。於2011年在雞場街這裡開設了咖啡館，主打各種口味的新生咖啡和飲品，其中包括最受當地人歡迎的「黑白咖啡」，還有榴槤控必點的「榴槤白咖啡」。

這裡也有販售各種新生咖啡，其中以黑白咖啡最受歡迎。

店裡裝潢簡樸傳統，設有數張用餐枱，可以坐下來嘆咖。

除了供應各種咖啡，另外也有白奶茶、拉茶、麥芽巧克力等飲品。

榴槤白咖啡醇香柔滑，想不到榴槤跟咖啡是這樣匹配的。RM$10

---Info---
地址： No. 99, Jonker Street, Melaka
電話： +6062819833
營業時間： 0900-1700
休息日： 週三
消費： 大約RM$10-15/位
網址： www.sinsingcoffee.com
前往方法： 在雞場街的中後段。

街頭人氣小食

MAP: P.207 A2

古城香鮮味燒烤魷魚（Sotong Bakar）

當地馳名小食攤檔，開業逾18年，提供多款不同的魷魚，即叫即烤。先將魷魚炭烤數分鐘，再放進機器內將魷魚捲平，以保持乾爽，嗜辣的可要求加上少許辣粉更惹味。

在炭烤的過程中，散發陣陣魷魚香。

是當地歷史悠久的小食老店，門前有隻吹氣魷魚，十分易認。

鮮味燒烤魷魚，鮮香惹味。RM$20/片

職員分工合作，一個忙着烤魷魚，一個負責將魷魚捲平。

---Info---
地址： 96, Jalan Hang Jebat, Melaka
電話： +60193036278
營業時間： 1200 - 2300
消費： RM$20/位

馬六甲

Mamee With Satay & Acar，以峇峇娘惹醬拌炒的麵條味道香濃，內有魚片、肉碎及芽菜等，附上的沙嗲串燒非常惹味！

甫踏進店內，就會見到穿上廚師制服的Monster站在門口，擺出非常趣怪的表情。

全馬唯一 媽咪麵主題館
MAMEE Jonker House

媽咪麵陪伴不少港人成長，但卻沒有太多人知道真正原產於馬六甲。主題館於2013年12月開幕，建築由老房子改建，仍保留着部分古老特色的裝潢。樓高兩層，1樓是餐廳及商品專區，可品嚐麵食及蛋糕等輕食，賣的全是MAMEE旗下的產品；2樓是Monster Kitchen及Noodle Doodle體驗館，旅客可親手製作獨一無二的杯麵，因價錢相宜又好玩，極受大小朋友歡迎。

MAP: P.207 B2

門口大堂發售各款Monster相關的周邊紀念品，款式眾多。

老房子的古老旋轉木梯被保存下來融入新式建築。

MAMEE杯麵，有叻沙、冬蔭功及香辣雞肉味等多款口味可供選擇。

周邊商品有毛公仔、T-Shirt、鎖匙扣等，價格不貴。

餐廳的牆身掛上Monster的畫像作裝潢。

Info
地址：No.46 & 48, Jalan Hang Jebat, Melaka
電話：+60194083067
營業時間：1000-1730
休息：逢周二
入場費：免費
網址：www.mameejonkerhouse.com
前往方法：雞場街中段位置

2樓的裝潢牆紙全是表情豐富的Monster。

自製媽咪麵體驗館

2樓設有Lil Monster Kitchen及Noodel Doodle兩個主題工作坊，前者可體驗自行製作即食麵及設計包裝袋，導師會教導如何將麵粉搓成麵條，隨後進行包裝。後者則可體驗自行製作杯麵，不論大人還是小朋友都很喜歡，成為現時馬六甲最新潮的紀念品。

另一邊Noodle Doodle的環境，提供大量顏色豐富的畫筆。

Lil Monster Kitchen
製作媽咪點心麵

可發揮自己的小宇宙畫上喜愛的顏色，創作不一樣的Monster。

Info

Lil Monster Kitchen
可Email查詢活動詳情、費用及報名。
Email：mjh@mamee.com.my

另設體驗工場可跟導師從搓麵粉開始一起即場鮮製「媽咪點心麵」，然後把親製的點心麵帶回家。

Noodle Doodle
杯麵製作體驗

可自行配搭喜歡的材料，不設參與時間限制，全日開放。價錢便宜，只需RM$3.5，大受旅客歡迎。

製作步驟：

1 先於杯身填上喜歡的顏色，設計獨一無二的圖案。

2 把杯麵盒放置於機器上，然後將麵投進杯裏。

3 挑選自己喜歡的配料及份量。

4 把杯麵放進機器加上杯蓋。

5 職員會將杯麵包進行真空包裝。

6 再放入機作抽真空包裝。

7 屬於自己的杯麵，大功告成！

I Can Tips

新鮮製作的杯麵，食用限期約兩星期。

人氣手信店
娘惹屋土產專賣店

　　售賣多款當地特色手信的專門店，除了一般的零食糖果外，更備有多款不同的娘惹菜即煮醬料包，門口設有現場新鮮即做的黃梨餡餅，以及售賣清甜可口的珍多冰，讓旅客買手信同時可坐下休息一會，非常細心。

MAP: P.207 A2

麥片蝦配料包，將麥片混入經酥炸的蝦、雞或魚等，香脆惹味，提升味道層次。

店內設有座位給旅客享用珍多冰。

娘惹菜的即煮醬料包，包括叻沙、咖喱等，選擇繁多。

店舖的紅色招牌非常奪目。

Info

地址：117, Jalan Hang Jebat, Melaka
營業時間：1000-1900
前往方法：雞場街尾段位置。

黃梨餡餅專門店
LW娘惹黃梨餡餅之家

　　「黃梨餡餅」是娘惹峇峇的傳統糕餅，也是喜慶節日必備的糕點。擁有數十年烘焙經驗的老闆娘Lucy Wee，是第3代娘惹後裔，原於雞場街夜市擺設檔攤售賣，2002年正式開店，更於2004年製作全馬最大的黃梨餡餅而列入大馬紀錄大全，成為一時熱話。

MAP: P.207 A1

曾列入大馬紀錄大全的黃梨餡餅，直徑32吋，重21公斤。

款式選擇極多，可一次過買齊當地特色土產。

地道小食Dodol，使用椰糖製成，清甜軟糯。

店裡設有烘爐即烤即賣，一走到店內就能聞到清新菠蘿香。

Info

地址：95, Jalan Kubu, Melaka
電話：+60166766005
營業時間：1130-2130
休息日：週三
前往方法：位於雞場街尾段位置。

華人聚集地

雞場街兩旁設有不少當地華人的會館，除了是供奉祖先的祠堂，現時更會開放給當地街坊用作文娛康樂活動，真正活用每一寸空間。

雷州會館，於1898年由先賢黃立慶、莊思洲及謝亞后3人購置，1899年5月正式創館。採訪當日，不少街坊在館內表演唱歌。

筆者當日見到太太們一邊播着韓文慢歌《I Believe》、一邊優雅地跳着舞，極其陶醉於舞蹈中。

熱愛音樂的伙伴們聚在一起合奏出馬六甲最美妙的音樂。

Info

雷州會館
地址：97, Jalan Hang Jebat, Melaka
網頁：luichiewmelaka.gbs2u.com

提提你

內廊階梯牆身畫上了五彩壁畫，畫中女子身穿傳統娘惹服，美得令人印象深刻。

> **娘惹料理 Nyonya Cuisine**
> 早期有很多華人移民到馬來西亞，娘惹料理就是由中國菜和馬來菜融合而成的菜餚，口味都比較濃重。

提提你

娘惹風味料理 **MAP: P.207 B2**
Wild Coriander

　　由馬六甲河畔一所老房子改建的娘惹餐廳，裝潢雅緻，充滿民族色彩，又帶有復古韻味。餐廳主要供應地道娘惹料理，其中最具人氣的包括有叻沙、巴東牛肉、椰漿飯等，另外也有不少素食菜式，口味滿有「家」的味道。這裡擁有別緻的用餐環境，再加上十分親民的價格，是品嚐當地特色美食的好地方。

巴東牛肉伴以四色飯，可一次過品嚐4種不同口感的米飯，包括椰漿飯、香米白飯、薑黃糯米飯和藍蝶花飯，牛肉濃郁入味，佐飯一流。Beef Rendang RM$26.9

要注意這間餐廳中午不營業的，要到下午15:00才開門。

小金杯是娘惹著名菜式，1客共有5件，賣相和顏色配搭都令人賞心悅目。Pie Tee RM$12.9

超薄酥脆的小金杯裡釀入了蝦肉、蘿蔔蓉和蔬菜料，最上面還有青紅辣椒片，蘸點茄汁一起吃，甜酸開胃。

餐廳多個角落都經過悉心佈置，充滿著舊時代的感覺。

整枝檸檬香茅浸在杯裡，入口帶有清爽青檸和香茅香，很舒心解渴。Lemongrass, Lime & Ginger Ice RM$6.9

─Info─

地址：40, Jalan Kampung Pantai, Melaka
電話：+60123807211
營業時間：1500-2200（最後點餐時間：2100）
休息日：週三
消費：大約RM$50/位
網址：www.facebook.com/wildcoriandermelaka
前往方法：從雞場街前中段步行前往，約需5至10分鐘。

創意手繪T - Shirt
The Orangutan House

當地藝街家Charles Cham於1992年開設的T - Shirt專門店，畫風別具特色。店主曾於法國留學，設計及用色大膽創新，曾將安全套畫在T - Shirt上，但由於大馬政府較為保守，不批准這款設計的T - Shirt面世，於是店主將計就計，額外加上「Use Malaysian Rubber」後成功過關。

店舖外牆的壁畫是店主的自畫像。

MAP: P.207 B2

除了T - shirt，店內亦售賣各款手繪畫像。

店主自畫像款式的T - Shirt最受歡迎，長賣長有。

Info
地址：No.59, Lorong Hang Jebat, Melaka
電話：+60 - 6 - 282 - 6872
營業時間：1000-1800
前往方法：由雞場街步行前往約5分鐘。

手工椰子冰淇淋
Bikini Toppings

這間小店所售賣的椰子冰淇淋，賣到街知巷聞！全因屬純手工製作，無添加糖和奶，口味天然，還特別以椰殼盛載，再加入新鮮椰青肉，客人更可自選配料，冰淇淋每一口都充滿熱帶風情，椰香滿滿。另外也有供應椰子沙冰，絕對是透心涼之選。 MAP: P.207 B2

在炎熱的馬六甲嘆一客手工椰子冰淇淋，味道天然，暑氣全消。

在磚紅色牆身設了留言區，讓客人可以用粉筆寫上字句，作為「到此一遊」的記念。

門口旁邊畫上了充滿熱帶風情的壁畫，給客人打卡。

於店內和門外都設有用餐區。

Info
地址：46, Lorong Hang Jebat, Melaka
電話：+60123166426
營業時間：1000-1800
休息日：週四
消費：大約RM$15/位
前往方法：在The Orangutan House的對面。

打卡一流
鬼怪博物館
（Ghost Museum Melaka）

在門前放了2隻殭屍來招客，十分矚目。

於檳城的鬼怪博物館（詳細介紹見P.132-133）很受當地人歡迎，因此也在馬六甲這裡設館，同樣以來自世界各地的幽靈鬼怪為主題，其中包括殭屍、吸血鬼、木乃伊、貞子、骷髏骨頭等，還精心設置了一些恐怖場景，讓到訪者可以跟同行朋友一起開心打卡，扮鬼扮馬。

MAP: P.207 B2

Info
地址：43, Jalan Kampung Hulu, Kampung Dua, Melaka
電話：+6062811585
開放時間：1000-1900
門票：成人RM$33；小童、學生RM$23
前往方法：從雞場街中段經Jalan Hang Lekiu步行前往，約需5分鐘。

每間房子都充滿地道特色，其中這間民居更經過精心佈置。

有部分居民在這裡經營民宿，讓遊客可以住在傳統屋子裡，體驗一下。

馬六甲唯一現存馬來村
甘榜摩登（Kampung Morten）

於1922年英國殖民時期，當時因應城市規劃而開發市中心一帶地段，因此在較上游的河畔建了這條村莊，把當時受影響的居民遷移到這裡，村落並以土地專員F.J Morten而命名。經過了百年歲月洗禮，還完整地保留了當時簡樸的面貌，共有約幾十間具有傳統建築特色的房子，大部分現為民居，也設有別具地道特色的餐廳和民宿。

MAP: P.207 C1

於晚間，整條馬來村亮起了燈光，夜色相當迷人。

村裡設有幾間餐廳和食店，主要供應地道馬來菜。

─Info─

地址： Kampung Morten, Melaka
前往方法： 在市中心以北，從雞場街步行前往約需15至20分鐘。

馬來人生活博物館
聖淘沙別墅（Villa Sentosa）

如果想參觀經典馬來屋，在甘榜摩登裡有間私人住宅於白天開放給公眾，讓遊人可以進內參觀，了解馬來建築特色和生活文化。整座屋子用了高樁撐起，離地有數尺高，是傳統馬來高腳屋的模樣。在炎熱和雨量多的馬來西亞，這種房子可以防止淹水、潮濕和蛇鼠入侵。

MAP: P.207 C1

房子有近百年歷史，是前村長拿督奧斯曼的故居，外觀別緻。

這裡也稱為馬來人生活博物館（Malay Living Museum）。

─Info─

地址： Lorong Tun Mamat 1, Kampung Morten, Melaka
電話： +60196326650
開放時間： 1000-1230、1430-1730
門票： 免費進入；自由捐獻
網址： villasentosa.business.site
前往方法： 在甘榜摩登的東南端。

人氣水果珍多冰
Cendol Kampung Hulu

在河畔Makan Avenue美食廣場裡有一間十分受歡迎的甜品店，專門販售各式口味的珍多冰（又名：煎蕊/Cendol）。這裡不單止有傳統式的珍多冰，亦有加入了大量新鮮水果，口味眾多，大大碗冰凍透心涼，餡料豐富滿溢，十分吸引！其中芒果、榴槤、龍眼口味最具人氣，在炎炎夏日來一客，真的最好不過了！ MAP: P.207 B2

在這美食廣場裡，也有其他特色地道美食攤檔。

在馬六甲河畔設了用餐座，可以坐下來面對河景慢慢嘆。

甜品店設在美食場的外圍，店面面向河畔。

Cendol Mango 配料豐富，有鮮芒果、斑蘭粉條、椰汁冰淇淋、椰汁冰等，椰香滿滿，別具東南亞風味。RM$8.5

─ Info ─
地址：26, Jalan Kampung Hulu, Kampung Hulu, Melaka
電話：+60126732028
營業時間：1100-2300
消費：大約RM$10-15/位
網址：cendolkampunghulu.com
前往方法：從雞場街步行前往，約需5分鐘。

祖傳娘惹菜
Nancy's Kitchen

1999年開業的娘惹菜館，連知名旅遊書《Lonely Planet》也曾介紹。店主Nancy烹煮的娘惹菜全是祖傳秘方，主打多款地道娘惹菜式如金杯、娘惹薄餅、娘惹粽及黃梨糕等。每到用餐時間，門口均站滿等候的食客，極受歡迎。不少菜式均是售完即止，建議提早前往。 MAP: P.207 A2

黃梨餡餅，店內設有不少地道土產可供購買，鬆脆可口的餡餅是最受歡迎之一的伴手禮。

Custard Cake，以雞蛋混合牛奶，配搭糯米製成的糕點，煙韌香甜。

老闆娘Nancy態度親切，會主動與食客聊天。

菜館樓高兩層。

Pork With Bean Paste，五花腩炆得香膉入味，油脂與瘦肉的比例適中，還有冬菇及薯仔等配料，味道鮮甜。RM$18

Sambal Squid With Bitter Bean，以新鮮魷魚烹煮，鮮爽有嚼勁，帶有香辣味。RM$13

Chicken Candlenut，雞肉鮮嫩香滑，味道微辣，醬汁拌飯一流！RM$15

─ Info ─
地址：13, Jalan Kl 3/8, Taman Kota Laksama, Seksyen 3, Kota Laksamana, 75200
電話：+60 - 6 - 283 - 6099
營業時間：
週一、週三、週四 1100-1700；
週五至週日1100-1530、1700-2100
休息日：週二
消費：約RM$30/位
網址：eatatnancyskit.com
前往方法：從雞場街街尾步行前往，約需10至15分鐘。

葡萄牙遺蹟

聖保羅教堂（St Paul's Church）

MAP：P.207 B3

位於聖保羅山山頂，由葡萄牙貴族杜阿爾特科埃略（Duarte Coelho）於1521年興建的古老教堂。1670年荷蘭人佔領馬六甲後，將教堂變成城堡用於戰爭，現時只剩下斑駁的牆壁，並留有不少子彈孔。著名傳教士聖芳濟的遺體曾於1553年暫埋葬於此，於1952年在教堂前豎立石雕像，以紀念其400多年前曾對馬六甲的貢獻。

在山頂更可將馬六甲市內景色盡收眼底，見到一排排的紅色屋頂，非常漂亮。

逾400多年歷史的聖保羅教堂依山而建，是馬六甲最著名的景點之一。

教堂內放置多塊石刻的碑文，大多是刻上葡萄牙文及拉丁文的。

經過多次炮火的摧毀後只剩下破落的外牆，就連屋頂也沒有。

聖芳濟雕像，相傳當時一棵大樹倒下將其右臂折斷後被視為神蹟。

Info

地址：Jalan Kota, Melaka
前往方法：沿荷蘭紅屋廣場旁的階梯直上聖保羅山，步程約5分鐘。

戰爭遺址

聖地牙哥城門與炮台
（Porta de Santiago, A'Famosa）

建於1512年，昔日葡萄牙人用來防禦馬六甲蘇丹軍隊的進攻。荷蘭人曾於1670年重建城堡，惟1807年被英國人以重炮及火藥炸毀。現時只剩下城門及炮台，上方更有荷蘭人雕刻的東印度公司徽章。

城門極富歷史意義，每日吸引大量旅客前往參觀，非常熱鬧。

當年的炮台現今依然保存良好。

MAP：P.207 B3

城門位於聖保羅山山腳，只剩下外牆斑駁的城門及炮台。

Info

地址：Jalan Kota, Melaka
前往方法：從雞場街步行前往約10分鐘。

傳統工藝市集
Ole Ole Melaka

傳統手藝品是遊客手信之選。

在公共露天停車場上的傳統工藝市集，內裡共有約20多間店舖，主要販售當地地道食品、工藝品、傳統衣飾、藤製品等等，部分商品充滿異國風情，是遊客搜羅特色手信的好去處。

MAP: P.207 A4

這市集每天營業至晚間。

┌Info┐
地址：Pahlawan Walk Market, Jalan Pm 4, Plaza Mahkota, Melaka
電話：+60 129167518
營業時間：0900-2200
前往方法：從馬六甲旋轉觀景塔向東南方向步行，約需5分鐘。

倒轉打卡體驗
MAP: P.207 B4

顛倒屋（Upside Down House）

館裡所有家具和陳設都是特意倒置，營造了一間名副其實的顛倒屋！走進去，除了令人感到奇妙，也讓人發揮小創意，去擺出各種拍照姿勢，如果沒有靈感也不要緊，工作人員也會從旁指導大家如何趣怪地拍照。

是一家人或一班朋友開心打卡的好地方。

┌Info┐
地址：PM 6, Plaza Mahkota, G12 & G14 & G16, Jalan PM7, Banda Hilir, Melaka
電話：+601110722260
開放時間：週一至週四1000-1900、週五至週日1000-2100
入場費：成人RM$22；小童RM$16
網址：www.upsidedownhousemelaka.com.my
前往方法：從馬六甲旋轉觀景塔步行前往，約需5分鐘。

逛街熱點
Mahkota Parade

位於市中心的人氣購物商場，內裡開設了大約200間不同類型的店舖和食肆，其中更有馬來西亞著名連鎖百貨公司-百盛（Parkson），亦有大型超級市場-家家購物中心（Family Store）。在2樓有供應多款當地美食的Seleria Food Court，無論是逛逛商店或是醫肚，都很方便。

MAP: P.207 B4

百盛百貨公司裡販售很多國際和本土品牌。

購物商場樓高4層，空間感大。

家家購物中心位於地下低層，可通過百盛百貨公司內裡的扶手電梯往下即達。

始業於1994年，外牆塗上了橙色和磚紅色，十分易認。

┌Info┐
地址：No. 1, Jalan Merdeka, Melaka
電話：+6062826151
營業時間：1000-2200
網址：www.mahkotaparade.com.my
前往方法：從馬六甲旋轉觀景塔向東南方向步行，約需8至10分鐘。

蘇丹皇朝歷史

MAP: P.207 B3

馬六甲王朝皇宮博物館
（Melaka Sultanate Palace Museum）

仿照15世紀馬六甲皇宮興建的馬六甲文化博物館。樓高3層，屋頂以砂勞越婆羅州的鐵木建成，收藏逾1,350件蘇丹時期的古董珍品如樂器、武器、珠寶、服飾及手工藝品等，還有介紹馬六甲皇朝的歷史起源、生活風俗及政治宗教制度等，可了解昔日文化及其輝煌歷史。

馬六甲文化博物館座落於聖保羅山山腳位置。

┤Info├
地址：Jalan Kota, Complex Warisan, Melaka
電話：+60 - 6 - 282 - 6526
開放時間：週二至週日 0900-1730
最後進入時間：1630
休息日：週一
門票：成人RM$10、小童RM$5
前往方法：鄰近聖地牙哥城門，步行前往約1分鐘。

見證獨立時刻

MAP: P.207 B3

獨立宣言紀念館
（Proclamation of Independence Memorial）

建於1912年，曾是馬六甲俱樂部，建築風格結合英國及馬來西亞的獨特元素。自第一任首相東姑阿都拉曼，在此宣讀馬來西亞獨立宣言後，改為獨立宣言紀念館，館內珍藏了爭取獨立前後的相關照片及資料，極富歷史意義。

獨立宣言紀念館見證馬來西亞獨立成國的重要時刻。

┤Info├
地址：Jalan Parameswara, Bandar Hilir, Melaka
電話：+60 - 6 - 284 - 1231
開放時間：週二至週四、週六、週日 0900-1700，週五0900-1200、1500-1700
休息日：週一
入場費：免費
前往方法：位於聖保羅山山腳，鄰近聖地牙哥城門。

手工千層蛋糕

MAP: P.207 A4

Nadeje Patisserie

由旅居當地的日本女生開設的Cafe，店名「Nadeje」是捷克文「希望」的意思。全人手製造的千層蛋糕，製作需要3至4小時，每層煎過的蛋糕皮薄至約0.2公分，逐層塗上奶油及堆疊至20層製成。最初只得原味（雲呢拿），因大受歡迎後新增多款口味，如芝士、綠茶及士多啤梨等。

採用藍白色作主要設計，店門富有法式風情。

店內簡約精緻的裝潢，最適合享受下午茶的緩慢時光。

原味口感鬆軟，夾層之間的奶油忌廉幼滑香甜，令人一吃傾心；Malacca Slice面層添加忌廉及馬六甲獨特的椰糖，甜而不膩。RM$16.5/每件

┤Info├
地址：G - 23,25&27, Jalan PM4, Plaza Mahkota, Melaka
電話：+60 - 6 - 283 - 8750
營業時間：1000-1830
消費：約RM$25/位
網址：www.nadeje.com.my
前往方法：從馬六甲旋轉觀景塔向南步行，約需3分鐘。

哥德式建築

MAP: P.207 B2

聖芳濟各天主教堂
(St. Francis Xaver's Church)

建於1849年，由法國神父Rev.Farve興建，以哥德式為建築風格。有「東方傳道者」之稱的傳教士聖芳濟，曾於16世紀前往馬六甲傳播天主教，為表彰他的貢獻便以其名字命名。

Info
地址：12, Jalan Banda Kaba, Banda Hilir, Melaka
開放時間：週二至週五 0900-1700；週六 1630-1900；週日 0700-1000、1700-1830
休息日：週一
前往方法：從荷蘭紅屋廣場步行前往，約需3分鐘。

莊嚴神聖的教堂，是當地的天主教教徒每日前往崇拜的聖地。

最古老中國寺廟

建築風格富有中國傳統特色，緣於當年建廟的建材及工匠均是中國人。

青雲亭 (Cheng Hoon Teng Temple)

建於1646年，為全馬最古老的中國寺廟，由當地華僑Tay Kie Ki興建。供奉儒、釋及道3座祭壇。昔日是華人法院及政務機構，由當時的最高華人代表甲必丹處理訴訟，甲必丹制度廢除後，便由華人選出領袖後稱為亭主。更於2003年榮獲聯合國教科文組織頒發亞太區文物古蹟保護獎。**MAP: P.207 A2**

Info
地址：25 Jalan Tokong, Melaka
電話：+60 - 6 - 282 - 9343
開放時間：0700-1800
網址：www.chenghoonteng.org.my
前往方法：雞場街步行前往約3分鐘。

古老印度廟宇

MAP: P.207 B2

Sri Poyyatha Vinayaga Moorthy Temple

建於1781年的印度教廟宇，全馬最古老廟宇之一。主要供奉由黑石製成的4手象頭神（Vinayagar），每日均有大量印度教徒前來參拜。

Info
地址：5 to 11, Jalan Tukang Emas, Melaka
開放時間：0700-1130、1800-2100
前往方法：鄰近青雲亭。

大量教徒正在等候向神像參拜。

手工藝品總匯

MAP: P.207 B3

Medan Samudera Craft Centre

樓高兩層，售賣多款傳統手工藝品、紀念品及當地小食等的購物中心。大部分工藝品均由當地人製造，款式獨一無二，手工精細且價錢便宜。

由當地人親手製造的藤籃。

座落在白色建築物之內。

Info
地址：Jalan Merdeka, Banda Hilir, Melaka
開放時間：週一至週五 0800-1800；週六、週日 0730-1900
前往方法：荷蘭紅屋廣場步行前往約10分鐘，海事博物館對面。

在潮漲時，這座海邊建築會像懸浮在水上一樣，十分奇妙。

要注意開放時間，中午時段屬信徒們的祈禱時間，遊客不可進入。

建於2006年，又被稱為「馬六甲水上清真寺」，外觀優雅莊嚴。

MAP: P.206 C4

漂浮水上的建築
馬六甲海峽清真寺
（Malacca Straits Mosque）

　　建在馬六甲人工島上的海邊清真寺，被認為是馬六甲最漂亮的地方之一。清真寺外觀以淡粉色為主調，結合了中東和馬來建築風格，配上五彩玻璃和藍金色穹頂，十分典雅。這裡亦吸引了不少遊人前來欣賞日落，在橙黃夕陽下的水上清真寺亮起了迷人燈光，畫面更是夢幻。

Tips

衣著：不可穿著短袖上衣、背心、短褲、短裙。進寺要披上寺廟供應的長袍和脫掉鞋子，女士們需戴上頭巾。
交通：沒有公共交通可到達，而清真寺附近的地區還在開發中，只可叫車前往，亦建議安排來回。

Info

地址：Jalan Pulau Melaka 8, Melaka
開放時間：週六至週四 0830-1300、1400-1830；週五 0830-1200、1430-1830
門票：免費
前往方法：從荷蘭紅屋廣場乘坐的士或叫車前往，約需15-20分鐘。

滿有歐洲色彩
The Riviera Melaka

　　位於馬六甲島上的大型酒店，建築設計優美，以淡黃色外牆配襯白色雕花窗飾，還有廣場上優雅的小噴泉，拼合出柔和恬美的歐洲風情！這裡開滿了粉色系美食小店，現時店舖都只在午後或晚間營業，平日這裡人流不多，是拍照取景的好地方。

MAP: P.206 C4

廣場上設了西式噴泉，散發優雅感。

一整排粉色系小店，像走進了歐式小鎮裡。

酒店規模十分大，不過有點遠離市中心和購物區，地點不算便利。

Info

地址：Taman Pulau Melaka, Melaka
電話：+6062889168
網址：www.therivieramelaka.nl
前往方法：從荷蘭紅屋廣場乘坐的士或叫車前往，約需10分鐘。

遊客可以近距離接觸長頸鹿，很適合親子旅遊。

全馬第2大動物園

`MAP: P.206_B1`

馬六甲動物園及夜間野生動物園
（Melaka Zoo& Night Safari）

　　1963年開幕，佔地達54英畝，是馬來西亞第2大的動物園。園內劃分為多個主題館，飼有逾200種、合共1,200隻動物，每日於不同時段提供動物表演。另設有不少教育課程，由職員指導旅客如何飼養及保護不同動物。逢週五、六更會延長開放時間，變為夜間野生動物園，可觀賞多款只在夜間出動的動物如貓頭鷹等。

動物園位於馬六甲市中心以北13公里外，一個名為愛極樂（Ayer Keroh）的小鎮之內。

喜歡爬來爬去的紅毛猩人。

睡得香甜的花豹。

Tips

雀鳥表演時間：
逢周一至周五 1100&1530；
周末及公眾假期 1100、1400&1600；
大象餵食體驗時間：
逢周末及公眾假期1130、1430；
飼養講解：
於Tiger Eye舉行，每日1200開始。

行到累的話，可選擇乘坐園內的觀光車觀賞不同的動物。車費為成人RM\$6、小童RM\$4。

Info

地址： Jalan Tun Abdul Razak, Hang Tuah Jaya, Ayer Keroh, Melaka
電話： +60 62323900
開放時間：
日間 週一至週五 1000-1700；
　　　週六、週日 0900-1800
夜間 週五、週六 2000-2300：於雨天關門
最後進入時間： 關門前1小時
門票： 成人RM\$81、小童RM\$59
網址： www.zoomelaka.gov.my
前往方法： 雞場街乘坐的士前往約30分鐘。

馳名怡保文冬老字號

華人美食天堂

怡保 (Ipoh)

　　古稱「壩羅」，馬來西亞霹靂州的首府，也是全馬第4大城市。因當地盛產一種名為「怡保」的有毒樹木而得名，位於吉隆坡北面約200公里，亦因被岩石環抱，素有「山城」之稱。以近打河（Kinta River）為界，劃分為新、舊街場兩邊，舊街場以古舊建築見稱；新街場則是現代化建築為主。上世紀20至30年代，不少廣東人及客家人移居當地謀生，故現時約7半成人口均是華人，更以廣東話為主要語言。港人來到，同聲同氣，倍感親切！

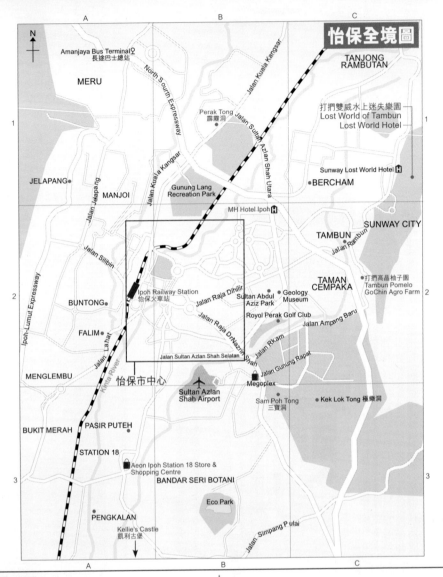

怡保全境圖

N

MERU

Amanjaya Bus Terminal
長途巴士總站

JELAPANG

MANJOI

Perak Tong
霹靂洞

Jalan Jelapang

North South Expressway

Jalan Kuala Kangsar

Jalan Kuala Kangsar

Jalan Sultan Azlan Shah Utara

Jalan Kuala Kangsar

Gunung Lang
Recreation Park

MH Hotel Ipoh

Jalan Silibin

Ipoh-Lumut Expressway

BUNTONG

FALIM

Jalan Lahat

MENGLEMBU

Kinta River

怡保市中心

Ipoh Railway Station
怡保火車站

Jalan Raja Dihilir

Jalan Raja DrNazrin Shah

Jalan Sultan Azlan Shah Selatan

Sultan Abdul
Aziz Park

Royol Perak Golf Club

Jalan Rkam

Jalan Gunung Rapat

Sultan Azlan
Shah Airport

Megoplex

Sam Poh Tong
三寶洞

Kek Lok Tong 極樂洞

BUKIT MERAH

PASIR PUTEH

STATION 18

Aeon Ipoh Station 18 Store &
Shopping Centre

BANDAR SERI BOTANI

Eco Park

PENGKALAN

Kellie's Castle
凱利古堡

Jalan Simpang Pulai

TANJONG
RAMBUTAN

打捫雙威水上迷失樂園
Lost World of Tambun
Lost World Hotel

Sunway Lost World Hotel

BERCHAM

SUNWAY CITY

TAMBUN

Jalan Rambun

TAMAN
CEMPAKA

打捫高品柚子園
Tambun Pomelo
GoChin Agro Farm

Geology
Museum

Jalan Ampang Baru

A   B   C

怡保二三事：

1.怡保氣候
怡保天氣酷熱，全年溫度維持於攝氏25至34度之間，且常有暴雨。出發前最好準備防曬乳及雨傘。

2.怡保華人明星
不少港台紅星均是出生於怡保，如楊紫瓊、朱咪咪、張慧儀、巫啟賢及光良等。

3.怡保取景的電影
怡保具有着濃濃的懷舊氣息，以及獨特的英殖建築，多年來吸引不少中外電影來取景拍攝。

1999年《安娜與國王》 主演：周潤發、Jodie Foster	**2006年《父子》** 主演：郭富城、楊采妮
2000年《神偷次世代》 主演：黎明、舒淇	**2007年《色·戒》** 主演：梁朝偉、湯唯

4.大馬咖啡的種類
馬來西亞人稱咖啡為「Kopi」，其實除了名物白咖啡，還有以下4款亦十分常見。
Kopi：只加入煉奶的「啡走」。
Kopi C：中文是咖啡稀，只加入淡奶的咖啡。
Kopi O：中文是咖啡烏，不加煉奶但加糖的黑咖啡。
Kopi O Kosong：中文是咖啡空，即不添加任何調味的「齋啡」。

5.怡保廣東話
雖然當地華人日常生活説的是廣東話，但某些名詞用語卻跟香港不同。

香港廣東話	怡保廣東話
落雨	落水
聽不聽到？	聽到無？
溝/混合	滲

提提你

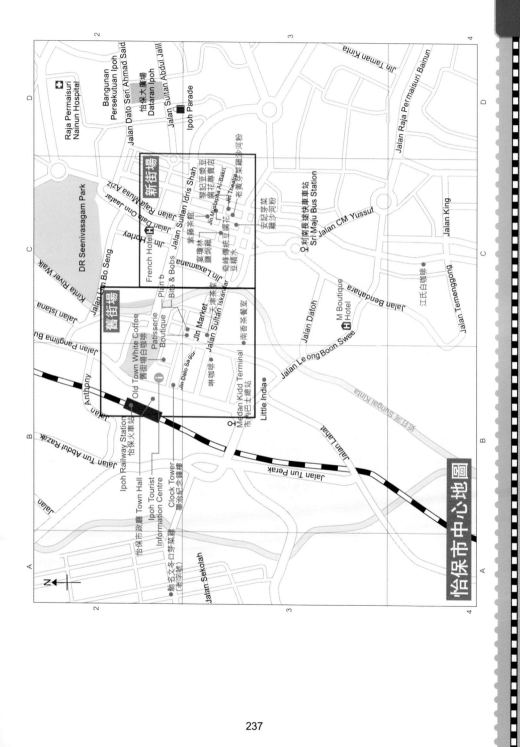

怡保市中心地圖

新街場

舊街場

DR Seenivasagam Park

Kinta River Walk

Raja Permaisuri Nainun Hospital

Bangunan Persekutuan Ipoh

怡保大廣場
Dataran Ipoh

Ipoh Parade

Jalan Sultan Abdul Jalil

Jln Taman Kinta

Jalan Raja Permaisuri Bainun

Jalan Dato Seri Ahmad Said

Jalan Onn Jaafar

Jalan Raja/Musa Aziz

Jalan Sultan Idris Shah

Jln Horley

Jln Bo Seng

Jalan Islana

Jalan Panglima Bu

Jalan Anthony

French Hotel

紫藤茶館

寶馨林

宴瓊林

奇峰傳統豆腐花

豆腐水

Jln Laxamana

黎記豆漿豆

陳花專賣店

Jln Mustapha Al Bakri

安記芽菜
雞沙河粉

老黃芽菜雞/沙河粉

Jln Theatre

利南途快車站
Sri Maju Bus Station

Jalan CM Yussuf

Jalan King

Jalan Bendahara

Jalan Temenggong

江氏白咖啡

M Boutique
Hotel

Jalan Datoh

Jalan Leong Boon Swee

Bits & Bobs

Plan b

Old Town White Coffee
舊街場白咖啡

Patisserie Boutique

Jln Market

天津茶

Jalan Sultan Iskandar

南香茶餐室

Jln Dato Sa Gor

咖咖啡

Medan Kidd Terminal
市內巴士總站

Little India

Ipoh Railway Station
怡保火車站

Ipoh Town Hall
怡保市政廳

Ipoh Tourist
Information Centre

Clock Tower
畢治紀念鐘樓

Jalan Tun Abdul Razak

Jalan Sekolah

馳名文冬白芽菜雞
(老字號)

Jalan

Jalan Tun Perak

Jalan Lahat

Sungai Kinta

怡保實用資料

前往怡保交通

1.飛機

　　位於怡保市中心東南方向7公里外設有國際機場，名為「蘇丹阿茲蘭沙機場」（Sultan Azlan Shah International Airport），因規模不大，每天在此升降的航班不算多，每天有約1至3班航班往返新加坡，而從香港及台灣均沒有直航飛機前往，大部分港台旅客都會選擇由吉隆坡或檳城等地乘坐長途巴士或火車前往怡保。

2.火車

　　於吉隆坡市中心內的中央火車站（KL Sentral）每日提供多班火車往返怡保火車站（IPOH），車程約2.5至3小時，車費約為RM\$26至48，可於馬來西亞國鐵-馬來亞鐵道公司（KTMB）官網或其手機APP裡查看閱班次和訂票。

KTMB APP

怡保火車站就在市中心舊街場附近。

── Info ──
馬來亞鐵道公司 (KTMB) 官網：
www.ktmb.com.my

3.長途巴士

　　當地有多間長途巴士公司每日提供多班路線往返怡保至吉隆坡、檳城、新山、馬六甲等地，班次十分頻密。

路線	車程	車費
怡保 - 吉隆坡	約3.5小時	約RM\$21-25
怡保 - 吉隆坡國際機場	約3小時	約RM\$45-48
怡保 - 檳城	約2至2.5小時	約RM\$22-30
怡保 - 金馬崙高原	約2小時	約RM\$25-28
怡保 - 馬六甲	約4.5小時	約RM\$32-45
怡保 - 新山	約6至6.5小時	約RM\$50-70

市內有2個主要長途巴士站：

A. 怡保長途巴士總站 `MAP: P.237 A1`
Amanjaya Bus Terminal

　　全國大部分前往怡保的長途巴士都在此設站，車站位於市中心以北約12公里外，抵達後可轉乘的士或叫車前往市中心，車程約15至20分鐘。於巴士總站官網可查閱該站班次及訂票。

── Info ──
地址：Persiaran Meru Raya 5, Ipoh, Perak
電話：+6012376 5867
官網：www.terminalmeruraya.my

Tips

於Bus Online Ticket長途巴士預訂平台也匯集了全國大部分長途巴士公司的班次，發出時間、車站和價格都一目了然，並可於平台官網或手機APP預訂車票和預選座位。

Bus Online Ticket APP

── Info ──
Bus Online Ticket 長途巴士預訂平台
官網：www.busonlineticket.com/

B. 利南長途快車站 `MAP: P.238 C3`
Sri Maju Bus Station

　　由「利南長途快車」（Sri Maiu）所經營的部份路線，會在怡保市中心「利南長途巴士站」設站，此站距離新街場只需10分鐘步程，十分便利。於利南官網可查閱所有該站班次及訂票。

「利南」由國際影星楊紫瓊的爸爸開設，並由她擔任代言人，車站也掛有她的照片。

── Info ──
地址：Jalan Bendahara, Ipoh, Perak
電話：+6052535367
官網：www.srimaju.com

利南長途快車車站位於市中心，方便前往舊街場及新街場。

怡保市內交通

1.步行

　　怡保市中心不算很大，一般可以利用步行方式作遊覽。而從舊街場步行至新街場約需10至20分鐘。

2.Grab APP

　　十分建議使用Grab叫車，可直接從Grab叫車手機APP裡Call車，輸入了時間、出發點和目的地後，會以距離和繁忙時段作計費，並可預先知道車資及於網上付款，省時方便。

3.的士

　　當地的士價格較浮動，而部分的士並沒有安裝咪錶，建議上車前先跟司機了解清楚車資，也可透過酒店電召的士。

4.市內巴士

　　由霹靂運通公司（Perak Transit）提供多條市內巴士路線（myBas），連接怡保各區，而行走市中心的主要路線為Route F100，班次20至30分鐘一班，對於遊客來說不算十分方便，比較建議步行遊覽或叫車。

── Info ──
myBas市內巴士
車費：約RM\$2-3
網址：peraktransit.com.my

── Info ──
Medan Kidd Terminal
市內巴士總站
地址：Jalan Tun Abdul Razak, Ipoh, Perak
`MAP: P.238 B3`

《安娜與國王》取景地 MAP: P.237 B2

怡保火車站
（Ipoh Railway Station）

　　啟用至今逾100多年的老火車站，由英國殖民地政府建築師A.B.Hubback設計。當地人稱為「Taj Mahal」，素有怡保版「泰姬陵」的美譽。每日提供多班列車往返馬來西亞各大城市等。由於建築風格獨特，曾吸引電影《安娜與國王》在此取景拍攝。

Info
地址：Stesen KTM, Ipoh, Perak
電話：+60322671200
前往方法：從長途巴士站（Sri Maju Bus Station）乘坐的士前往，約需6分鐘。

火車站的白色圓拱形屋頂，概念來自印度的建築設計風格。

當地不少大型活動均會於市政廳進行。

百年歷史建築
怡保市政廳（Town Hall）

　　始建於1914年，一度因第一次世界大戰影響而停建，直至1916年才正式完成。純白色的古典建築物，結合摩爾式及維多利亞式的設計風格，與對面的怡保火車站遙遙相望。

MAP: P.237 B2

Info
地址：Jalan Panglima Bukit Gantang Wahab, Ipoh, Perak
前往方法：位於怡保火車站對面。

紀念首任英官 MAP: P.237 B2

畢治紀念鐘樓
（Birch Memorial Clock Tower）

　　當地首任英國參政司畢治（James W.W. Birch），於1875年被馬哈惹樂拿督暗殺，其兒子為紀念父親於1909年興建鐘樓，至今已有百多年歷史。鐘樓四面牆身繪畫了40位歷史名人畫像，而鐘樓頂的四座塑像，則代表在英國殖民統治時期擁有的四大美德：堅強、耐心、正義及忠誠。

Info
地址：Jalan Dato Sagor, Ipoh,Perak
前往方法：鄰近市政廳。

鐘樓至今依然正常運作，每日為大家報時。

鬼魅城堡
凱利古堡（Kellie's Castle）

　　建於1915年的古堡，城堡主人William Kellie Smith原打算興建全馬第一座擁有電梯的豪宅，因1926年逝世而中斷工程，自此荒廢，更流傳着不同的鬼故事，據說不少人曾於名為Mysterious Corridor的走廊上看到鬼魂飄浮。由黎明及舒淇主演的《神偷次世代》電影曾在此取景拍攝，近年經過政府重新整理後，才重新開放予旅客參觀。

MAP: P.236 A3

Tourism Malaysia

古堡位於Kinta Kellas橡膠園，往華都牙也鎮（Batu Gajah）方向的路上。

Info
地址：KM5.5, Jalan Gopeng, Batu Gajah, Ipoh,Perak
開放時間：0930-1730
門票：成人RM$10、小童RM$8
前往方法：從火車站乘搭的士前往約30分鐘。

怡保

Old Uncle with Coffee Cup
老伯與白咖啡：老伯喝着白咖啡，恍如回想起美好的回憶。白咖啡是怡保的名物，而手中的青花陶瓷杯更是當地的專用咖啡杯。
地址：1, Jalan Tun Sambanthan （在旅遊服務中心對面）

經典街頭之作
舊街場壁畫（Art of Old Town）

　　立陶宛藝術家Ernest Zacharevic於2014年的一系列街頭創作。與當地知名品牌舊街場白咖啡合作，以怡保歷史文化為題材，於舊街場的大街小巷繪畫了7幅壁畫作品。其創作靈感來自他曾親身接觸過的怡保人與事物，遊客可以從壁畫重新體驗怡保這個舊城區，發掘當中的獨特風貌。

Trishaw
環保三輪車：一架三輪車安裝在牆上，叔叔正在收集回收物品送往循環再造，帶出了當地人的生活是如何。
地址：Concubine Lane 3

Girl
小女孩取鳥籠：女孩踏着半邊的紅色膠椅，想將鳥籠取下，跟檳城的爬牆小孩壁畫有異曲同工之妙。
地址：Jalan Bandar Timah

怡保舊街場壁畫地圖

```
Clayton Road(Jalan S.P. Seenivasagam)
                                              Brewster Road (Jalan Sultan Ldris Shah)
        Ipoh Padang
                                              Hale Street (Jalan Tun Sambathan)
  Old Uncle with Coffee Cup                        ● Kopi-O
                                              Jalan Bandar Timah
        Paper Plane                           ● Girl      ● Hummingbird
                                              Jalan Panglima(Panglima Street)
Station Road(Jalan Dato Maharajalela)                   ● Evolution
                                              Panglima Lane(Concubine Lane)
Post Office Road(Jalan Dewan)
                                              Market Lane 三奶巷
        Old Town                              Market Lane
                                                      Trishaw
Hugh Low Street(Jalan Sultan Iskandar)
```

（地圖標示：Club Road(Jalan Panglima Bukit Gantang Wahab)、Jalan Bijeh Timah、Lorong Bijeh Timah、New Town、N）

Tips
在舊街場的三奶巷（Market Lane）也畫滿了其他風格的壁畫，很適合打卡。

Info
地址：Old Town, Ipoh, Perak
前往方法：從怡保火車站門外過對面馬路，即可抵達舊街場。

Humming Bird

巨型蜂鳥：巧妙地將蜂鳥畫在大樹旁，像正想飛回自己熟悉的鳥巢情境。

地址：
Jalan Panglima

Kopi - O

五包咖啡冰：因Ernest對道地的傳統咖啡情有獨鍾，最喜歡用膠袋打包的咖啡冰。其份量一包比一包少，代表愈喝愈少的過程。

地址：
Jalan Tun Sambanthan

Paper Plane

紙飛機：乘載着兩個小男孩，一個負責操控、一個用雙手作望遠鏡觀察，有飛向美好將來的寓意。

地址：
Jalan Tun Sambanthan

Evolution

採礦：怡保由最初一個錫礦小鎮變成現今的美食天堂及旅遊勝地。這幅壁畫帶出其昔日的傳統及文化的演變過程。

地址：
Jalan Bijeh Timah

民族大同
新街場壁畫

由當地著名畫家賴偉權先生，於擁有百年歷史的老店後巷繪畫的一系列壁畫。以宣揚當地民族文化及兒時玩意為題材，充滿那些年的回憶。賴先生以一貫擅長的素描繪畫，再交給學生以塑膠彩繪成彩色的壁畫，而這區的壁畫會不定期保養和更新，為當地居民帶來不同的小城風貌。

怡保的彩虹

又名「彩虹老屋」，當地商家為其褪色的老店添加色彩，目的是為了喚起當地人重新投入昔日的情懷。

─Info─

地址：Jalan Masjid, Ipoh, Perak
前往方法：位於Jalan Masjid及Jalan Dato Oon Jaafar交界位置。

吹泡泡

不少人的童年都會玩過吹泡泡，你還記得當年與誰一起玩嗎？

捉迷藏

躲在角落的小朋友們，都不想被人發現他們藏身於此呢！

怡保新街場壁畫地圖

鬍鬚雞現叫現切，雞味濃郁，肉質鮮香嫩滑。RM$62 / 隻

芽菜有別於香港的纖長幼細，而是脹卜卜的，以雞湯烚熟後配上特製醬油及麻油拌食，分外香甜爽脆。RM$5 / 碟

當地人推薦

Tips
芽菜雞售完即止，建議預先訂座。

馳名文冬口芽菜雞（老字號）
（Restoran Ayam Tauke）

　　始創於1985年，當地家傳戶曉的芽菜雞名店，雖然位置遠離怡保市區，但每晚依然人氣旺盛，深受當地街坊歡迎。創辦人黃桂蓮女士是知名芽菜雞老字號老黃的妹妹，其家族世代經營芽菜雞店，對烹調甚有心得。選用當地特定農場的鬍鬚雞，肉質嫩滑可口，並精選鮮嫩肥美的芽菜。就連拌食的薑蓉、蒜米、辣椒醬也是自家炮製，別具風味。

MAP: P.237 A2

豬肉丸每粒有如乒乓球般大小，爽口彈牙鮮甜味美。蘸上少許醬汁拌食，更加惹味。RM$1 / 粒

師傅忙個不停烹煮沙河粉。

每晚座無虛席，足見人氣十足。

沙河粉口感滑溜，湯頭以雞湯熬製，鮮甜無比。RM$2.7 / 碗

Info

地址：No.849, Jalan Guntong, Buntong, Ipoh,Perak
電話：+60 - 5 - 255 - 7469
營業時間：週四至週日 1700-2100
休息日：週一至週三
消費：約RM$40/位
前往方法：位於文冬新村路口，由火車站乘搭的士前往約10分鐘。

港台明星最愛

MAP: P.237 C3

安記芽菜雞沙河粉
(Onn Kee Restaurant)(Tauge Ayam)

家族式經營的知名芽菜雞老店，乃當地人推介的芽菜雞名店。創辦人列好女士於1969年從路邊攤起家，至今已有兩間店舖。雖然現時已交由3名子女打理，仍保持昔日的傳統風味，水準依然。選用食材絕不馬虎，採用最肥美新鮮的芽菜，雞肉則有肉雞、菜園雞或鬚鬚雞選擇，肉質嫩滑，難怪成為一眾港台明星到訪怡保的必吃食店。

自家製蜜汁叉燒，另一必食菜式，色澤鮮明，略帶少許焦香，肉質軟腍多汁，最適合佐飯。RM$15

牆上貼滿港台紅星跟老闆的合照，如薛家燕、林峰、鍾嘉欣、黃宗澤及任賢齊等，人氣十足！

菜園雞（前，RM$35／半隻）皮脆而肉鮮，雞肉香嫩滑溜；芽菜（後，RM$6），口感香甜爽脆。

┌Info┐
地址： No.48,51,53, Jalan Yau Tet Shin, Ipoh,Perak
電話： +60 - 12 - 530 - 0888
營業時間： 1000-2130
休息日： 每半個月不定期休假兩天
消費： 約RM$30/位
前往方法： 鄰近老黃芽菜雞沙河粉。

人氣老字號

老黃芽菜雞沙河粉
(Restoran Tauge Ayam Lou Wong)

1957年開店的芽菜雞老字號店。最初以三輪車於夜市擺賣，及後遷入店舖經營至今，深受旅客歡迎，經常未到晚上9點經已售罄。

選用本地飼養70天的鬚鬚雞，肉質嫩滑可口且香味獨特，芽菜則以蝦米及雞熬煮數小時的高湯燙熟。除此之外，不少食客會加點一碗手打西刀魚丸或豬肉丸作配菜，粒粒大小均勻如乒乓球般，爽口彈牙且肉汁豐富，最後還要配上一碗口感幼滑的沙河粉作結。

MAP: P.237 C3

採訪當日是平日下午的上班時間，一樣座無虛席。

老黃的店舖面積龐大，可選擇坐於室內或室外。

白切雞（RM$12/單人份、RM$23/雙人份）煮熟後再以冰水浸透，令雞皮更爽脆，肉質更鮮嫩無比；芽菜（右後，RM$4/單人份）配上特製豉油和胡椒粉，鮮甜多汁，爽脆非常。

┌Info┐
地址： No.49, Jalan Yau Tet Shin, Ipoh,Perak
電話： +60 - 5 - 254 - 4199
營業時間： 1000-2100
休息日： 每月不定休3日（週一至三）
消費： 約RM$25/位（只收現金）
前往方法： 從火車站乘坐的士前往約5分鐘。

雨過天青龍井茶飯（前），有紅蘿蔔、松子及豆角等多款健康配菜，色彩豐富。將茶葉及薄荷等以擂棒磨成的龍井擂茶湯（後），淋在飯上成泡飯，茶味飄香，味道清新可口。RM$22.8

烏龍茶凍富有香濃烏龍茶味，口感幼滑順喉，入口即溶，是最佳的飯後甜品。RM$8

鮮味濃郁的茶酒雞湯，略帶茶葉的微微清香，以原個茶壺呈上，可品嚐倒茶喝湯的新體驗。

茶與菜的盛宴
紫藤茶館（Purple Cane Tea House）

　　全馬首間以茶入饌的主題餐廳，分店遍布吉隆坡。2010年開設的怡保店，結合茶藝及美食於一身。佔地7,000平方呎，前門大廳劃分為茶藝中心，售賣多款茶葉及茶壺等泡茶用具。因大馬菜式較為油膩，故提倡「少油、少鹽、少調味料、清而不淡、油而不膩」的健康新食法，烹調出多款以茶為主的創意菜式，如六味茶菜飯、茶湯及茶甜品等，最適合愛茶之人及追求體態美的女生。

MAP：P.237 C3

露天用餐庭院，環境優雅，原木桌椅的配襯極其和諧。

設有多款不同的茶壺售賣，最適合愛茶之人。

餐廳座落於擁有過百年歷史的獨立白洋樓，樓上是霹靂慈善社總部。

Info

地址：No.2, Jalan Dato Tahwil Azar（Osborne Street）, Ipoh,Perak
電話：+60 - 5 - 253 - 3090
營業時間：1100-2200
消費：約RM$40/位
前往方法：由火車站乘搭的士前往約5分鐘。

咖喱沙河粉裡面有叉燒、蝦仁及雞絲配料,咖喱湯底香濃辛辣,愈食愈惹味。RM$8

1.「白咖啡」解碼

起源於馬來西亞霹靂州怡保市,約有100多年的歷史,暢銷馬來西亞全國及中外國家。採用特等Liberica 、Arabica和Robusta咖啡豆及特級的脫脂奶精調配而成,味道甘醇芳香不傷腸胃,冷卻後也不變酸。因採用低溫烘焙去除咖啡鹼後,令咖啡的苦澀味及咖啡因含量降至最低,故顏色較一般咖啡淺白,故名為「白咖啡」。

2. 舊街場白咖啡傳奇

第一代吳坤儒於50年代從海南島移居怡保舊街場,開設南香茶餐室炮製咖啡,因當時華人不喜歡苦澀兼帶酸的西式咖啡口味,吳便想到混合不同咖啡豆,以低溫烘焙,並加入奶和糖,做出華人口味的白咖啡,自此南香聲名大噪。第三代吳清文更將爺爺的咖啡秘方發揚光大,以機器大量生產即溶咖啡粉,變成知名的咖啡品牌。

提提你

白咖啡發源地
南香茶餐室

　　1948年由吳坤儒創立的舊式茶室,正是馬來西亞知名連鎖店Old Town White Coffee及「舊街場」即溶咖啡的始創店,現已由第3代繼承人吳清文經營。店內仍保留昔日的懷舊裝潢,恍如定格在70年代。牆上貼滿各大傳媒的報道及名人合照,地位毋庸置疑。指定動作是品嚐最地道的白咖啡,再配上咖央多士或新鮮出爐的蛋撻,便是怡保人最傳統的提神小吃。餐室內外亦有多個地道美食檔口,供應港式點心、咖喱粉、蝦麵、雞絲河粉等等,選擇十分豐富。

金姨咖喱粉香口惹味,最適合一眾嗜辣之人。

店內亦有售賣三合一即溶包裝的「舊街場白咖啡」。

白咖啡(熱RM$2.2、凍RM$2.5)帶有濃郁焦香味道,入口順滑,惟味道略甜。

MAP: P.237 C2

┌─ Info ─┐

地址: No.2, Jalan Bandar Timah, Ipoh,Perak
電話: +60 - 12 - 588 - 8766
營業時間: 0700-1700
消費: 約RM$20/位
前往方法: 由火車站步行前往約10分鐘。

南洋風味老屋
啉咖啡（Lim Ko Pi）

店名是福建話「喝咖啡」的意思，店主李玉珠及家人在數年前經營至今，集結藝術與美食於一身的餐廳。128呎長、20呎寬的長方形老屋，前身為電單車零件店，充滿南洋風味。樓高兩層，一樓是餐廳，二樓為藝術展覽廳，不定期開放給有心人舉辦展覽。為了重現老屋的原有面貌，店主更搜羅各式古玩舊物作裝飾。食物主打南洋地道美食，提供各款麵食如雲吞麵、福建蝦麵及撈麵等。飲品方面則不可錯過地道的白咖啡及招牌98咖啡。

麵食選擇豐富，湯底可自選咖喱湯、清湯、干咖喱、干撈。

透明玻璃設計的開放式廚房，食客可看到廚房的運作情況。

「滲」是當地華人的慣常用語，意指將兩種飲品混合在一起。
提提你

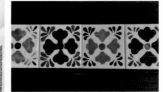

磁磚是老闆女兒的傑作，花上2個月時間彩繪逾200塊，各有不同特色。

紅黑配搭的外觀，充滿中國喜慶節日氣息，在老街上分外奪目。

凍咖啡滲美祿，幼滑咖啡帶有美祿的香甜，口感順滑冰涼，喝後令悶熱全消。RM$4.7

老房子獨有的天井現為露天用餐區，引用天然光源及通風的設計，坐在這裏特別涼快，桌子均是由舊式衣車改造。

Info
地址： No.10, Jalan Sultan Iskandar, Ipoh,Perak
電話： +60 - 5 - 253 - 2898
營業時間： 0900-1630
休息日： 週一
消費： 約RM$30/位
前往方法： 從怡保火車站步行前往，約需6分鐘。

無添加豆花
黎記豆漿豆腐花專賣店
（Kacang Soya Lai Kee）

2011年開業，標榜不含石膏的豆腐花專門店，每日新鮮製造，日賣過百碗。特別提供3款糖水拌食，包括白糖、椰糖及姜糖提升甜味。另有新鮮黃豆及去殼黑豆磨製而成的豆漿，大受當地街坊歡迎。

MAP: P.237 C3

小店在當地人的口耳相傳之下，成為熱捧食店。

Info
地址： No.38, Jalan Theatre, Ipoh,Perak
電話： +60 - 16 - 531 - 1118
營業時間： 1000 - 1900
休息日： 每隔兩星期的週三
消費： 約RM$5 / 位
前往方法： 由火車站乘坐的士前往約5分鐘。

豆腐花（前，RM$$2.2）；滑溜無比；豆漿（後，RM$$2.2）味道香甜清爽，口感順滑。

老闆娘阿儀態度親切，主動向客人推介豆腐花。

焦糖燉蛋（前，RM$3.2）甜而不膩，幼滑得入口即溶；白咖啡（後，RM$2.4），甘甜醇厚，香味郁濃。

雞絲沙河粉幾乎每枱必點，配上新鮮蝦仁及雞絲，湯底富有香濃鮮蝦味，清甜可口，河粉更嫩滑無比。RM$10

豬腸粉灑上了芝麻增添香味，蘸上甜醬及辣醬的腸粉，口感滑溜如河粉。

店面設計是一般老牌茶室格局，充滿庶民風味。

街坊聚腳地
天津茶室（Thean Chun Restaurant）

　　當地街坊最愛光顧的傳統茶室老字號，不論任何時間均客似雲來，非常熱鬧。入口位置外判給不同美食攤檔，如豬腸粉、雞絲沙河粉、沙嗲串燒等等。食客於各攤檔點餐後，待店員送上美食才付款。茶室主打白咖啡及唐茶等道地飲品，必試由老闆娘自家製作的焦糖燉蛋，比很多高級甜品店做得還要出色，每日限售約200份，想吃請趁早。 **MAP: P.236 C3**

Info
地址：73, Jalan Panglima, Ipoh, Perak
電話：+60 5-255 3076
營業時間：0730-1630
休息日：週四
消費：約RM$20/位
前往方法：由火車站步行前往約8分鐘。

古早味豆腐花

MAP: P.237 C3

奇峰傳統古式豆腐花豆精水

　　始創於1952年的知名老字號，很多當地人都從大馬各城市駕車前來，傳統製法源自第一代老闆家鄉廣東汕頭潮州，現已承傳至第3代經營。招牌豆腐花及豆精水（即豆漿），選用美國及加拿大進口的一級黃豆，再以大鍋人手烹煮，特別富香濃豆香。另有涼粉售賣，可於豆漿加上涼粉，體驗雙重滋味。

不少客人買完豆腐花，即急不及待站在一旁進食，品嚐地道風味。

Info
地址：No.50, Jalan Mustapha Al - Bakri, Ipoh,Perak
電話：+60125161607
營業時間：1030-1930
休息日：週二
消費：約RM$5/位
前往方法：鄰近老黃芽菜雞沙河粉，步行前往約1分鐘。

店門雖小但甚懂得宣傳策略，龐大的招牌從遠處已能見到。

豆腐花有豐富豆香，口感幼嫩綿滑，入口即化。RM$3 / 碗

Lychee Lime以新鮮荔枝及青檸製成的沙冰，甜甜酸酸的滋味，令人一試傾心。RM$18

Plan B Salad清新爽甜，富有青瓜、青蘋果、梨肉及洋蔥等配料，再灑上紫菜及日式香料提升味道的層次，滋味倍增。

室外同樣設置座位，可隨意品嚐各款蛋糕。

採用落地大玻璃，環境開揚明亮且冷氣開放，在四季如夏的怡保是避暑的好地方。

型格新設計
Plan b `MAP: P.237 C3`

　　隸屬當地飲食集團「The Big Group」旗下的年輕副線。多間分店遍佈怡保及吉隆坡等地區，素來以型格裝潢見稱，設計別樹一格。怡保店由家具廠的舊倉庫改建而成，以原始的紅磚頭配搭垂吊而下的燈膽，形成寬闊的空間感。食物方面，混合澳洲及紐約兩地特色，提供各款沙律、三文治及蛋糕等輕食。

光看店門的精美設計，還以為是藝術中心。

─Info─
地址：No.75, Jalan Panglima, Ipoh,Perak
電話：+60 - 5 - 2498 - 286
營業時間：1000-2200
網址：www.thebiggroup.co
消費：約RM$45/位
前往方法：從怡保火車站步行前往，約需8分鐘。

懷舊冰球
Bits & Bobs — Sejak Selalu `MAP: P.237 C3`

　　售賣多款陳年玩意及古老擺設的小店，從黑膠唱片、書籍及兒時玩具均可找到，恍如小型的舊物展覽館。就連昔日馬來西亞的街頭甜點 — 冰球也有售賣，每逢周末，不少當地人均會前來購買，回味那些年的童年滋味。除了極具人氣的冰球，這裡也有供應其他消暑良品，包括冰淇淋、水果冰沙等。

Ice Ball（冰球），加入玫瑰及荔枝口味的糖漿，分外香甜，冰涼口感令悶熱感覺全消。RM$5-7/個

店舖雖小，但售賣的貨物種類繁多。

冰球製作步驟：

1 將冰塊打成碎冰，再以人手搓成圓球。

2 最後淋上各種口味的糖漿即成。

─Info─
地址：99, Jalan Sultan Yussuf（@ Kong Heng Square），Ipoh,Perak
營業時間：
週一、週三至週五100-1600；
週六1000-1730；週日1000-1800
休息日：週二
消費：約RM$8/位
前往方法：位於Plan b旁邊

全國知名連鎖店 MAP: P.237 B2

舊街場白咖啡
（Old Town White Coffee）

分店遍佈馬來西亞全國的連鎖店「舊街場白咖啡」，真正起源於怡保。雖然當地可喝到白咖啡的茶室比比皆是，但在名氣方面還是勝人一籌，吸引不少當地人前來用餐。店內提供多款早餐及麵食，亦有多款招牌的白咖啡即沖包發售，價錢較香港便宜，最適合買來當手信。

店內環境開揚，顯得份外明亮。

黃字招牌配上雪白的建築物，更加搶眼。

咖央牛油多士，附上厚切牛油片，咖央醬甜而不膩，多士烤得香脆惹味。白咖啡入口順喉，半熟蛋香滑濃味。咖央牛油多士RM$6/雙片；白咖啡RM$5.8；半熟蛋 RM$3.99

Info
地址：3, Jalan Tun Sambanthan, Ipoh,Perak
電話：+6052546359
營業時間：0900-2200
網址：www.oldtown.com.my
消費：約RM$25/位
前往方法：從怡保火車站步行前往，約需6分鐘。

全馬首間鹽焗雞專門店

I Can Tips
只設零售，不設堂食。

宴瓊林鹽焗雞
（Ayam Garam Aun Kheng Lim）

始創於1987年，聞名全馬的知名鹽焗雞專門店，更曾被馬來西亞旅遊局評為怡保旅遊美食。選用2至2斤半的菜園雞，更加入胡椒及當歸調味，以中國傳統焗法醃製，用白蠟紙將雞包裹後，放於鍋內以粗鹽焗製1小時而成。肉質嫩滑且鹹香惹味，難怪香港食神韜韜及周中師傅也曾介紹。 MAP: P.237 C3

鹽焗雞除了可即買即吃，另可購買冰鮮鹽焗雞當手信。RM$33 / 隻

Info
地址：No.24, Jalan Theatre, Ipoh,Perak
電話：+60 - 5 - 254 - 2998
營業時間：0900-1730
休息日：週一
前往方法：在老黃芽菜雞沙河粉附近，步行約2分鐘。

馳名咖啡老店

江氏白咖啡

是馬來西亞老字號白咖啡，始於1989年，有超過30多年歷史，有不少當地人都會特意前去嘆一下這裡馳名的白咖啡，咖啡帶有古早香氣，味道順口，而在店前亦有一些地道美食檔口。 MAP: P.237 C4

白咖啡屬招牌人氣飲品，味道略帶焦糖香甜味。

這間老咖啡室位於市中心以南，需乘車前往。

Info
地址：No,171, Jalan Pasir Puteh, Ipoh,Perak
電話： +6053233589
營業時間：0800-2400
消費：約RM$10 /位
網址：kongswhitecoffee.com.my
前往方法：從火車站乘搭的士前往約10分鐘。

巴黎情懷
Patisserie Boutique

MAP: P.237 B3 - C3

　　利用舊屋活化而成的咖啡店，充滿法國風情。分為兩個不同區域：一個以黑白色為設計主調，空間感強烈，牆上繪有象徵法國的巴黎鐵塔及凱旋門壁畫；另一邊則空間較小，保留原有的陳舊特色。這裡主要供應西式料理，包括沙律、三文治、全日早餐、意大利麵等，另外，重點推介各款法式蛋糕和甜點，賣相令人賞心悅目，大受女生歡迎。

手繪的凱旋門，為紅磚牆添加了幾分法式情懷。

門口依舊保留原有的牆身，有點新舊交替的感覺。

Bread Brulee加入自家製的Butter Croissant及提子乾，布甸香軟嫩滑，蛋味濃郁，入口即溶；Cappuccino有巴黎鐵塔的拉花圖案，配合店的主題，味道香濃。

以對話框帶出Cafe名字的手繪壁畫，再配上招牌蛋糕及咖啡，主題明確。

件裝蛋糕款式選擇多，每件約RM\$14-20。

Info

地址：103, Jalan Sultan Yusof, Ipoh, Perak
電話：+60149019268
營業時間：1100 - 1800
休息日：週三
Facebook：搜尋「Patisserie Boutique」
消費：約RM\$45/位
前往方法：從怡保火車站步行前往，約需6分鐘。

人氣商場
Aeon Ipoh Station 18 Store & Shopping Centre

MAP: P.237 A3

　　2012年開幕，是Aeon集團旗下的大型購物商場。樓高3層，逾百間商舖。主要是連佔3層位置的Aeon超級市場及多個本地、中外品牌的商店。如屈臣氏、書店、服飾店及化妝品店等，應有盡有。每逢港台明星到訪怡保，定必在這個商場舉辦宣傳活動。

服飾店不時進行折扣優惠。

商場滙集了不少國際知名品牌，是購物的好去處。

Info

地址：No.2, Susuran Stesen 18, Station 18, Ipoh,Perak
電話：+60 - 1 - 300 - 80 - 2366
營業時間：週日至四 1000 - 2200；
　　　　　週五、六 1000 - 2230
網址：http://aeonretail.com.my
前往方法：從火車站乘坐的士前往約20分鐘。

即吃甜柚子
打捫高晶柚子園
（Tambun Pomelo GoChin Agro Farm）

MAP: P.236 C2

「打捫鎮」唯一對外開放參觀的柚子園，面積廣達3英畝，擁有198棵果樹，分為甜柚及酸甜柚兩種。甫踏進園內，即有陣陣柚子香撲鼻。因採用有機栽種，加上怡保的怡人氣候及優質的水源，故園內柚樹茂盛非常，常年結出又大又圓的柚子。其中一棵高達30呎的果樹更一次過盛產300多個柚子。每年吸引逾萬人次的各地旅客前來參觀，就連香港著名食神韜韜及香港小姐張名雅也曾到訪。職員會介紹柚子的營養及藥用價值，可即場品嚐多款新鮮熱帶水果如番石榴（芭樂）、大樹菠蘿及楊桃等。

可於園內品嚐即開即吃的甜柚，色澤較淺，啖啖鮮甜味美的果肉令人一試難忘！約RM$10-40/每個

Tips

參觀時請好好愛護柚子，並切勿貼身接觸，否則需十倍賠價。

柚子精油噴霧，以柚花及柚葉提煉而成，富有清新柚子香氣，具寧神鎮靜的功效，臨睡前使用效果更佳，亦可預防蚊叮蟲咬。

擁有超過20多年種植經驗的園主洗桃金伯伯，與妻子嬌姐共同打理果園。更大爆柚子長得大顆又多汁的秘密，原是多向它們說出讚美的話。

園內亦提供即買即吃的番石榴，爽脆香甜，蘸上少許話梅粉，入口甜中帶酸。

結果初期為了預防果蠅偷吃柚子，用上報紙將柚子全身包裹。

打捫鎮一帶有很多天然果園，惟只得高晶柚園全天候對外開放。

---Info---

地址： 158258A, Jalan Ampang Tambun, Ipoh, Perak Tambun, Ipoh, Perak
電話： +60137654189
開放時間： 0900 - 1800
費用： 免費參觀，惟必須提前致電預約。
前往方法： 從火車站乘坐的士前往約30分鐘。

Jungle Wave Pool：怡保天氣酷熱，最適宜就是在人造巨浪池內暢泳一番。

歡樂時光

MAP: P.236 C1

打捫雙威水上迷失樂園
(Lost World of Tambun)

位於怡保市中心12公里外的打捫市，是隸屬Sunway集團的主題樂園。整個樂園藏身在大自然石岩景觀之中，擁有8大園區，包括Water Park、Lost world Tin Valley、Lost World Petting Zoo、Tiger Valley、Amusement Park、Lost World Hot Spring & Spa、Lost World Team Building Park，以及在晚間限定的夜光森林Luminous Forest，園區以馬拉雅納部落為主題，遊客可以穿越具有各種奇幻生物的神秘森林，體驗黑暗中的夜光世界。

K1 Can
Tips

於官網購買門票可享折扣優惠。

---Info---

地址： No.1,Persiaran Sunway 1, Sunway City Ipoh, Perak
電話： +60 - 5 - 542 - 8888
開放時間： 週一、週三至週五 1100-2300；
　　　　　　週六、週日 1000-2300
休息日： 週二（公眾假期除外）
門票：
日間門票（1800前離園）
*適用於Water Park、Amusement Park、Tin Valley、Tiger Valley、Petting Zoo
*而Spa Treatment 及Team Building Park則另有項目收費
正價 成人RM\$127；小童RM\$120
官網 成人RM\$114.3；小童RM\$108
晚間門票（1800後進園）
*適用於Hot Springs Night Park、Luminous Forest、Petting Zoo
正價 成人RM\$85；小童RM\$76
官網 成人RM\$76.5；小童RM\$68.4
網址： www.sunwaylostworldoftambun.com
前往方法： 從怡保火車站乘坐的士或叫車前往，車程約需20分鐘。

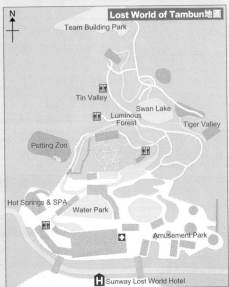

Lost World of Tambun 地圖

N

Team Building Park

Tin Valley

Swan Lake

Luminous Forest

Tiger Valley

Petting Zoo

Hot Springs & SPA

Water Park

Amusement Park

H Sunway Lost World Hotel

馬拉之最水上樂園
Water Park

園內最受歡迎的景區之一，設有馬來西亞最大的Jungle Wave Pool，面積達3,200平方呎，每隔15分鐘就會形成7種不同的浪花，波浪可高達2至3呎，別具特色。還有馬來西亞最長的Tube Raiders，管道長達155呎。更設有小朋友專區，備有各式巨型水桶、水炮、象形噴泉及海盜船等遊玩設施。

Tube Raiders：從巨型滑梯滑下，體驗暢快無比的刺激！

Kids Explorabay：大家都在底下享受水從高處倒下的滋味。

刺激機動遊戲
Amusement Park

設有多款機動遊戲的園區，包括360度旋轉的空中鞦韆「Dragon Flights」、可180度旋轉的海盜船暴風號「Stormrider」、旋轉木馬「Perak Parade」、水上大帆船「Giddy Galleon」及探險火車「Adventure Express」等遊樂設施。

Adventure Express：乘載遊客參觀擁有輝煌歷史的建築物，以及瀕臨絕種的野生老虎等。

Dragon Flights：於空中體驗自由自在的飛翔快感。

開放式動物園
Petting Zoo

耗資6億美元打造的開放式動物園，建於茂密的猴子山谷及熱帶雨林中，飼有主要來自南美及北美國家的野生動物與家畜，包括迷你狨猴、4,000條鯉魚、23種蛇類、55種鳥類等珍貴品種動物，遊客可近距離接觸及親自餵食。

小朋友撈小鯉魚，體驗互動的樂趣。

小朋友可與鸚鵡近距離接觸。

錫礦樂園
Tin Valley

這個別具特色的園區讓遊客體驗過往的採礦工作，從中了解大馬上世紀60年代的歷史文化。包括「Tin History Walk」透過告示板，回顧錫礦歷史；「Tin Trail」觀賞仿製的金山溝；「Dulang Washing」觀賞當年的洗琉琅用具；「The Tin Bearers」設有數頭石大象，紀念大象運送錫礦的功勞；「Tin Valley Galleria」展覽館呈現當年琉琅女及礦工的工作情況，展示的用具皆是當年曾使用過的，極其珍貴。

演藝人員換上琉琅女及礦工的服飾，示範昔日的工作情況。

透過琉琅女及礦工的工作，可讓遊客了解更多當地歷史。

「世界錫都」怡保
上世紀60年代，怡保隨着錫礦業的興起，成為馬來西亞的錫礦開採中心，不少怡保人因此晉身為大富豪。及後發展愈來愈蓬勃，更得到法國及英國人的留意，將美國加州的金礦技術帶到當地，令怡保躍升為世界錫都。

提提你

歷奇考驗
Team Building Park

園內擁有4億年的鐘乳石、長達6英里的隧道及奇形怪狀的石筍等獨特環境，十分適合進行探險、比賽及野外求生等挑戰體能極限的歷奇活動。

* 各項歷奇活動需另外收費，價格可於官網查閱。

High Rope Course：懸掛於叢林及高達60呎瀑布的懸崖上，挑戰者需走過由13根繩子組成的高繩網，考驗膽量。

Wild Woosey：考驗二人的合拍能力及信任程度，一同合力走到終點。

充滿霸氣的老虎們，恍如正在等待着食物。

東北虎園
Tiger Valley

飼有全球10大瀕臨絕種稀有動物「西伯利亞虎」，（又名為：東北虎）。平時主要在夜間活動，白天是休息時間。同時設有老虎飼養教育計劃，讓遊客了解更多老虎的日常活動。

老虎最喜愛吃鮮肉。

晚間溫泉世界
Hot Springs & Spa

於每晚6pm後，整個樂園搖身一變成為了夢幻的溫泉世界！溫泉區共有10多個天然溫泉池，包括：藍寶石溫泉池、紫晶石溫泉池、水晶池等，另外還有為兒童而設的薩菲拉溫泉池，以及蒸氣洞和足底水療池，是放鬆心身的好地方。

Crystal Spa：3間小屋皆以寶石命名，提供香薰按摩療法、頭部及肩部按摩及美容等療程，大受女士歡迎。

Crystal Pool：池溫度為攝氏40度，池中建有閃爍的水晶磚，每當夜晚就會散發出五光十色的景象，非常奪目。

Saphira's Lair：為兒童而設的溫泉，家長可與小朋友晚上在此浸溫泉，放鬆心情及消除疲勞。

Super Suite更設有廚房及飯桌，設備齊全，大受家庭住客歡迎。

Premiere Suite房間平均面積達570平方呎，以柔和色調設計，窗外可飽覽樂園景觀。

猶如古堡的酒店，顯得外形更為獨特，周邊種滿花草樹木，有如置身於熱帶花園。

合家歡度假

MAP: P.236 C1

Sunway Lost World Hotel

鄰近主題樂園，設有174間套房、5款不同類型房間可供選擇，包括古典套房、豪華套房、異國風格套房、總理套房及家庭套房。酒店周邊環境清幽，可欣賞到擁有400億年歷史的壯觀岩石層景色。

Suite Room均設有客廳，提供更多空間給住客享用。

Info

地址：No.2,Periaran Lagun 1, Sunway City
　　　Ipoh, Perak
電話：+60 - 5 - 540 - 8888
房價：Classical Room RM$808/晚起*
　　　Premier Suite RM$1257/晚起*
　　　Super Suite RM$1819/晚起*
網址：www.sunwaylostworldoftambun.
　　　com/lost - world - hotel
*以上房租包早餐及2張晚間門票。

佛教勝地

MAP: P.236 B1

霹靂洞（Perak Tong Temple）

由張仙如居士及夫人鍾真玉於1926年所創的天然石灰岩山洞，現由兒子張英傑繼承主持及畫家張韻山擔任司理，將霹靂洞打造成佛教勝地。洞中有洞，連接不同大小的洞窟，內部存放逾40座佛像及200多幅佛教壁畫及對聯，牆上及廊柱均刻上亞洲各地著名華人作家的題字。洞內盡頭有段樓梯，步行約10分鐘即可抵達山頂，能飽覽霹靂洞周邊風景。洞前還有算命的攤檔，師傅會替旅客查閱三世書，據說靈驗非常，成為善信前來霹靂洞的指定節目。

由中國五四時期的著名學者胡適親手題字的「霹靂洞」。

石洞供奉的釋迦牟尼坐像金碧輝煌，高達42呎，是洞內最高的坐像。

霹靂洞位於綠意盎然的大自然環境中。

洞內滿布諸天神佛的手繪壁畫，畫功精緻。

石上刻有當地華人作家的題詞。

Info
地址：Jalan Kuala Kangsar, Ipoh,Perak
電話：+601123584126
開放時間：0800 - 1700
門票：免費
前往方法：從火車站乘坐的士前往約20分鐘。

鐘乳洞佛寺

MAP: P.236 B3

三寶洞（Sam Po Tong）

據說於19世紀末，一位僧人發現的佛教寺廟，更在此閉關修行直至去世為止。依山而建的寺院，洞穴全是鐘乳石岩洞，壁上繪畫了觀音等神仙的畫像，主要供奉釋迦牟尼佛。洞穴深處的天井，設有水池供善信進行放生，旅客更可購買蔬菜餵飼池內的烏龜。

三寶洞鄰近極樂洞，可方便一次過遊覽兩個天然洞穴。

戶外庭園環境清靜優美，亭台樓閣環境富詩情畫意。曾於1993年榮獲「大馬最美麗的花園景色」美譽。

Info
地址：Kampung Gunung Rapat, Ipoh, Perak
電話：+6052552772
開放時間：0900-1600
門票：免費
前往方法：從火車站乘坐的士前往約20分鐘。

避暑勝地

金馬崙高原
(Cameron Highlands)

位於馬來半島的彭亨州（Pahang），是全馬最大的高原地帶。於1885年，來自英國的Wiliam Cameron前往當地進行繪測工作，意外發現了這壯麗如畫的高原，於是命名為Cameron Highlands。金馬崙高原位處海拔1,524米的脈蒂迪旺沙山脈，有別於大馬各地城市的酷熱天氣，這裡終年氣候清爽怡人，四季如春。山上天然資源豐高，遍布茶園、花園、果園和天然美景，是當地人最愛的避暑勝地。

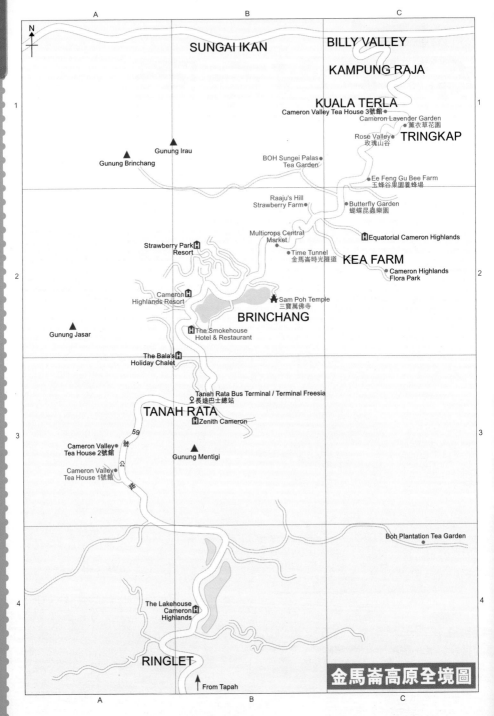

金馬崙高原

SUNGAI IKAN

BILLY VALLEY

KAMPUNG RAJA

KUALA TERLA

Cameron Valley Tea House 3號館

Cameron Lavender Garden
薰衣草花園

Rose Valley
玫瑰山谷

TRINGKAP

Gunung Irau

Gunung Brinchang

BOH Sungei Palas
Tea Garden

Ee Feng Gu Bee Farm
玉蜂谷果園養蜂場

Raaju's Hill
Strawberry Farm

Butterfly Garden
蝴蝶昆蟲樂園

Multicrops Central
Market

Strawberry Park
Resort

Equatorial Cameron Highlands

Time Tunnel
金馬崙時光隧道

KEA FARM

Cameron
Highlands Resort

Sam Poh Temple
三寶萬佛寺

BRINCHANG

Cameron Highlands
Flora Park

Gunung Jasar

The Smokehouse
Hotel & Restaurant

The Bala's
Holiday Chalet

Tanah Rata Bus Terminal / Terminal Freesia
長途巴士總站

TANAH RATA

Zenith Cameron

59
號
公
路

Cameron Valley
Tea House 2號館

Gunung Mentigi

Cameron Valley
Tea House 1號館

Boh Plantation Tea Garden

The Lakehouse
Cameron
Highlands

RINGLET

From Tapah

金馬崙高原全境圖

金馬崙高原實用資料

前往金馬崙高原交通

於金馬崙高原附近並沒有機場或火車站，前往當地一般都需從其他城市乘坐長途巴士，抵達金馬崙高原主要城鎮Tanah Rata的丹那拉打長途巴士站，然後再轉乘的士前往酒店或各大景點。

當地有多間長途巴士公司每日提供多班路線往返金馬崙高原至吉隆坡、檳城等地。

Tips

查閱班次及訂票：
www.busonlineticket.com

丹那拉打長途巴士站又名為Terminal Freesia，是金馬崙高原的主要交通中樞。除了是長途巴士的停靠站，也是當地巴士總站。

路線	車程	車費
金馬崙高原-吉隆坡	約5小時	約RM35-40
金馬崙高原-怡保	約2.5小時	約RM25-30
金馬崙高原-檳城	約4.5小時	約RM35-45

Info

丹那拉打長途巴士總站
Tanah Rata Bus Terminal
MAP: P.258 B3

市內交通

1.的士

是當地最主要交通工具，部分的士並沒有安裝咪表，建議上車前先跟司機了解清楚車資，也可透過酒店電召的士。如一天內想前往多個景點，建議包車，行程更有彈性。

金馬崙的士全是古董老爺車，司機以印度人居多，能以流利英文溝通，性格熱情。

2.當地巴士

由Uniregal公司提供從Tanah Rata 至 Kampung Raja的巴士路線，從丹那拉打巴士總站出發，沿著59號公路經Brinchang、Kea Farm、Tringkap、Kuala Terla前往高原北部Kampung Raja。班次不多，約每小時1班，對於遊客來說不太方便。

旅遊資訊

1.Local Tour

最方便是參加當地旅行社舉辦的一天或半天遊，行程組合眾多，大部分於一天內可走訪多個旅遊熱點，旅客也可透過當地酒店報名。

2.旅遊資訊

官方網站：www.cameronhighland.net

Tips

金馬崙高原分為3個主區，包括：Tanah Rata、Brinchang和Ringlet。高原上有一條主要公路-59號公路，把多個主區連接。

Tanah Rata 丹那拉打
是這裡的主要的居住城鎮，酒店、渡假屋、餐館林立，是不少旅客的落腳點，也是長途巴士總站的所在位置。

Brinchang 不蘭樟
距離Tanah Rata東北方向約3至15公里，擁有眾多花圃、菜園、草莓園、梯田式果園、茶田等，這裡集中了很多熱門景點，也設有1座18洞的高爾夫球場。

Ringlet 冷力
從Tanah Rata沿著59號公路往南約10至15公里，這一帶主要為蔬果耕作地。

提提你

金馬崙高原二三事：

1.金馬崙高原氣候
天氣涼爽舒適，全年溫度維持攝氏15至25度之間，注意山上日夜溫差大，入夜後氣溫稍涼，建議帶備風褸，以免著涼。

2.最大茶葉產地
早在19世紀英國殖民時期，金馬崙高原已是著名的茶葉種植區，大馬知名茶葉品牌BOH及Bharat均產自金馬崙高原的茶園。

3.絲綢大王Jim Thompson失蹤之迷
一手創立泰國高級絲綢品牌的Jim Thompson，於1967年3月27日到金馬崙高原度假行山後一去不回，自失蹤後便傳出多個不同版本，如被人刺殺或慘遭野獸吃掉等。後來為紀念Jim Thompson，當地特意設立14條森林小徑，旅客可透過酒店及當地旅行社舉辦的一日遊行程，探訪絲綢大王的足跡。

坐擁一片翠綠茶田景觀，飄來陣陣清新茶香，倍覺悠然。

大馬人氣第一茶園

MAP: P.258 B1

BOH Sungei Palas Tea Garden

　　國際知名的馬來西亞茶葉品牌「BOH」，在1950年代收購了位於金馬崙高原這裡的Sungei Palas茶園，於2007年更在這裡建了遊客中心和茶館。茶館擁有特大通亮的落地玻璃，讓訪客可以在青蔥翠綠的茶園美景前享用各式自家品牌的茶飲。遊客中心另設觀景露台、展覽館和紀念品店，為大眾提供一站式的茶園體驗。

茶館均選用自家品牌出產的茶葉，來製作飲品及蛋糕等輕食，吸引旅客排隊購買。

不少旅客均會於半露天茶館，一邊喝茶一邊欣賞風景。

走廊位置貼滿品牌歷年來的相片，以及發展等相關資料。

Cameronian Gold Blend Tea富有香濃茶味，甘甜醇香；Banana Carrot Cake帶有香蕉甜味及粒粒紅蘿蔔絲，口感鬆軟。

提提你

BOH 茶葉品牌
由英國人約翰羅素 (JA Russell) 於1929年創辦，至今全國擁有4個總面積達1,200公頃的茶園，每年可生產達400萬公斤的茶葉！於2021-2022年度，更榮獲世界品牌獎(World Branding Awards) 茶葉組別中的品牌大獎。

Tips ※I Can

Boh Plantation Tea Garden
位於金馬崙高原東南方的Habu設有另一間Boh茶園，建於1930年代，是BOH在當地的首座茶園，同樣設有遊客中心和茶館。

Info
地址：Boh Road, Habu, Ringlet, Pahang, Malaysia
開放時間：0830-1630
休息日：週一
前往方法：從Tanah Rata乘坐的士前往，約需30分鐘。

Info
地址：Brinchang, Cameron Highlands（4.519577, 101.416070）
開放時間：0830-1630
門票：免費
前往方法：從Tanah Rata鎮乘坐的士前往約30分鐘。

茶園最佳拍照位

　　落地大玻璃設計的半露天茶座「Sungei Palas」外觀獨特，再配上綠油油的茶田，按下快門隨意亂拍，都能構成一張張風光如畫的照片。

參觀茶葉工廠

　　旅客可免費參觀傳統加工處理的製茶過程，全程以英語進行講解。茶葉需經過五大加工程序製作，確保茶葉保持清醇香味。先用熱風吹乾嫩葉，再以機器將茶葉攪碎，讓茶葉進行自然發酵，之後以高溫達攝氏120度熱風烘乾，最後將茶葉分類及試茶。
*請於官網查閱活動日期和詳情。

茶葉會被運到另一個機器進行乾燥加工，待其發酵。

職員將經過挑選的優質茶葉放進機器攪成細碎狀態。

必買手信

　　雖然馬來西亞各地都可以購買BOH品牌的茶葉，但論貨品種類的齊全，當然要在原產地的官方店購買。店內提供旗下各款茶葉、茶壺用具，甚至有以茶葉研製的護膚品等，應有盡有。

Seri Songket Earl Grey With Tangerine Flavoured Tea，RM$28.8

Seri Songket Lemon With Mandarin Flavoured Tea，RM$28.8

Black Tea Body Soap

Black Tea Body Lotion

Cameronian Gold Blend罐裝茶葉，榮登官網十大最受歡迎產品之一。RM$20

Gunung Chantik罐裝茶葉，RM$30

BOH Cameron Highlands Tea

賞風景喝杯熱茶，是不少旅客前來的指定節目。

Tips

Bharat茶葉品牌在金馬崙高原共設了3間茶館，1號館和2號館位置十分相近，而3號館則設在北部Kuala Terla區段裡：

Cameron Valley Tea House 2號館
地址：Batu 34.5, Jalan Besar, Cameron Highlands

Cameron Valley Tea House 3號館 (KT)
地址：Batu 50, Kuala Terla District, Cameron Highlands

Cameron Valley 黑茶茶包100g，RM$3.5/100g。

嘆茶！欣賞茶田美景

MAP: P.258 A3

Cameron Valley Tea House 1號館

創立於1933年的Bharat茶葉品牌是金馬倫高原第2大茶葉生產商，於2002年在當地開設了3間半露天茶館，這間1號館距離Tanah Rata城鎮只有約2公里，座落在山谷旁邊，讓訪客可以一邊欣賞翠綠無邊的茶田景色，一邊品嚐味道清新的紅茶。除了有各款別具風味的茶品，另外也有供應輕食、蛋糕和甜點。嘆茶過後，可到附設商店購買茶葉和茶具。

茶田景色優美，空氣中瀰漫着一股清新的茶香。

水果茶茶包口味包括香橙、檸檬、葡萄、士多啤梨及榴槤口味，淡淡茶香富有水果香味。RM$ 13.5/1盒25包

黑茶及茶杯套裝

附設的Tea Shop，可購買旗下品牌的各款茶包。

即使下着雨，依然有不少旅客前來喝茶賞茶田，可見人氣十足。

Info

地址：Batu 34, Jalan Besar, Cameron Highlands
電話：+605-4851454
營業時間：週一至週五 0900-1800；週六、週日 0800-1900
網址：www.cameronvalleytea.com.my
消費：約RM$20-30/位
前往方法：從Tanah Rata乘坐的士前往，約需10分鐘。

入口位置掛滿「愛情鎖」，除了祝願戀情，更可祈求「健康」、「知己」及「浪漫」等。

情侶可掛上愛情鎖，並寫上愛的留言。

Lavender House主打各款薰衣草商品，一片紫色的設計充滿夢幻感。

經風乾後的薰衣草散發淡淡香氣。

薰衣草精油具備多種護膚功效，如控制油分、祛斑美白及黑眼圈等。

園內種滿顏色鮮艷的薰衣草及菊花等，飄來陣陣花香。

話題花海
薰衣草花園
（Cameron Lavender Garden）

2013年開幕，一度掀起大馬薰衣草熱潮，緣於在熱帶地方成功種植絕非易事。園內亦種有其他鮮花如菊花、牽牛花等，不同顏色的花朵構成一片美麗的花海。為增添特色，亦設有士多啤梨園可供旅客親自採摘。離場前還可前往Lavender House，購買各式薰衣草產品，全紫色的小店設計別具特色，散發陣陣南法風情。

MAP: P.258 C1

金馬崙高原屬於高山地區，種植的非洲菊特別茂盛。

士多啤梨蛋糕香甜鬆軟，表層帶有香甜果醬；薰衣草茶富有淡淡薰衣草花香。

薰衣草擺設：適合放於辦公室或書桌作裝飾，倍感優雅。

⎯Info⎯
地址：Tringkap, Cameron Highlands
電話：+60 - 5 - 4961 - 208
營業時間：週一至週四 0900 - 1700；
　　　　　　週五至週日 0900 - 1800
入場費：成人RM$20、小童RM$10
前往方法：從Tanah Rata乘搭的士前往約30分鐘。

舊式廚房展示不同的廚具，當年用過的杯碟現今依然盛行，還得到不少人的喜愛，證明潮流是一個循環。

被遺忘的時光
金馬崙時光隧道（Time Tunnel）

MAP: P.258 B2

　　2007年開幕，以金馬崙高原歷史及昔日南洋為主題的博物館。館主徐國山自小於金馬崙高原成長，從馬來西亞及新加坡搜羅逾千件40至60年代的珍貴舊物，如昔日的公雞碗、荷蘭水樽及兒時玩意等，打造不同特色的角落，如理髮店、士多及廚房等，極富懷舊氣息。就連2008年香港小姐張舒雅、高海寧等也曾到訪參觀。

真實呈現昔日馬來西亞的家庭環境，設計簡陋，多是原木設計的桌椅。

數十年前的兒時玩意如竹簽及炮仗等，就連香港已絕版的兒童刊物《兒童樂園》也有展示，厲害！

不同味道的荷蘭水圖案盤，擺滿樓梯一角，至今依然保存良好。

昔日富貴太太才會有錢光顧的理髮店，牆上更掛有當時流行的女星髮型照片。

懷舊士多的設計，令人不禁想起經典電影《阿飛正傳》的場景。

Info

地址： UT/MR/F - 255, Jalan Sungai Burung, Brinchang, Cameron Highlands
營業時間： 0900 - 1800
門票： RM8
網址：
http://timetunnel.cameronhighlands.com
前往方法： 從Tanah Rata乘搭的士前往約10分鐘。

提提你

何謂「荷蘭水」？
荷蘭水即是汽水，相傳源於上世紀由荷蘭人帶來東方。昔日由於物質貧乏，小朋友會收集荷蘭水蓋（瓶蓋）當作玩具。

3位香港小姐於2008年到訪馬來西亞進行親善之旅，其中一站就是金馬崙高原。

香港著名影星陳寶珠、蕭芳芳及馮寶寶當童星時的相集，也是收藏品之一，在香港也未必可看到。

職員表示農場出產的士多啤梨，都直接供應給當地的高級酒店Cameron Highlands Resort，故質素有保證。

親手摘士多啤梨
Raaju's Hill Strawberry Farm

　　金馬崙高原擁有良好的氣候環境，利於種植農作物及蔬果，更盛產又香又甜的士多啤梨。當地不少農場均會開放給旅客親自採摘士多啤梨，當中以Raaju's Hill的士多啤梨品質最好，粒粒鮮甜多汁。農場更附設Cafe，可品嚐各式由新鮮士多啤梨製成的雪糕、窩夫、奶昔及果醬等，最適合一眾嗜甜之人。

MAP: P.258 B2

在職員的細心指導下，利用智能手機拍攝巨型士多啤梨的特別效果，爆趣！

只要看到喜歡的士多啤梨，無需多作考慮，揮刀一剪就可以了。

職員會提供剪刀及膠籃，以盛載閣下的戰利品。

士多啤梨農場，全天候開放給旅客內進，體驗親自採摘的滋味。

農場附有Cafe，售賣各款以士多啤梨製作的飲品及果醬等。

士多啤梨4合1茶包，味道清甜帶有陣陣果香。

Info

地址：129 59, Jalan Tapah, Brinchang, Cameron Highlands
電話：+60 - 19 - 575 - 3867
營業時間：0830-1800
前往方法：從Tanah Rata乘坐的士前往約15分鐘。

The Smokehouse Cream Tea Set 包括提子蛋糕、鬆餅及三文治等，餡料包括煙燻三文魚、青瓜及芝士等，非常豐富。另附上自家製的奶油及士多啤梨果醬拌食，香甜可口。RM$48

下午茶配上一壺英式紅茶最適合不過，使用當地著名品牌BOH的茶包，散發淡淡的柑橘香氣。

黑白配襯的大廳別具英式格調，亦是享用晚餐的地方。

英式下午茶

MAP: P.258 B2

The Smokehouse Hotel & Restaurant

　　酒店前身為建於1937年的英式大宅，以30年代英國鄉村風格為主調設計，如古老大鐘、柴火暖爐及種滿綠色植物的雅致庭園等。只有13間客房，但經常客滿。酒店餐廳於每天11:00至17:00更會供應傳統風格的英式下午茶，有不少遊客都會特意前去享用，在優雅的歐式氛圍下渡過美好的午後時光。

古老大鐘及幾可亂真的柴火暖爐，令人恍如置身於英式大宅內。

下午茶的專用餐廳，採用落地大玻璃設計，顯得環境更明亮。

西式花園，當然少不了華麗的噴水池作點綴。

屋外花園種滿各種植物，一片翠綠的環境倍覺寫意。

──Info──

地址：By The Golf Course, P.O.Box 77, Tanah Rata, Cameron Highlands
電話：+60 - 5 - 491 - 1215
營業時間：早餐0730-1100；
　　　　　　午餐1100-1430；
　　　　　　下午茶1100-1700；
　　　　　　晚餐1830-2130
網址：www.smokehousehotel.com/
消費：約RM$60/位
前往方法：從Tanah Rata乘坐的士前往約5分鐘。

親親小動物
蝴蝶昆蟲樂園（Butterfly Farm）

MAP: P.258 C2

　　創立於1990年的蝴蝶園，園內有不同種類的熱帶雨林蝴蝶，包括粉蝶科、蛺蝶科及鳳蝶科等，另外，也有展示多種昆蟲和小動物，包括：兔子、山羊、蜥蜴等，就像一個小型動物園。

東南亞國家常見的蜥蜴亦有。

顏色鮮艷的菊花，職員每日均親自打理。

白斑型玉帶鳳碟（Common Mormon），展翅約80至100毫米。

――Info――
地址：43rd Miles, Green Cow, Kee Garm, Cameron Highlands
電話：+6054961364
開放時間：0900 - 1800
門票：成人RM$10，4 - 12歲小童RM$5
前往方法：從Tanah Rata乘坐的士前往約15分鐘。

蜂蜜專家
玉蜂谷果園養蜂場
（Ee Feng Gu Bee Farm）

MAP: P.258 C1

　　當地極具規模的養蜂場，設有逾500多個蜂箱、飼有數以萬計的蜜蜂。參觀時，職員會向旅客介紹園內設施及蜜蜂資料。離場前可購買各款天然自家製的蜂蜜產品，如純正蜂蜜、天然花粉及蜂皇漿等。

園內設置多個蜂箱，小蜜蜂隨處可見。

天然純正蜂蜜，有促進新陳代謝及提高免疫力等功效。RM$6.8/60g

蜂蜜棒，便利包裝方便隨時進食，味道清甜。RM$10

――Info――
地址：75, Batu 43, Green Cow, Kea Farm Brinchang, Cameron Highlands
電話：+60 - 5 - 496 - 1951
開放時間：0800 - 1900
入場費：免費
網址：www.eefenggu.com
前往方法：從Tanah Rata乘搭的士前往約15分鐘。

10,000個釋迦牟尼
三寶萬佛寺（Sam Poh Temple）

　　始建於1945年，由來自新加坡的雪山法師出資興建。以中國大乘佛教大樷林格式設計，1964年重建，直至1976年才正式落成。因重建時，大雄寶殿兩側牆壁上鑲了一萬個釋迦牟尼佛像，後改稱為「三寶萬佛寺」。

MAP: P.258 B2

兩旁供奉着四大天王，如南方增長天王。

三寶萬佛寺歷史悠久，常有信眾前來參拜。

天王殿供奉着彌勒菩薩。

――Info――
地址：Jalan Pecah Batu, Brinchang, Cameron Highlands
電話：+60 - 5 - 491 - 1393
開放時間：0800-1700
門票：免費
前往方法：從Tanah Rata鎮乘搭的士前往約15分鐘。

繁花盛放
玫瑰山谷（Rose Valley）

1994年開幕的大型玫瑰園，品種多達450種。就連黑玫瑰、青玫瑰及淺藍色的稀有品種均有。此外，園內亦種有仙人掌、太陽菊及山茶花等，到處散發淡淡的玫瑰花香。園林景觀的設計，吸引不少情侶及女生特意前來拍攝照片留念。

MAP: P.258 C1

淡紅色的玫瑰花旁，含苞待放的花蕾正等待着綻放的一刻。

離場前可前往附設的小商店購買紀念品。

粉紅色玫瑰花，是不少女生最喜愛的顏色。

妊紫嫣紅的玫瑰花，展現出猶如少女般的美態。

園內遍布各種玫瑰，最適合惜花之人前來參觀。

┌── Info ──┐
地址：148 Tringkap, Cameron Highlands
電話：+60125052883
開放時間：0930-1800
門票：RM$5
前往方法：從Tanah Rata鎮乘搭的士前往約20分鐘。

土產市場
Multicrops Central Market

MAP: P.258 B2

又名為Farmers Arcade，由多間土產小店組成的大型購物市場，專售各式由金馬崙高原出產的農作物如士多啤梨、鮮花、蔬菜及特色紀念品等。原本只是本地人的傳統市場，現在卻吸引外國旅客前來購物，體驗地道市場風味之

即使在平日，也有很多旅客及當地人前來光顧。

多款新鮮香甜的百香果及士多啤梨果醬，價錢相宜。

當地盛產農作物，出售賣不同的小盆栽。

┌── Info ──┐
地址：Farmers Arcade, Brinchang, Cameron Highlands
開放時間：0900 - 1800
休息日：週三
前往方法：在金馬崙時光隧道附近，步行前往約5分鐘。

柔佛州首府
新山
(Johor Bahru)

位於馬來半島的最南端，是柔佛州的首府。與新加坡只有1.2公里之隔，故大部分旅客遊畢新加坡後均會順道前往新山一遊。早於1855年開埠，總面積達185平方公里，為全馬第3大城市。本是寧靜的舊區，自從LEGOLAND大型主題樂園於新山落成，加上活化後的歷史老街「陳旭年文化街」成為了文青據點，也令新山轉化為大馬熱門的旅遊城市之一。

新山實用資料

前往新山交通:

飛機

現時香港及台灣並沒有直航航班前往新山的「士乃國際機場」，旅客通常從新加坡或馬來西亞各城市轉乘內陸航班或直通巴士前往。

新山士乃國際機場
Senai International Airport

前稱「蘇丹伊斯邁國際機場」，1974年啟用，擁有11,004米長的跑道，目前主要提供內陸航班及來往印尼的國際航班。

機場規模不大，但旅遊詢問處、餐廳及各式店舖一應俱全。

---Info---
地址：
Johor Bahru, Johor Darul Ta'zim
電話：
+60 - 7 - 599 - 4500
網址：
www.senaiairport.com

機場交通

1. Causeway Link巴士

可乘坐機場巴士Senai Airport Bus（AA1）線前往新山中央車站（JB Sentral），行車時間約45分鐘。門票可在機場內的Causeway Link櫃檯購買，或於官網購票。

---Info---
班次：0900-1900 每小時1班；尾班車2030
車票：成人RM$8；小童RM$6
發車時間＋訂票：
www.causewaylink.com.my/routes-schedules/airport-shuttle-bus/

2. 的士

可於機場出境大廳外截的士，前往市中心車程約30分鐘，建議先行與司機相議車資。

長途巴士
從新加坡出發：

於新加坡可乘坐直通車或的士過境前往新山。車程約1小時。

前往新山市中心

多間旅遊巴士公司包括Transtar Travel、Causeway Link等，每日提供多班直通車從新加坡出發至新山，單程車票都為RM$10-30，班次頻密，非常方便。惟旅客需於新加坡邊境和新山關口下車，辦理新加坡出境及馬來西亞入境手續。

Causeway Link提供多條路線，來往新加坡和新山各個地區。

---Info---
Transtar Travel
網址：www.transtar.travel
*另可於www.busonlineticket.com平台購票。
Causeway Link
網址：www.causewaylink.com.my/routes-schedules/singapore-cross-border-bus

前往LEGOLAND

由新加坡旅遊公司「WTS Travel」每天提供1班往來新加坡至新山LEGOLAND的直通車，車程約1.5小時，於早上09：00從新加坡摩天觀景輪（Singapore Flyer）開出。而回程發車時間為17：15。

---Info---
電話：+65 - 6466 - 8558
單程：RM$13
網址：www.wtstravel.com.sg/coach-tickets/

從馬來西亞各大城市出發：

多間長途巴士公司每日提供多班路線往返吉隆坡至新山，大部分路線會抵達新山市中心外的「拉慶長途巴士總站」（Terminal Bas Larkin /Larkin Sentral），到達後可再轉乘的士前往市中心，車程約15分鐘。

路線	車程	車費
新山-馬六甲	約3-3.5小時	約RM$20-25
新山-吉隆坡	約4.5-5小時	約RM$30-35
新山-雲頂高原	約6小時	約RM$55-60

---Info---
拉慶長途巴士總站
Terminal Bas Larkin /Larkin Sentral
電話：+6072233159
地址：Larkin, Johor Bahru, Johor
網址：www.larkinsentraljb.com.my

每架長途巴士均停泊於不同平台乘車，需於開車前15分鐘抵達候車。

Tips

Bus Online Ticket長途巴士預訂平台
匯集了全國大部分長途巴士公司的班次，發出時間、車站和價格都一目了然，並可於平台官網或手機APP預訂車票。

要注意：憑電子票於出發當日到達車站後，需在換票櫃臺換領實體車票。
官網：www.busonlineticket.com/

的士
從新加坡出發：

旅客可乘坐的士前往新山，包車過關，單程車費約S$100起。惟只有少數的士司機獲得直接過關的許可證，大部分需於新加坡關口附近的士交匯站「Kotaraya」下車，再轉乘新山的士往市中心。

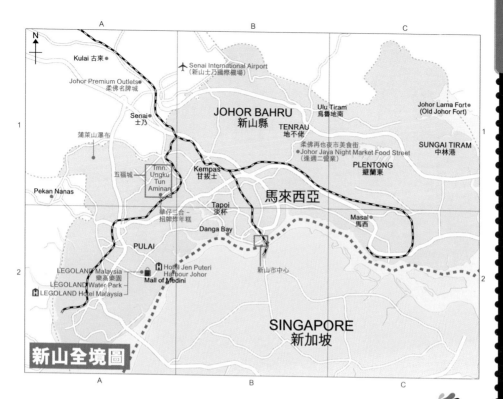

新山全境圖

Map labels:
- Kulai 古來
- Johor Premium Outlets 柔佛名牌城
- Senai International Airport (新山土乃國際機場)
- Senai 土乃
- 蒲萊山瀑布
- JOHOR BAHRU 新山縣
- Ulu Tiram 烏魯地南
- TENRAU 地不佬
- Johor Lama Fort (Old Johor Fort)
- 柔佛再也夜市美食街 Johor Jaya Night Market Food Street (逢週二營業)
- SUNGAI TIRAM 中林港
- PLENTONG 避蘭東
- Pekan Nanas
- 五福城
- Tmn. Ungku Tun Aminan
- Kempas 甘拔士
- 馬來西亞
- 華仔三合一招牌炸年糕
- Tapoi 淡杯
- Masal 馬西
- Danga Bay
- PULAI
- Hotel Jen Puteri Harbour Johor
- Mall of Medini
- 新山市中心
- LEGOLAND Malaysia 樂高樂園
- LEGOLAND Water Park
- LEGOLAND Hotel Malaysia
- SINGAPORE 新加坡

提提你

新山旅遊二三事:

1.新山氣候
新山天氣炎熱,全年溫度維持於攝氏24至32度之間,出發前最好準備防曬乳及雨傘。

2.華人明星
戴佩妮:台灣流行歌手,曾榮獲第25屆金曲獎最佳國語女歌手獎。
楊秀惠:香港TVB藝人,曾奪得2002年馬來西亞華裔小姐冠軍。

3.新山人口
根據2022年馬來西亞統計局公佈的資料顯示,新山縣的總人口約有170萬人。

4.新山治安
新山治安向來欠佳,必需小心財物,建議各位讀者外出時最好結伴同行,也不宜太晚返回酒店。

新山市內交通:

1. 巴士

　　新山市內擁有多間巴士公司,如Causeway Link、Maju、Triton、City Bus、Triton、S&S、GML Line等。惟巴士班次較疏,等候時間較長,多為當地人乘搭,不太建議旅客乘搭。

大部分巴士司機為當地馬拉人,未必可以用英文溝通。

2. 的士 (Teksi)

　　普通的士起錶價約RM$3;豪華的士起錶價RM$6,車廂較為舒適。如一天內遊覽多個景點,建議包車,行程更有彈性,價錢可與司機相議。

3. Grab 叫車服務

　　現時大部分遊客都會選用Grab叫車服務作代步,可直接從APP裡輸入了時間、出發點和目的地去計算車資,然後預約,省時方便。

Grab APP

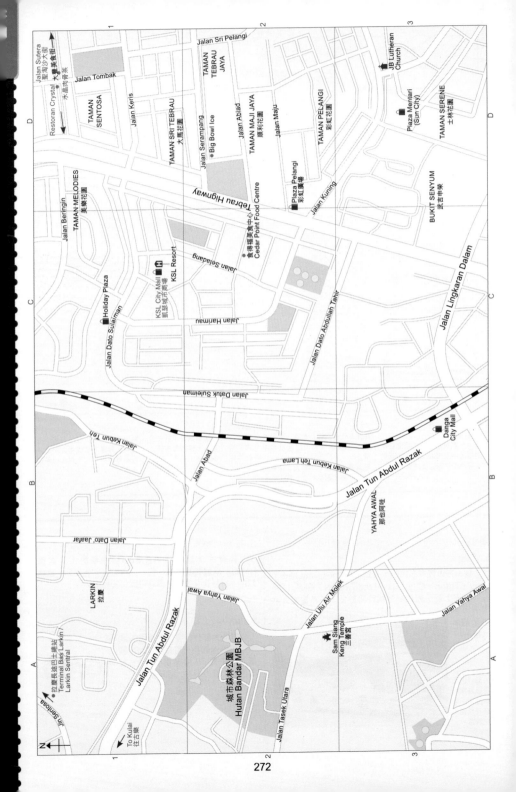

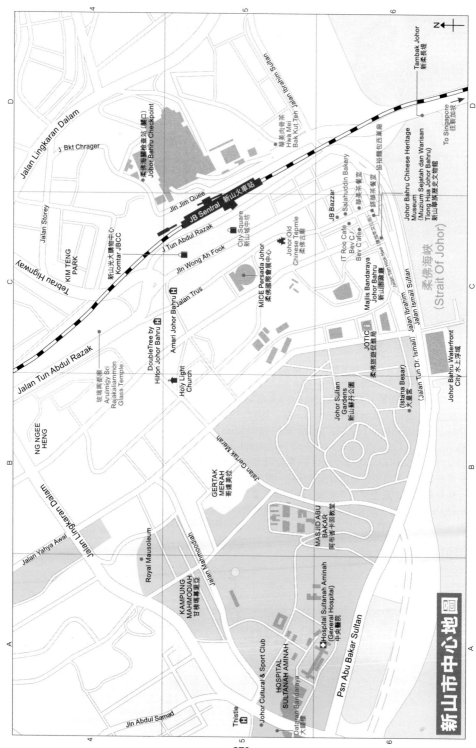

新山市中心地圖

273

位於Imagination園區的長頸鹿，是不少遊客的拍照熱點。

亞洲首個積木樂園
LEGOLAND Malaysia

於2012年開幕，是亞洲首個LEGO主題樂園，座落靠近新加坡邊境的新山，佔地廣達76公頃，劃分為8大主題園區，包括「The Beginning」、「LEGO Technic」、「Miniland」、「LEGO Kingdoms」、「Imagination」、「Land of Adventure」及「LEGO City」、「LEGO NINJAGO World」，集合超過40多項機動遊戲、表演及景點。當中不少遊樂設施都保持一貫特色，而入場費更是全球樂高樂園中最便宜的！此外，園區最受歡迎的「Star Wars Miniland」，吸引一眾星戰粉絲慕名朝聖，當中展出了星戰電影模型、服裝及星戰產物。

MAP: P.273 A2

Tips
新山長年天氣炎熱，記得預備防曬、雨傘或帽。

Info
地址： 7,Jalan Legoland,Bandar Medini,79250 Nusajaya, Johor
電話： +60 - 7 - 597 - 8888
開放時間： 1000 - 1800
*開放時間會隨旅遊旺季而變更、詳情可查看官網。
最後進入時間： 1700

票價：

一天票	成人	小童/長者*
主題樂園	RM$249	RM$199
水上樂園	RM$179	RM$149
SEA LIFE 海洋探索中心	RM$99	RM$79
聯票：主題樂園＋SEA LIFE 海洋探索中心	RM$319	RM$259
聯票：主題樂園＋水上樂園 SEA LIFE 海洋探索中心	RM$399	RM$329

*小童：3-11歲；長者：60歲以上
*3歲以下免費入場

網址： www.legoland.com.my
前往方法：
從新山出發：
的士：從關口或新山市中心乘搭的士前往，約需20至30分鐘。
從新加坡出發：：
巴士：由 WTS Travel 提供每天1-2班直通巴士，從新加坡觀景摩天輪（Singapore Flyer）直達Legoland門外，車程約1.5小時，單程票價約SG$13-16。
詳情及訂票：
www.wtstravel.com.sg/legoland/

遊客們來到門口的指定動作就是拍照。

開幕時，LEGOLAND特意邀請一眾星戰迷Cosplay戲中人物，手持激光劍打扮，極具氣氛！

機械人R2-D2，簡稱為R2，是少數於每集《星球大戰》電影都有出現的角色。

星戰迷朝聖園區
Star Wars Miniland

　　是一眾星戰迷的朝聖地！約9,000平方呎的八角形建築內，展出了多達2千個1比20的模型。這些模型共花上超過8,000小時及逾150萬粒積木砌成。其中6個館展出電影《星球大戰》各集的經典場景，包括Naboo、Geonosis、Kashyyyk、Mustafar、Tatooine、Hoth、Endor及Christophsis，而2.65米高的Crystal City，更是園內最大的模型。在產品專區除可買到主角的匙扣、磁石及T-Shirt等精品外，還可找到市面上較難尋找的模型，如R2-D2、Death Star、Millennium Falcon、Super Star Destroyer等。

戲中由黑武士製造用以幫助其母親工作的C-3PO，常常與R2-D2結伴冒險。

館內除了展現戲中的建築物模型，也有展示一些經典場景模型。

場內太空感十足，左右兩旁均放置了星戰主角的LEGO模型，個個手持激光劍，氣勢十足！

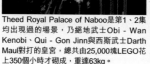

Theed Royal Palace of Naboo是第1、2集均出現過的場景，乃絕地武士Obi-Wan Kenobi、Qui-Gon Jinn與西斯武士Darth Maul對打的皇宮，總共由25,000塊LEGO花上350個小時才砌成，重達63kg。

全園體積最小的尤達大師，只利用了30粒LEGO砌成。

LEGO雙子塔雖然只有10米高，已是Miniland中最高的地標！

Singapore Flyer與真實的摩天輪一樣，會不停轉動。

新山的地標鐘樓，LEGO人做得仔細，當中不少是馬拉人面孔。

印度泰姬陵栩栩如生。

環遊全亞洲
Miniland

用上超過3,000萬塊LEGO砌成的微縮樂園，賣點是亞洲各國的積木版名勝景點，包括馬來西亞、新加坡、中國、泰國、印度、印尼、汶萊、越南、菲律賓、柬埔寨、寮國及緬甸，合共12個國家的地標建築，除了仿真度極高，旁邊還有文字解説。只要按動開關掣，當中的LEGO人及交通工具等機關便會動起來，何止是積木這麼簡單！

泰國黎明寺極為莊嚴。

The Dragon刺激非常，也適合親子同遊！

從古堡正門走進去，就是The Dragon過山車的入口。

騎飛龍穿越古堡
LEGO Kingdoms

以2條飛龍過山車作為賣點，「The Dragon」先在古堡開始遊一圈，觀賞堡內的LEGO公仔，再衝出城堡時會較為快速，適合成人和比較膽大的小朋友。另一個「Dragon's Apprentice」屬於較為慢速的迷你過山車，特意設計給小朋友作為入門版，讓他們可先培養一下勇氣。

表情趣怪的LEGO公仔。

LEGO士兵站在門口守衛着古堡。

新山

恐龍遇上古埃及
Land of Adventure

以恐龍及古埃及劃分為2個景區，在恐龍主題區的Dino Island坐船暢遊水道，沿途可觀賞到不同的LEGO恐龍，最後由12米高的滑梯直衝下來，水花四濺，非常刺激。古埃及區則有室內互動射擊遊戲，考驗眼力及速度，射中目標就可得分！更有一個專為小朋友而設的跳樓機，絕對老幼咸宜！

坐船暢遊水道時，沿途會看到不同品種的恐龍。

兒童版跳樓機雖然只有1層樓高，但小朋友依然玩到不停大叫！

Dino Island會玩到濕身，有需要可準備雨衣。

滑梯的衝擊力強大，非常刺激。

來到古埃及，駱駝是不可或缺的。

Lost Kingdom Adventure：只要眼明手快，射中LEGO人無難度。

創意與力的考驗
Imagination

較多元化的景區，內有Build and Test Centre，提供LEGO及配件給小朋友自行創作屬於自己的模型。另外，亦有觀光塔、4D影院，還有Kids Power Tower及大量色彩豐富的LEGO，到處都是拍照好背景！

巨型愛因斯坦頭像乃景區內最受歡迎LEGO之一。

騎着恐龍的LEGO人，會向對面射水降溫！

登上50米高的觀光塔，可飽覽整個樂園及酒店。

小朋友在忙於找尋喜歡的LEGO。

Kids Power Tower：需要自行拉動繩索往上升，較為吃力。家長最好陪同小朋友一起玩。

Aquazone Wave Racers：可以隨時轉換方向及發射水炮，要有濕身的心理準備。

The Great LEGO Race 近年還加入了VR元素，刺激度爆燈！

夏日炎炎，坐上Aquazone Wave Racers 玩玩水，向路人發射水彈，熱氣全消。

大細路專區
LEGO Technic

　　主打刺激的機動遊戲集中地，是較為適合成人的玩樂園區，其中最具人氣的包括令人尖叫聲不絕的The Great LEGO Race過山車、降溫必玩的Aquazone Wave Racers，以及轉不停的Technic Twister等。

火車會經過LEGO City及Miniland兩大主題景區。

Rescue Academy：需二人合力發動機關，消防車方可往前推進。

小朋友可挑選自己喜歡的LEGO車駕駛。

小朋友世界
LEGO City

　　設有Boating School、Driving School及Junior Driving School等多間主題學校，小朋友可體驗自駕的樂趣，在路上盡情奔馳，還可以在Rescue Academy一試消防員的救火工作，鬥快抵達終點發射水炮將火撲滅，亦可乘搭LEGO Express的火車暢遊樂園，欣賞園內景色。

LEGO Express：車站用上新山的地標鐘樓作設計，充滿地道特色。

瞄準目標後馬上發射水炮，鬥快完成任務！

遊玩攻略：

1.特色LEGO逐個影

園內各區擺放了不少別具特色的LEGO公仔，記得找齊逐一合照！

畫家畫出心中的樂園。

身在大馬主場，少不了地道特色的LEGO公仔。

於入口附近的LEGO男孩，也想爬進樂園玩樂一番！

積木人隨時會出現在你面前。

於門口守衛的老虎士兵。

栩栩如生的鸚鵡。

跟積木人合照後，職員會派發手帶以記錄相片編號，旅客只要於每個機動遊戲的出口，掃描條碼即可購買自己的照片。

2.Locker寄存

不同園區均設有投幣式Locker，以方便遊客寄存個人物品，只限使用馬幣。

3.交換LEGO

園內每位職員的名牌上都有一個LEGO公仔，旅客可以自備LEGO隨時和他們交換！

4.嬰兒車租賃

為方便家庭遊客照顧同行小朋友，樂園提供嬰兒車租借服務。
收費：
單人車RM$58 / 日、
雙人車RM$80 / 日

5.餐廳避暑

園內設有多間不同主題餐廳，內外均擺放了不少LEGO，頗具特色。最重要是冷氣強大，玩到累時是休息的好地方。

6.園外覓食「Mall of Medini」

樂園正門外設有大型商場，有齊各式商店及食肆，亦有快餐連鎖店KFC及Burger King等，方便遊客進園前或離園後前去購物或用餐。

電話：+60 - 7 - 509 - 9493
營業時間：0830-2200

Joker Soaker屬園內最大型的玩水區，共有7條滑水梯。

入口處設有收費儲物櫃，採用指紋認證開鎖，免卻遺失鎖匙的問題。

場內不同位置都布滿機關，水桶及水槍隨時向你射水，想不濕身也難。

I Can Tips

如果想玩盡2大樂園，建議住在Legoland Hotel，預留共2天時間，可每天各玩1個樂園。

全球最大水世界

LEGOLAND Water Park Malaysia

於2013年開幕，是亞洲首個LEGO水上樂園，佔地30公頃，分為山上及山下兩部分：山上全是刺激的滑水梯；山下則是適合小朋友玩樂的玩水區。園內擁有14項遊樂設施，其中包括超過20條各有特色的滑水梯，而每項設施均有救生員駐守以確保安全。在Joker Soaker玩水區最頂端的大水桶，每隔數分鐘就會倒下300加侖的水！無論大人或是小朋友都樂於站在下方等待倒水的一刻，被水花弄至渾身濕透，感受最涼快的夏水禮。

MAP: P.271 A2

水著版LEGO公仔就在Build - A - Raft River旁。

場內有超過70個小朋友高度的LEGO人型公仔，造型可愛。

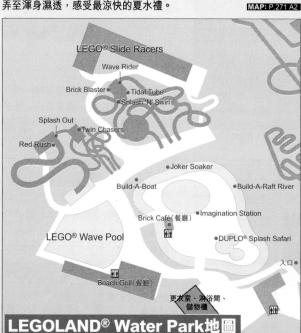

LEGO® Slide Racers
Wave Rider
Brick Blaster
Tidal Tube
Splash 'N' Swirl
Splash Out
Twin Chasers
Red Rush
Joker Soaker
Build-A-Boat
Build-A-Raft River
Brick Café (餐廳)
Imagination Station
LEGO® Wave Pool
DUPLO® Splash Safari
入口
Beach Grill (餐廳)
更衣室、淋浴間、儲物櫃

LEGOLAND® Water Park地圖

Water Park入口就位於LEGOLAND的左邊，距離很近。

水世界必玩：

大水泡飄流記
Build - A - Raft River

由超過1,500粒海綿LEGO砌成長達300米的LEGO運河，是園內最受歡迎遊樂設施之一。旅客可以躺在水泡上，一邊沿着運河飄流，一邊發揮小宇宙砌LEGO，途中LEGO公仔更會隨時向你發射水炮，非常刺激！水流速度緩慢，大約3分鐘就可遊完一圈。

炎炎夏日，浸在水裏非常涼快。

坐在水泡上，小朋友即使不熟水性也不用怕。

園內最高滑梯
Lego Slide Racers

高44米，旅客需自行在入口處取藍色滑水墊，然後排隊登上梯頂。由於管道非常跣水，旅客頭向下趴在墊上俯衝時會以極速下滑，途中更會有兩個上坡，身體會被輕微拋起，全程只需10秒即達水池，非常刺激！

衝下坡時水花四濺，人人玩到不停尖叫！

暢遊浪池
LEGO Wave Pool

人造浪池，池水較淺，適合小朋友遊玩，但不時會有浪花衝過來。

小朋友落水的話必須穿上救生衣。

飄移海盜船
Brick Blaster

當橡皮艇進入管道後，恍如海盜船般左搖右擺，全程約30秒，中途會不停自轉及飄移，尖叫聲不絕。

超級大圓碗
Splash and Swirl

進入管道後，橡皮艇會經過橙色的大圓碗，沿着水流轉動，最後經密封的管道直衝而下，體驗快感滋味！

紀念品店
Surf Shop

店舖位於更衣室旁邊，有不少園內限定的商品發售，也有提供泳衣及一系列水上用品等，即使忘記攜帶也不是問題。

童裝潛水衣

防水相機袋

入場時即會看到這間專門店。

店內設有給小朋友使用的手推車。

水杯連飲筒

商品包羅萬有，恍如LEGO百貨店。

手信必掃！

園區最大LEGO專賣店
The Big Shop

　　位於樂園入口的右手邊，出售款式眾多及當地限定的紀念品，包括帽子、恤衫、杯子、模型、文具及精品等，更可自行挑選積木匙扣並刻上英文名，成為獨一無二的手信。離場前記得預留時間血拚！

LEGO Mini Box

LEGO Ollie匙扣

Star Wars匙扣，RM$25

I love LEGOLAND匙扣

LEGO鉛筆刨

文具套裝

LEGO調味瓶

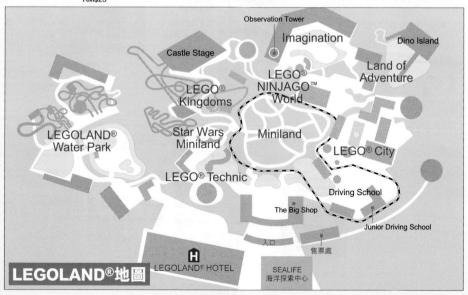

外形色彩豐富，恍如真的積木屋一樣，入口位置更有The Dragon。

亞洲首間積木酒店
LEGOLAND Hotel

房內不設Wi-Fi，但大堂提供免費Wi-Fi。

位於LEGOLAND兩大主題樂園旁邊，於2014年初開幕，擁有249間特色房間，包括Pirate、Adventure及Kingdom 3大主題套房，房內每個角落都布滿LEGO圖案。酒店以家庭套房為主，很多細節都是特意為照顧小朋友而設，如房間地下都鋪上特厚地毯，以策安全。每間套房都設有大人和小朋友的獨立睡房，絕對是親子遊首選。

MAP: P.271 A2；P.282

為小朋友而設的子母床，最底層亦可拉出來，最多可供3名小童入住。

每個房間均有提供一箱LEGO給小朋友玩樂。

桌上放置了一些問題紙，考驗小朋友對房間的熟悉程度，非常有趣。

同樣需要回答問題方可開啟的夾萬。

就連洗髮水及沐浴用品也有LEGO圖案，真捨不得用掉。

Pirate Themed Room：以海盜為主題的房間，用了紅白色及骷髏骨圖案，非常搶眼。

房卡也特別印上LEGO圖案，打破傳統房卡的沉悶設計。

---Info---

地址：7, Jalan Legoland, Bandar Medini, 79250 Nusajaya, Johor
電話：+60 - 7 - 597 - 8888
房價：
Pirate Themed Room RM$920 / 晚起*
Adventure Themed Room RM$920 / 晚起*
Kingdom Suite Room RM$2100 / 晚起*
*房價已包括早餐，惟會隨旅遊旺淡季有所變動。
網址：www.legoland.com.my/Hotel
前往方法：位於LEGOLAND旁。

整體裝潢恍如歐陸式花園，環境舒適，旅客購物時也倍感放鬆。

I Can Tips

在雲頂高原設有另一家Genting Highlands Premium Outlets（詳細介紹見P. 094-095）

馬來西亞首家Outlets

柔佛名牌城（Johor Premium Outlets）

全球均有分店的「Premium Outlets」，於2011年12月選址新山開店，乃馬來西亞首家Outlets。樓高兩層，過百間店舖集結多個國際及本土品牌，如Balenciaga、Bottega Veneta、Gucci、Prada、adidas、Nike…也有一些大馬著名品牌，例如：Vincci、Bonia等。雖然大多是過季商品，但提供高達七折至半價的折扣優惠，不少品牌更設有額外的折上折。場內另設有多間特色餐廳及美食廣場，瘋狂血拚過後可大飽口福。

MAP：P.271 A1

在官網預先登記免費成為Shopper Club VIP，到埗後可領取優惠券。

美食廣場提供多國美食，除了地道馬拉美食，就連泰國菜、韓國菜等均有供應，非常多元化。

Outlet特設儲物櫃，方便旅客瘋狂購物後存放物品，非常細心。

儲物櫃分為兩種尺寸，設有8種語言方便各國旅客使用。

─Info─

地址：Jalan Premium Outlets, Indahpura, Kulai, Johor Darul Takzim

網址：www.premiumoutlets.com.my/johor-premium-outlets

前往方法：

新山市中心
從新山火車站（JB Sentral ）乘坐JPO1巴士路線，約65分鐘可直達Outlet門外，單程車票RM$4.5，每天5班，班次可於官網查閱。

士乃國際機場
從Senai International Airport Johor 乘坐的士前往，約需5-10分鐘。

全馬知名女鞋
VINCCI

　　馬來西亞本地人氣女鞋品牌，以價錢相宜、品質高打響知名度。在全國各地均設有分店，在Outlets這裡更可享有折上折優惠。除了各式鞋款，就連不同的飾物如耳環、手鐲及皮帶等均有發售，是當地人血拚的首選。

紅色涼鞋設計亮眼。穿起來涼爽舒適。

飾物款式特別且容易配襯，價錢相宜。

逾百鞋款可供選擇。

新山Outlets分店貨品比起大馬市區店舖的價錢更相宜，還提供折上折優惠。

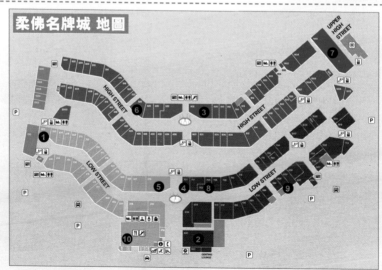

地圖來源：官網 www.premiumoutlets.com.my

熱門店舖：

1. Vincci (Shop No.300)
2. Prada (Shop No.602)
3. Adidas (Shop No.902)
4. Gucci (Shop No.700)
5. Coach (Shop No.338)
6. Levi's (Shop No.526)
7. Nike (Shop No.1410)
8. Balenciaga (Shop No.704)
9. Burberry (Shop No.628)
10. 美食廣場

新舊交融
陳旭年文化街

Info
地址：Jalan Tan Hiok Nee, Johor Bahru
前往方法：從新山火車站或關口乘坐的士前往，約需10分鐘。

陳旭年（Tan Hiok Nee）是19世紀末柔佛最大的港主，也是新山市於1855年開埠時的開國功臣，為表揚其功績故將街道命名為「陳旭年街」。街道至今已超過150年歷史，原本老屋因店主搬走而變得破落不堪，直至2009年，新山文化人陳再藩將老街打造成「陳旭年文化街」，定期舉辦不同的傳統文化活動，吸引多間個性小店進駐，才令老街回復昔日的熱鬧。

MAP: P.273 C6

現時的陳旭年文化街，除了百年懷舊老店，亦有不少時尚小店。看似不同時空的店舖，卻新舊交融地共同存在。

店員忙著將新鮮出爐的香蕉蛋糕切件入盒。

店舖其實以工場為主，不少客人多是特意前來購買。

傳統柴窯烤包　**MAP: P.273 C6**
協裕麵包西菓廠

創於1919年的老字號麵包店，原名「合裕」，於1932年由林猷萬接手後易名並經營至今，現由第3代接班人林道壤打理。現在不少店家為求方便，早已改以電爐烘焙，惟獨這裡多年來堅持使用傳統柴窯烘烤，令麵包保持獨特風味。老闆每天清晨便開始預熱柴窯及搓麵團，提供多達18款口味的麵包及糕點，當中以香蕉蛋糕及椰子包最受歡迎，每到出爐時間，店門總堆滿前來購買的客人。

工場空間有限，烤烘麵包所需的柴枝均堆放門口。

以紅肉香蕉製成的香蕉蛋糕，蕉香濃郁，質感鬆軟，味道清甜可口，吃後齒頰留香。
RM$12 / 盒

椰絲麵包外皮酥香鬆軟，內裏有自家炒過的椰絲作餡料，甜而不膩。
$5 / 4個

沿用人手烘焗麵包，員工面對攝氏200度的高溫依然面不改容。

Info
地址：13 Jalan Tan Hiok Nee, Johor Bahru
電話：+60 - 7 - 223 - 1703
營業時間：0730-1630
休息日：週日
前往方法：在陳旭年文化街的中段。

潮服 × 咖啡店
Bev C / Bev C'afe

MAP: P.273 C6

在老街上的個性小店，別樹一格！樓上的Cafe更是文青們的熱門據點。

　　由店主阿Bee及Cally於2013年開設的服裝店，店名正是結合2人的英文名。這裡除了販售店主的自家服飾，也結集了多個本土設計師的時裝品牌，別具特色。樓高2層，地下售賣各款潮流服飾，及後更於2樓增設「Bev C'afe」，提供咖啡及蛋糕等輕食，亦成為當地一眾潮人集中地，可邊吃邊討論時裝新趨勢！

店家的招牌咖啡 Espresso Iced Cude，濃縮咖啡先冷凍成冰塊，然後再加入和牛奶、焦糖、朱古力等等的自選口味。RM$17-19

店員示範的型格黑色襯衣，配上透明膠帽，鄰家男孩頓變潮男。

Bev C'afe環境設計簡潔明亮，深受當地年輕人歡迎。

喜歡潮流飾物的朋友，大可前來逛逛，找尋心頭好。

這裡也有供應各款蛋糕，另外也有黑炭多士、沙律、意粉、輕食。

─ Info ─
地址：54, Jalan Tan Hiok Nee, Johor Bahru
電話：+60182774557
營業時間：1000-1800
休息日：週三
消費：約RM$45 / 位
前往方法：在陳旭年文化街的前中段。

傳統老咖啡店
錦華茶餐室

1963年開店的茶餐室，曾入選馬來西亞「100間最具傳統風味咖啡店」。現由第2代接班人繼承。位於老街的當眼位置，多年來人氣居高不下。自家製的咖啡配方，特別混入金馬崙高原及斯里蘭卡的茶葉，令到咖啡更加香滑。不論當地人或是旅客，定必點上咖央多士、半熟蛋及咖啡。同場亦有其他地道美食檔口，包括：水粿、雞飯等。

MAP: P.273 C6

半熟蛋選用新鮮雞蛋，加入幾滴香濃的豉油再攪拌，便是當地人的地道早餐。早餐（咖央多士＋半熟蛋＋咖啡）RM$8.6

即使在平日的下午，亦是座無虛席。

咖央多士，烤得略帶焦香，選用自家製的咖央醬，風味獨特，香甜鬆脆。

━Info━
地址：67, Jalan Tan Hiok Nee, Johor Bahru
電話：+60 - 14 - 614 - 7660
營業時間：0700-1800
休息日：週二
消費：約RM$15-20/位
前往方法：位於協裕麵包西菓廠對面。

海南風味
華美茶餐室

始業於1946年開業，經營了逾半世紀的舊式茶餐室。由於店主是海南人，故不論食物或是裝潢均極富海南懷舊風味。菜式以海南菜、馬拉菜及中西餐為主，展現多族文化的特色。其中最受歡迎是經典的牛油咖央多士、海南炸雞扒和各式咖啡，光是咖啡就提供多款選擇，除了有傳統南洋咖啡Kopi O、咖啡仙草之外，還有把牛油加入咖啡的Kopi O Gu Yong。

MAP: P.273 C6

老店仍保留昔日裝潢，懷舊氣息甚濃郁。

牛油咖央多士（RM$3.7）帶有炭火香，外層烘得香脆無比，咖央醬散發濃郁椰香及牛油味；凍咖啡（RM$3.9）入口順滑香甜。

━Info━
地址：131, Jalan Trus, Johor Bahru
電話：+60 - 7 - 224 - 7364
營業時間：0830-1730
消費：約RM$20-25/位
前往方法：從陳旭年街步行前往，約需2分鐘。

舊式的傳菜籃沿用至今，將食物由1樓吊至2樓。

屬當地街坊最受光顧的老牌茶室。

新山第一雞扒
IT Roo Cafe

創辦於1960年的知名餐廳，內部裝潢古舊，牆上掛滿殖民時代的舊照片及海報。招牌菜號稱新山第一的雞扒，選用重量約140克的雞扒，分為酥炸及燒烤兩種烹調方法，就連醬汁亦可選擇自家製的蘑菇醬或黑胡椒醬汁。2003年更獲The Star頒發「The Best Chicken Chop In Town」，成為一時佳話，難怪連柔佛州的皇室成員也是昔日常客。

MAP: P.273 C6

招牌特飲Root Beer Float，用了沙士汽水配上雪糕，口感冰涼清爽。RM$7.8

黑椒雞扒外層炸得酥脆，肉嫩多汁，配上特製的黑胡椒醬汁拌食，微辣惹味，就連伴碟的薯仔也炸得香脆可口。RM$19

牆壁掛有陳年的黑白照片紀念家人，店主相當重視感情。

店門大字標題「The Best Chicken Chop in Town」，可見實力非凡。

Info
地址：17 Jalan Dhoby, Johor Bahru
電話：+60 - 2227 - 780
營業時間：1100-2030
消費：約RM$30-40 /位
前往方法：從陳旭年街步行前往，約需1至2分鐘。

傳統柴窯已買少見少，只在傳統老店才會見到。

Nisa推薦這款店內熱賣的White Bread，口感香甜鬆軟。

MAP: P.273 C6

古法柴窯麵包
Salahuddin Bakery

創立於1937年知名麵包店，由印度人主理，承傳至今由第3代繼承人接班。以傳統柴窯每日烘焙多款印度地道麵包，其中咖喱角外層酥脆，內餡有薯蓉、洋蔥，以及雞肉、牛肉或羊肉等，味道香辣，口感豐富。每到出爐時間，各式麵包糕點很快便售罄，往往到下午已所剩無幾。

店面設計簡潔，沒有過多的花巧設計，反而令人專心留意麵包。

牆上貼滿當地傳媒報道的剪報，足證實力非凡。

Info
地址：26, Jalan Dhoby, Johor Bahru
電話：+60 - 7 - 227 - 3736
營業時間：0900-1800
休息日：週五
前往方法：在IT Roo Cafe對面。

歷史悠久
柔佛古廟

逾百年歷史的柔佛古廟，由19世紀柔佛州著名港主陳旭年等先賢興建。古廟供奉五尊神明，包括趙之大元帥（海南）、華光大帝（廣肇）、感天大帝（客家）、洪仙大帝（福建）及元天大帝（潮州）。每年農曆正月二十至廿二日舉辦的「柔佛古廟遊神」，於2012年被列入國家級非物質文化遺產，亦是新山歷年的標誌性盛事，以祝願來年豐裕，並祈求風調雨順，每年均吸引大量市民圍觀，非常熱鬧。

MAP: P.273 C5

柔佛古廟對新山當地華人別具意義。

每尊神明代表潮州、福建、客家、廣東和海南族群。

五尊神明之一的洪仙大帝，又名洪仙公，是新加坡及馬來西亞特有的本土神明。

╭─Info─╮
地址： Lot 653, Jalan Trus, Johor Bahru
電話： +6072134098
開放時間： 0700-1700
前往方法： 從新山火車站（JB Sentral）步行前往，約需10分鐘。

古廟玻璃打造
玻璃興都廟
(Arulmigu Sri Rajakaliamman Glass Temple)

始建於1928年的印度廟，是馬來西亞唯一的玻璃寺廟，於2007年重修成現在的模樣。內裡不太大，但別具特色。廟身磚牆鑲有30萬片約6種顏色的玻璃片，小殿堂的牆壁則用了30萬顆金剛菩提子（Rudraksha Beads）鑲成。這裡除了供奉興都教神像，也擺放了基督、天主、回教、佛教等八大宗教神像，讓不同宗教的信徒都可入內祈福。

MAP: P.273 C5

柱子與牆壁都鑲有彩色玻璃片。

印度教三大神之一的濕婆神。

Tips
1. 請注意廟內的告示牌，有些神像是禁止拍攝。
2. 需要脫鞋才可進入。
3. 寺內拍照是要額外收費。

╭─Info─╮
地址： No.22 Lorong Satu, Tebrau, 新山
電話： +60 7 - 224 - 5152
開放時間： 0700-1200、1900-2200
門票： RM$10
前往方法： 從新山火車站或關口乘坐的士前往，約需10分鐘。

新山地標

MAP: P.273 A5

大鐘樓
（Dataran Bandaraya）

鐘樓除了是新山的地標，每天亦準時為大眾報時。

　　建於1994年的大鐘樓廣場，以紀念新山正式升格為市。廣場設有噴水池及大草地，用作舉辦各種文娛活動及展覽會等。每當夜幕低垂，亮燈後的大鐘樓更見特別。

┌─ Info ─┐
地址：Dataran Bandaraya, Johor Bahru
前往方法：從新山火車站或關口乘坐的士前往，約需10分鐘。

購物必去

凱瑟城市商場（KSL City Mall）

　　位於市中心以北，屬新山市5大購物商場之一。樓高5層，集結多個國際及本土品牌，餐廳、化妝品、服飾及數碼電子產品等店舖，應有盡有。商場鄰近附設KSL Reort，因位置方便同樣大受旅客歡迎。

就算連當地人也很喜歡逛的商場。

每層各有不同類型的店舖。

MAP: P.272 C1

┌─ Info ─┐
地址：33, Jalan Seladang, Taman Abad, Johor Bahru
電話：+60 - 7 - 288 - 28888
營業時間：1000 - 2200
網址：www.kslcity.com.my
前往方法：從新山火車站或關口乘坐的士前往，約需12分鐘。

鄰近關口

新山城中坊（City Square）

　　樓高4層的購物商場，因位置鄰近火車站和關口離境大樓，是往返新山至新加坡的必經之地，盡佔優勢，故每天人流甚多。店舖種類繁多，售賣各款時尚服飾、化妝品及日用品等。

MAP: P.273 C5

商場連接離境大樓的天橋，從新山過境至新加坡，猶如香港前往深圳羅湖般方便。

即使平日的夜深時份，人流依然，可見人氣十足！

┌─ Info ─┐
地址：106 & 108, Jalan Wong Ah Fook, Johor Bahru
電話：+60 - 7 - 226 - 3668
營業時間：1000 - 2200
網址：www.citysqjb.com
前往方法：從關口步行前往約5分鐘。

道地美食夜市
聖淘沙大街
（Jalan Sutera）

位於新山市中心以北的大豐花園，又名為「大豐美食街」，昔日原是夜店林立的紅燈區，現在卻是當地人最愛的美食夜市。每當傍晚時分，街道兩旁便開滿小食攤檔，主打馬來西亞及華人美食，包括有甘蔗水、老鼠粉、燒雞翼、福建蝦麵、鴨飯等，另外還有「亞坤」攤檔的叻沙和「王奶奶」攤檔的麵粉粿。價錢相宜且愈夜愈熱鬧，難怪成為當地居民覓食的熱門之選。

大牌檔格局設計的夜市，人氣十足！

MAP: P.272 D1

Sentosa Chicken Wings 的燒雞翼外皮香脆，肉質鮮嫩多汁，可蘸上特製辣醬拌食，更添美味。

在亞坤攤檔可以吃到多款地道馬拉美食，其中亞參叻沙以魚湯及亞參汁熬煮湯底，麵條爽滑，味道酸辣惹味。

幾乎每人都會點一杯甘蔗水，清新解渴，一喝之後悶熱即消。

外帶以地道膠袋包裝，再以飲管吸啜，非常懷舊。

一排排雞翼掛在爐上燒，表皮烤得金黃焦香，十分惹味。

┌ **Info** ┐

地址：Jalan Sutera, Taman Sentosa, Johor Bahru
營業時間：約1800 - 2300
休息日：週一
消費：約RM$20-30/位
前往方法：從關口乘搭的士前往約10分鐘。

翻新老字號
水晶肉骨茶
（Restoran Crystal）

MAP: P.272 D1

每日就是靠這個炭爐熬製肉骨茶。

位於聖淘沙大街的前中段，前身為知名老店「木清肉骨茶」，店主Crystal於該店工作超過20年，接手後易名重開。選料講究，店主每天都會親自前往市場選購食材，再以炭爐生火烹調，確保原汁原味。

Info
地址：141, Jalan Sutera Taman Sentosa, Johor Bahru
電話：+60 - 1 - 6721 - 1108
營業時間：1000-2000
休息日：隔週三
消費：約RM\$20-30/位
前往方法：在聖淘沙大街的前中段。

肉骨茶藥材味較清淡，但肉質很柔軟。RM\$14/小份

傳統炭火香
華美肉骨茶
（Hwa Mei Bak Kut Teh）

MAP: P.273 D5

Tips
由於只營業數小時，為免白走一趟，建議早上前往較好。

新山老字號，當地熟客稱為「阿B肉骨茶」。為求食客可品嚐傳統風味，堅持使用炭火烹調，就連泡茶用的開水也是，老闆一邊煮、一邊用扇子控制火候，絕不馬虎。肉骨茶湯味濃郁，帶有濃郁藥材味，肉骨香脆，非常惹味。雖然每日只經營5個半小時，卻可日賣200多碗，大受當地人歡迎。

肉骨茶（小RM\$14 ；大RM\$20）湯味濃郁，香氣四溢；鹹菜（RM\$3.5），味道鹹香，用來佐飯一流。

裝潢傳統，「華美」招牌是數十年前的店主留下來的，更不時播放老歌。

老闆堅持古法，使用炭火烹調肉骨茶。

豆乾吸滿了湯汁，帶有濃濃的豆香；肉骨茶配上一碗白飯，便是當地人的傳統食法。

老闆Johnny是第3代繼承人，每日都會親力親為烹調肉骨茶。

Info
地址：146 Jalan Lumba Kuda,Johor Bahru
電話：60 12 700 1776
營業時間：0830 - 1400
休息日：週一
消費：約RM\$20-30/位
前往方法：從陳旭年街或關口步行前往，約需10分鐘。

不可錯過的馬來地道夜市美食有串燒、燒魔鬼魚、炒粿條、烏達、砂煲雞飯等。

週二平民美食聖地

柔佛再也夜市美食街
(Johor Jaya Night Market Food Street)

Info
地址：Jalan Dedap 4, Johor Jaya, Johor Bahru, Johor（鄰近Family Food Court）
營業時間：週二 1700-2200
前往方法：從關口乘的士約25分鐘。

　　於距離新山市中心約15公里外的柔佛再也（Johor Jaya），每逢週二設有一個很具人氣的夜市，越夜越熱鬧！在約長600米的美食街上，開滿了各式各樣的小食攤檔，整條街道放滿了像大排擋一樣的餐枱，並架起大型帳篷，方便食客即場用餐。另外亦有販賣蔬果和日常用品，選擇甚多且價錢相宜，是本地人的平民市場，也是遊客們體驗街頭風味的好地方！

洋蔥、蒜頭等調味配料也可購買，猶如菜市場一樣。

非常清甜的芒果，價錢便宜。RM$8/1KG

烏達魚
Otak Otak

　　把馬鮫魚攪成魚肉，加入椰漿、辣椒、黃姜、蒜頭等香料，以蕉葉包裹再放在炭火上烤熟，味道香濃，是當地人最愛吃的小食之一。

Otak Otak有3種不同形狀，以長條形的較為常見。

當地人很熱情，面對鏡頭也不害怕。

蕉葉烤至微焦狀態，深紅色的魚肉非常入味。RM$1.2

油炸豆腐
Tahu Bakar

風味十足的地道小食，油炸豆腐夾上少量芽菜、青瓜及花生碎，再澆上檳城蝦膏，味道甜甜微辣，非常惹味。

油炸豆腐格外香脆，配料口感豐富，不會太膩。

熱情的老闆遞上豆腐。

曼煎粿
Apam Balik

邊緣餅皮非常焦脆，餡料有花生碎粒和粟米，還有少許糖粒及牛油，帶有奶香味，口感煙韌軟糯。

價錢相宜，不妨一試。

是代表大馬的地道小吃之一。

將米糊倒在鐵板上做成餅皮，再加上配料，對摺後再斬件即成。

馬拉撈麵
Mee Rebus Tahir

開店逾10年，Tahir是店主的姓，由兩位年輕兄弟繼承爸爸的麵店，以黃麵條為主食，加上雞蛋、炸物、豆芽、辣椒及香蒜等配料，再配上由媽媽秘製的湯底。

Mee Rebus麵條爽滑，濃稠的湯底混合了叻沙和咖喱的味道，相當惹味。RM$6

提提你
「Mee Rebus」為馬拉文，Mee是麵，Rebus指燙熟。

外賣時湯底和麵條分開盛載。

牛奶冰棍
Shake Ice Cream

以子母奶製作的懷舊雪條，先將牛奶倒進圓棒模內冰鎮約7分鐘，期間不停轉動，即可從液體變為固體，提供士多啤梨及巧克力兩種口味。

士多啤梨冰棍味道清甜；巧克力味則十分香濃，令人想一吃再吃！

夜市必食
沙嗲串燒

每個夜市不可或缺的小食，牛肉及雞肉串燒。老闆熟手地不停撥火，用炭將肉烤至焦香，再搓上醬汁，非常惹味。

即燒串燒香噴噴，味道不太辣，帶有馬來沙嗲的甜香。RM$1-1.3/串

店舖位於皇后花園。

三合一招牌炸年糕：
3種食材出奇地配合，番薯及芋頭炸得鬆軟，年糕帶有香濃椰糖味，口感軟糯。RM$2.5

炸榴槤：預先將榴槤肉製成凍果條，再蘸上脆漿油炸，外層酥脆，榴槤肉香滑軟綿。RM$4.5

炸香蕉：採用當地原條新鮮紅肉香蕉，外脆內軟，甜度適中。RM$1.5

店主華仔親力親為，每日站在高溫的大油鍋前烹調炸物。

人氣炸物店
華仔三合一招牌炸年糕

當地人氣炸物專門店，提供多達9款不同的酥炸小吃。緣於店主華仔小時候曾品嚐過媽媽烹煮炸物的味道，於是將家族秘傳的三合一炸年糕公諸同好，將已切片的年糕夾在芋頭及番薯中間，蘸上自家秘製的脆漿粉油炸兩次，確保3小時內仍能保持香脆。另外炸榴槤、炸香蕉及炸尖必拉（菠蘿蜜）也是必吃之選。

MAP: P.271 A1

Info

地址：86 Jalan Pahlawan 2,T.U.T.A, Skudai, Johor Bahru
電話：+60 - 19 - 759 - 5616
營業時間：0930-1600
休息日：週三
消費：約RM$5-10/位
前往方法：從新山火車站（JB Sentral）乘坐的士前往，約需35分鐘。

隱世山澗秘點
蒲萊山瀑布
（Gunung Pulai Waterfall）

位於新山市中心西北方向約50公里外，是近年新興的大自然玩樂熱點。瀑布在海拔645米高的蒲萊山休閒森林之內，由於山區一帶接收不到電訊網絡，前往時最好找個熟悉的登山導遊陪同，並留意天氣報告，若是雨季該處會關閉。

MAP: P.271 A1

天然瀑布景觀一絕。

下車後需要徒步約1公里，才能到達瀑布的位置。

在森林內會發現一些平時少見的奇珍植物。

Info

地址：Gunung Pulai Recreational Forest, Johor
前往方法：從新山市中心叫車前往，經由高速公路約需1個多小時。如從古來火車站（Kulai）乘的士前往，約需20分鐘。

房間設計簡約舒適，拉開窗簾可飽覽市內景觀。

奢華之選

The Ritz - Carlton Kuala Lumpur

　　隸屬YTL HOTELS集團旗下的5星級品牌酒店，乃世界五大管家酒店之一，提供24小時管家服務。配備365間特色客房，設計時尚優雅；還有多間特色餐廳以及屢獲殊榮的Spa Village 等多項設施。酒店座落武吉免登的人氣地帶，除了交通便利，更與著名的星同廣場相連，旅客購物過後，只需穿過隧道即可直達酒店。

MAP: P.044 B2

沐浴用品均採用英國奢華品牌Asprey，品質有保證。

酒店提供多款套房以供選擇，具備舒適客廳，空間感十足。

附設的Spa Village，多年來獲得無數獎項，配備多款不同的美容及水療護理。

為住客準備的迎賓巧克力，更有以酒店Logo設計的巧克力，別具心思。

設有2個室外泳池，住客可於泳池暢泳一番。

Spa Village有售各款美容護理產品及服飾。

Info

地址： 168, Jalan Imbi, Kuala Lumpur
電話： +60 - 3 - 2142 - 8000
房價： Deluxe Room RM$660/晚起、
　　　Junior Suite RM$1150/晚起、
　　　Two bedroom Suite RM$1300/晚起
網址： www.ritzcarlton.com/en/hotels/
　　　kulrz-the-ritz-carlton-kuala-lumpur/
　　　overview/
前往方法： 乘坐單軌列車 KL Monorail
　　　Line 或地鐵（MRT）Kajang
　　　Line到「Bukit Bintang」站，
　　　再步行8分鐘。

酒店鄰近雙子塔，於多個樓層都可欣賞到吉隆坡壯麗的天際線景觀。

吉隆坡

精選酒店推介

清新城市綠洲
Hotel Maya
Kuala Lumpur

　　吉隆坡市中心難得一見的精品酒店，提供284間特色客房和套房。外觀以綠化作主題設計，被一片翠綠竹林包圍，恍如置身鬧市中的綠洲，令旅客倍感放鬆。2013年更獲著名旅遊網站Trip Advisor頒發「Trip Advisor Traveler's Choice」酒店大獎，客房簡約舒適，營造猶如家的歸屬感。而於酒店3樓更設有一個半室內水療泳池按摩池，另有設備齊全的健身室。

MAP: P.033 C1

酒店大堂以落地大玻璃設計，可看到窗外綠意盎然的竹林。

房間內鋪設了具有質感的木地板，配以現代家具和落地玻璃，倍感舒適。

大部分房間的景觀一流！透過落地大玻璃可看到雙子塔。

備有多款空間特大的套房，貼合不同住客的需要。

浴室配備酒店Anggun Spa品牌旗下的沐浴用品及浴鹽。

備有溫水噴射設備的水療按摩池，適合想舒緩疲勞的住客。

Info

地址：138 Jalan Ampang, Kuala Lumpur
電話：+60 - 3 - 2711 - 8866
房價：Junior Suite RM$420 / 晚起、
　　　　Deluxe Suite RM$480 / 晚起
網址：www.hotelmaya.com.my
前往方法：乘坐輕快鐵（LRT）Kelana Jaya
　　　　　　Line 到「KLCC」站，再步行8
　　　　　　分鐘。

房間以木色裝潢營造家居感，拉開窗簾即可飽覽雙子塔美景。

Sky Lobby有樂隊現場表演，吸引旅客目光。

精選酒店推介

360度 Sky Lobby

MAP: P.033 D3

Grand Hyatt Kuala Lumpur

座落於KLCC會議中心旁邊，亦位於2大購物名點雙子塔和Pavilion之間，位置十分方便。提供411間特色客房和套房，全部皆為落地大玻璃設計，拉開窗簾即可飽覽雙子塔美景。最特別的是，打破一般傳統酒店的設計概念，旅客可於酒店最頂層的Sky Lobby進行登記，等候時可360度飽覽吉隆坡市中心美景，別具氣派！

設有3間餐廳，其中JP teres位於地下樓層，提供多款地道大馬美食如沙嗲串燒、印度薄餅等。

酒店附設的「Essa Spa」提供多國式的按摩服務，讓旅客消除疲勞。

房間設有小梳化，可坐在窗邊飽覽醉人風景。

室外泳池設於酒店2樓，特設池畔餐廳Poolhouse，用餐時景觀更美。

─┃Info┃─
地址：12 Jalan Pinang, Kuala Lumpur
電話：+60 - 3 - 2182 - 1234
房價：Twin Room RM$780起、
Deluxe King Room with Tower View RM 1030起
網址：www.hyatt.com/zh-HK/hotel/malaysia/grand-hyatt-kuala-lumpur/kuagh?icamp=hpe_hycom
前往方法：乘坐輕快鐵（LRT）Kelana Jaya Line 到「KLCC」站，再步行10分鐘。

吉隆坡

酒店大堂有別於傳統酒店設計，透過落地大玻璃顯得更開揚。

吉隆坡

最佳雙子塔景觀

MAP: P.033 D2

Trader Hotel Kuala Lumpur

精選酒店推介

　　隸屬香格里拉酒店集團旗下的商務酒店，位置鄰近市中心雙子塔。提供571間特色客房，大部分均可飽覽雙子塔或市中心迷人景觀，另設有景觀一流的天台酒吧Sky Bar（詳細介紹見：P.038）、Spa中心及餐廳等設施。最特別是酒店職員的一身打扮，捨棄傳統酒店的套裝，換上印有酒店名字的黑色T恤及牛仔褲，展現活力及年輕的一面，讓住客不會感到過於拘束，輕鬆入住享受悠然假期。

酒店餐廳Gobo Chit Chat，設有開放式廚房，可在此享用自助餐。

Executive Room：房間設計富現代感，打開窗簾即可飽覽雙子塔景觀。

Deluxe Garden View Room：以黃白色為設計主調，可飽覽城市花園景觀。

酒店附設Spa，提供不同的美容及護膚療程。

Deluxe Twin Towers View Room：同樣以雙子塔景觀作為賣點。

浴室環境明亮，設有浴缸可浸泡泡浴消除疲勞。

Info

地址： Kuala Lumpur City Centre, Kuala Lumpur
電話： +60 - 3 - 2332 - 9888
房價： Deluxe Room RM$420起、Executive Room RM$590起
網址： www.shangri-la.com/kualalumpur/traders
前往方法： 乘搭LRT「KLCC」站出口，步行約5分鐘。

槟城

名人古蹟酒店
Eastern & Oriental Hotel

由美國酒店大亨Sarkies兄弟創辦，先於1884年創建Eastern Hotel，其後於1885年建立Oriental Hotel，再合併為現時的Eastern & Oriental Hotel，劃分為Heritage Wing及Victory Annexe。曾吸引世界各地名人政要入住，如差利卓別靈、瑪莉蓮夢露及孫中山等，更錶起照片放在古董木櫃，紀念曾前來住宿的名人，亦是電影《色·戒》拍攝場景之一，李安及湯唯等演員拍攝期間均下榻於此。 **MAP: P.127 D2**

純白設計的長廊，以落地大玻璃透射光線，天花掛上鳥籠形狀的燈飾，極富濃厚的古典風味。

精選酒店推介

經典英式下午茶每天於酒店餐廳Palm Court供應。

Deluxe Suite面積達580平方呎，房間盡是古典裝潢，更可觀賞海景。

海天一色的泳池恍如與海灘連成一線，亦可坐在池畔旁觀賞槟城的迷人美景。

在客房的露台觀賞迷人夜景就最適合不過。

酒店選址在海灘旁邊，海風輕輕吹送，十分涼快。

Info

地址：10 Lebuh Farquhar, Georgetown, Penang
電話：+60 - 4 - 222 - 2000
房價：
Deluxe Suite RM$1050 / 晚起
Premier Suite RM$1200 / 晚起
Straits Suite RM$1500 / 晚起
網址：www.eohotels.com
前往方法：從光大廣場乘搭的士前往約7分鐘。

MMonarch Collection的房間佈局優雅，擁有私人露台和通往頂層的旋轉樓梯。

浪漫風！英式大宅精品酒店
Macalister Mansion

於2012年開幕，屬全馬首間入選「Design Hotels」的精品酒店。身前是英籍總督Norman Macalister的過百年豪宅，由新加坡設計師Colin Sean重新改建，以英式豪宅作為設計主題。設了3個不同系列共8間的特色房間，房間由當地藝術家設計，簡約且富現代感，所有擺設均由專人訂造，每間房間的佈置都獨一無二，而酒店餐廳Restaurant Blanc提供精緻法式Fine Dining 料理，用餐環境精緻浪漫，情調滿滿。

`MAP: P.126 A3`

以殖民時期的英式豪宅改建成，古典外觀流露著優雅貴氣。

房間的歐式裝潢清新高雅，牆上掛著的藝術畫作是來自主人的珍藏品。

浴室光源可隨個人喜好作調節，配備兩個洗手盆，可供2人同時梳洗。

設有歐式復古浴缸可以浸泡泡浴。

酒吧The Cellar是小酌一杯的好地方！這裡有來自世界各地300多種品牌的葡萄酒，也有各款特色Cocktail。

Info

地址：228 Macalister Road, Georgetown, Penang
電話：+60 - 4 - 2283 - 888
房價：MMonarch Collection
RM$960 / 晚起、
MMarvel Collection RM$820 / 晚起
網址：www.macalistermansion.com
前往方法：從光大廣場乘搭的士前往約10分鐘。

酒店外形設計獨特，門口位置放置大型吉他是其特色標誌。

Rock n Roll 搖滾風
Hard Rock Hotel Penang

2009年開業，隸屬HPL Hotel & Resort集團旗下，以搖滾巨星為主題的知名酒店。提供2百多間特色客房和套房。到處盡是不同樂器的布置，貫徹酒店主題。附設Hard Rock Cafe，晚上提供Live Band表演，非常熱鬧。另外配備多個兒童俱樂部及遊玩設施，包括LIL' ROCKERS幼兒俱樂部、ROXITY™兒童俱樂部和TABU青少年俱樂部，適合不同年齡層的小朋友和青少年。另設Rock Spa 提供各式按摩和美容服務。

MAP: P.176 B1

酒店大堂展覽出不少著名歌手如 Elton John、Leon Russell等穿過的表演服飾。

美國著名搖滾樂團 Bon Jovi的吉他手 Richie Sambora的表演服飾，及其用過的吉他亦有展示。

Roxity Kids Suite 是專門為家庭旅客而設的套房，設有相連房間，兒童房間更備有 PS4、故事書、多款玩具及公仔等。

Lagoon Deluxe房間面積達450平方呎，窗戶全落地玻璃設計，與室外泳池連接。

Rock Spa 面向迷人海景，耳邊傳來陣陣浪濤聲下進行按摩，十分寫意。

Rock Shop位於酒店左邊，可購買酒店多款周邊商品及當地紀念品等。

印有酒店名字的多款特色T - Shirt，不少款式更是槟城限定！

Info

地址：Batu Ferringhi Beach, Penang
電話：+60 - 4 - 881 - 1711
房價：Lagoon Deluxe RM$720 / 晚起
　　　　Seaview Studio Suite RM$740 / 晚起
　　　　Roxity Kids Suite RM$740 / 晚起
網址：http://penang.hardrockhotels.net
前往方法：從喬治市乘搭的士前往約30分鐘。
　　　　　　或於喬治市乘坐巴士101或102號
　　　　　　到「Hotel Hard Rock」站，即達。

Golden Sands Resort Penang是Batu Feringgi最豪華的酒店之一，不論房間或是設施均值得一讚！

槟城

家庭渡假天堂

MAP: P.176_B1

Golden Sands Resort Penang

　　隸屬香格里拉酒店集團旗下的渡假酒店，提供387間特色客房，簡約舒適，極富傳統馬來式設計的風格。酒店設有游泳池、水上玩樂區、兒童俱樂部、健身室、網球場和九洞3桿小型高爾夫球場。最特別是附設可供兒童玩樂的探險樂園，佔地達10,300平方呎，設有色彩繽紛的巨型滑梯。玩樂設施眾多，而酒店每天亦有提供特色付費活動，例如：古蹟漫步、叢林漫步，最適合一家大小同遊入住。

Executive Suite，面積達711平方呎，設有私人露台，可飽覽園林及迷人海景。

位於海灘上的酒店餐廳Sigi's Bar & Grill，主要供應烤牛排、海鮮和意式料理。

設有室外園林泳池，最適合愛游泳的住客玩樂。

花園環境優美，更設有多張椅子供住客使用。

酒店門口設有一隻尖頂的長角，富有傳統馬來的設計風格。

探險樂園設有3款不同刺激程度的滑梯，酒店住客可付費進內遊玩。

---Info---

地址： Jalan Batu Ferringhi, Kampung Tanjung Huma, Batu Ferringhi, Penang

電話： +60 - 4 - 886 - 1911

房價： Deluxe Room RM$550 / 晚起
Executive Suite RM$1100 / 晚起

網址： www.shangri-la.com/penang/goldensandsresort/

前往方法： 從喬治市乘搭的士前往約30分鐘。或於喬治市乘坐巴士101或102號到「Hotel Golden Sands」站，即達。

部分房間設有露台，可欣賞一望無際的海景，海風輕輕吹送，讓人身心舒泰。

享受海邊休閒

MAP: P.176 B1

Parkroyal Penang Resort

　　位於槟城著名渡假區峇都丁宜沙灘上，提供3百多間的房間和套房，大部分客房附設私人露台，可隨時觀賞醉人海景。酒店亦設有多間不同的特色餐廳，包括供應亞洲和國際風味料理的Cinnamon Asian Kitchen，以及沙灘上充滿情調的意式餐廳Gustoso By The Beach等等，另有室外游泳池及水療中心，照顧不同住客的需要。椰林樹影的花園鄰近海灘，風景優美，適宜進行多款水上活動，大受各國旅客歡迎。

精選酒店推介

酒店餐廳設有室外花園雅座，鳥語花香，恍如置身歐陸小花園。

大堂酒廊Javana Lounge擁有悠閒的氛圍，提供各式飲品和小吃。

房間配以深木色家具，裝潢簡約優雅，舒適度高。

附設的St. Gregory水療中心，提供多款傳統特色按摩療程，包括傳統馬來按摩和巴厘式按摩等。

酒店獨享沙灘的有利位置，在沙灘上觀賞夕陽吃晚餐也是一大樂事。

花園設有多個不同的游泳池，更設有多條滑水梯。

Info

地址：Batu Ferringhi Beach, Penang
電話：+6048862288
房價：
Deluxe Sea-Facing Room RM\$800 / 晚起
Premier Seaview Suite RM\$1125 / 晚起
網址：www.parkroyalhotels.com
前往方法：從喬治市乘搭的士前往約30分鐘。或於喬治市乘坐巴士101或102號到「Hotel Holiday Inn」站，即達。

所有房間均設私人露台，可飽覽Infinity Pool全景及海天一色的安達曼海。

浮羅交怡

英殖民風情
The Danna Langkawi

座落於浮羅交怡西端的首相碼頭的5星級精品酒店，以殖民地式的地中海建築風格配以純白色設計，提供1百多間典雅客房、套房以及設有私人泳池的別墅，營造舒適自然的奢華享受，每房均可飽覽迷人的安達曼海、首相碼頭及翠綠山丘景觀。酒店更設有島上最大的Infinity Pool，住客可以隨時暢泳及享受日光浴。另外配備多間特色餐廳以及水療、健身中心等多種休閒設施，最適合留在酒店盡情享受。

`MAP: P.188 A2`

房間空間寬敞，木質傢具搭配富民族風的地毯，別具格調。

The Danna Spa採用全天然護理產品，提供多款特色按摩、身體療程和面部美容療程。

於酒店咖啡室Straits & Co 主要供應輕食、午餐和下午茶。

3層層架下午茶餐於每天1500-1800供應，配備多款精美鹹甜點。

甫抵達酒店大堂，隨即有職員送上飲品、冰凍毛巾以及安排5分鐘的肩膀按摩。

房間設有私人露台，可觀賞首相碼頭的迷人景致。

━━ Info ━━

地址：Pantai Kok, Langkawi
電話：+60 - 4 - 959 - 3288
房價：Merchant King Room RM$1500 / 晚起、
　　　Countess Suite RM$2250/ 晚起、
　　　Princess Beach Villa with Private Pool RM$4650/晚起
網址：www.thedanna.com
前往方法：從浮羅交怡國際機場乘搭的士前往約20分鐘。

Upper Melaleuca Pavilion面積達732平方呎，空間寬敞，原木設計富有傳統馬來風格。

世界最佳度假村

MAP: P.188 D1

Four Seasons Resort Langkawi

座落浮羅交怡北端海岸，乃島上最豪華的5星級酒店之一。多年來獲獎無數，曾被國際權威生活雜誌《Robb Report》評為「世界最佳度假村」。佔地48英畝，提供多款融合馬來風格的特色別墅，設計盡顯特色，每間別墅均被熱帶花園所環繞，更可飽覽安達曼海景觀。酒店每日會為住客安排一系列的特色活動，如紅樹林生態探險、瑜伽班及攀石班等，另有長達1.5公里的私人沙灘Tanjung Rhu Beach和55米長的泳池，即使留在酒店內也能享受多種不同的玩樂體驗！

房間外配備私人露台，環境開揚清幽，適宜坐在椅上乘涼。

沙灘配備多款水上活動的用具，更有資深教練駐場，大可放心玩樂。

躺在沙灘椅上，觀賞眼前海天一色的安達曼海，人生一樂也！

浴室配備兩個洗手盆，好讓住客可同時梳洗，非常方便。

部分客房備有土耳其浴室式浴缸，天然光線從天窗照射下來，不開燈也光線充足。

The Geo Spa 提供多款身體按摩和美容療程。

Info

地址：Jalan Tanjung Rhu, Langkawi
電話：+60 - 4 - 950 - 8888
房價：Garden View Pavilion RM$2300起、Beach Villa with Plunge Pool RM$5700起
網址：www.fourseasons.com/langkawi
前往方法：從浮羅交怡國際機場乘搭的士前往約25分鐘。

酒店擁有一大片水清沙幼的私人海灘。即使只是躺在沙灘椅上曬太陽，也是不錯的選擇。

浮羅交怡

傳統馬來鄉村風情
Pelangi Beach Resort & Spa

MAP: P.188 B3

座落於島上最熱鬧的Pantai Cenang，佔地35公頃，以傳統馬來式的村莊為設計主調的5星級度假酒店。以傳統高腳木屋的形式，提供355間特色客房及套房，多達6種房間類型可供選擇，全部均設有露天陽台可飽覽花園或沙灘景觀。另外設有4間特色餐廳及多款專為兒童而設的游泳池及Spa服務，極受各國家庭旅客追捧。

每間客房門前均會放置水缸，讓住客入屋前可清洗。

以傳統馬來式建築打造的客房分為上下兩層，門外種滿椰子樹等綠色植物，不時會看到松鼠出現，鳥語花香的環境極為寫意。

房間以木色為設計主調，舒適自然，貫徹馬來建築的傳統特色。

浴室配備多款現代化設施，除了可淋浴外亦設有浴缸等。

所有客房均配備私人露台，拉開木門可觀賞漂亮的噴水湖景。

大堂樓底甚高，原木設計營造熱帶風情。同時亦提供多款輕食、Cocktails及咖啡等飲品。

登記入住時，職員會先送上飲品及冰凍毛巾歡迎住客。

┌─ **Info** ─┐
地址：Pantai Cenang, Langkawi
電話：+60 - 4 - 952 - 8888
房價：
Garden Terrace RM$950 / 晚起、
Deluxe Lake Front RM$1220 / 晚起
網址：www.pelangiresort.com
前往方法：從浮羅交怡國際機場乘搭的士前往約15分鐘。

精選酒店推介

隱世治癒小屋

MAP: P.188 B4

渡假村裡建有11間森林系隱世小屋，四周被園林景色包圍，環境舒適寧靜。

Ambong Rainforest Retreat Langkawi

　　隱身於一片茂密的熱帶雨林中，聽不到人潮吵鬧聲，只會聽到雀鳥的吱吱叫，也有機會遇到野生動物如長尾彌猴，住在渡假村裡真的可以好好感受大自然！內裝以木系為主，簡約優雅，全部房型都配備小型廚房，另外也有最多可供4人入住的的獨立小屋。想身心放鬆的話，住客亦可參加渡假村裡的瑜伽和冥想活動。這裡也設有Amaala Spa，在叢林美景中，向住客提供各式按摩和水療療程。

Single Storey Two Bedroom Cottage面積達106平方米，設有兩個房間。

精選酒店推介

位於高山位置，外出露台時謹記關門，慎防有猴子走進屋內。

簡約房間配備舒適家具，拉開窗簾更可觀賞樹林景致。

每逢週六早上都有瑜伽和冥想活動，供住客免費參加。

部分房型在露台設有木質浴缸，讓住客可在樹林美景前享受浸浴。

房間裡設有小型廚房，備有焗爐、微波爐、餐具。

---Info---

地址： Jalan Teluk Baru, Pantai Tengh, Langkawi
電話： +60 - 4 - 955 - 8428
房價：
Studio RM$1120/晚起 、
Suite RM$1600/晚起 、
Single Storey 2-bedroom Cottage RM$1850/晚起
網址： rainforestretreat.ambong-ambong.com
*渡假村僅限12歲以上人士入住
前往方法： 從浮羅交怡國際機場乘搭的士前往約15分鐘。

Pavilion Room，圍欄及樓梯卻以廢棄的火車木建成，分為上下兩層，提供4間特色客房。

馬六甲

浪漫森林木屋
Philea Resort & Spa

　　座落於馬六甲近郊，佔地15英畝，以大馬天然資源建成的5星級度假村。201間特色木屋別墅隱身於一片翠綠茂密的樹林當中，環境優美怡人，不時聽到雀鳥的吱喳叫聲。設有Pavillion Room、Philea Suite及Royal Villa 3種房型，當中以只得兩間的Royal Villa最具名氣，皆因馬來西亞首相也曾入住過，更成為一時佳話。每當晚上亮燈後，在柔和光線照耀下的木屋更添浪漫氣息，難怪成為新婚夫妻度蜜月的最佳選擇。

Philea Suite設有獨立浴缸，職員更會預先灑上鮮花瓣，很細心。

只需輕輕拉開木板，就可以向職員示意「請即打掃」或「請勿打擾」，玩味十足。

MAP: P.206 B1

Philea Suite面積達450平方呎，舒適大床及火紅色的座椅分外配襯。

晚上亮燈後，閃著燈光的木屋更添浪漫氣息。

Gym Room設有不同的運動器材如跑步機可供住客使用。

Philea Suite屬全棟獨立別墅，可靜靜地享受私人時光。

泳池面積寬闊，更設有多張座椅供住客享受日光浴。

Info

地址： Lot 2940, Jalan Ayer Keroh, Off Jalan Plaza Tol, 75450 Ayer Keroh, Melaka
電話： +60 - 6 - 289 - 3399
房價： Pavilion Room RM$530/晚起；Philea Suite RM$1280/晚起
網址： www.philea.com.my/melaka/philea-melaka
前往方法： 雞場街乘搭的士前往約30分鐘，鄰近Melaka Zoo & Night Safari。

Majestic Suite面達積700平方呎，傳統的四柱大床軟熟舒適，睡得特別香甜。

復古南洋風味
The Majestic Malacca（大華酒店）

　　座落於馬六甲市中心的五星級酒店，隸屬YTL HOTELS集團旗下。原址是一間當地富豪於1929年的私人豪宅，後來改建為擁有54間客房和套房的酒店，裝潢設計古典優雅，配備柚木家具及精雕細琢的陳設，融合中西文化，散發出濃郁的南洋復古風味。內設「Spa Village Malacca」水療中心，提供多國式按摩及美容療程，並融合當地傳統的娘惹峇峇特色。

MAP: P.207 C1

酒店大堂以傳統的殖民風格作為主題設計，盡顯昔日的華麗格調。

設有露天游泳池，鄰近更設有健身房方便住客使用。

建於1929年，近百年歷史的建築物至今仍然保存良好，時光恍如停留在昔日的南洋時期。

浴室設有獨立大浴缸可隨時浸浴，地板以黑白地磚裝潢，別具格調。

The Mansion位於2樓，每日提供早餐及供應特色娘惹菜。

Deluxe Twin Room面積達350平方呎，富有復古的殖民氣息，高樓層的房間更可飽覽市內景觀。

Info

地址：188 Jalan Bunga Raya, Melaka
電話：+60 - 6 - 289 - 8000
房價：Deluxe Room RM$550 / 晚起
網址：www.majesticmalacca.com
前往方法：從雞場街乘搭的士前往約5分鐘。

怡保

房間設計簡約，沒有太多的設計及裝潢，簡單俐落。

簡約主義
French Hotel

2012年開業，座落怡保新街場的特色酒店，只有48間簡約客房，提供多達6種房間類型。沒有過多的人潮，最適合喜歡寧靜的住客，客房麻雀雖小五臟俱全，配備多款現代化設備方便住客使用。更設有特長舒適睡床，保證睡得香甜。酒店位置交通便利，前往當地各大著名食店只需步行10至15分鐘。極之方便。

MAP: P.237 C2

每房設計大致相近，只是牆身的畫像略有不同。

酒店附設咖啡店 Jose & Deli，從大堂樓梯直上即可抵達。

大堂佈置精美，天花掛上以紅白藍為主調的燈飾，更添優雅。

酒店門口以落地大玻璃設計，環境明亮開揚。

大堂掛有職員自製的怡保地圖，列出不少覓食好去處，極有心思。

職員親自設計照片展板，向住客介紹怡保各大景點。

═Info═

地址：62, Jalan Datuk Onn Jaafar, Kampung Jawa, Ipoh, Perak

電話：+60 - 5 - 241 - 3030

房價：
Deluxe Twin Room RM$158/晚起、
Deluxe King Room RM$180/晚起

網址：www.frenchhotel.com.my

前往方法：從怡保火車站乘的士前往，約需5分鐘。而從新街場步行前往，約需8分鐘。

精選酒店推介

Ladies Theme Floor以紫色作為設計主調，一室舒適優雅，開揚明亮。

怡保●

女生專用房間
MH Hotel Ipoh

2011年12月開業，隸屬MH Hotel集團旗下的精品酒店，提供111間主題客房及套房，最特別的是為女生設立專用樓層，內設10款不同主題的特色房間，以迷人的紫色及薰衣草為主調，倍覺典雅高貴。酒店每層走廊更會散發獨特的香氣，令住客可舒緩緊張心情，身心達至放鬆狀態。於酒店7樓更設有露天酒吧「7 Sky」，供應各式雞尾調酒，在戶外用餐區亦可欣賞附近開揚的景色。

在7 Sky酒吧裡的室外位置可飽覽怡保景觀，大多是矮小的房屋。

MAP: P.236 B2

以黃色為主調，牆身以盛放的花朵牆紙裝潢，一室典雅和諧。

除了女生專用樓層外，其他大部份房間或套房的裝潢和色調都略有不同。

行政套房裡設有舒適梳化及LCD TV等設備，提供更寬敞的空間給住客享用。

在Club Suite裡備有Jacuzzi，配備多種按摩功能，即使外出從早玩到晚上都不用擔心疲累。

沐浴用品均以女生最愛的薰衣草為主，散發淡淡的薰衣草香氣。

Info

地址： PT212695B, Jalan Median Ipoh 1A, Medan Ipoh Bistari, Ipoh, Perak
電話： +60 - 5 - 545 - 1000
房價：
Delux Premier RM$228/晚起、
Exercutive Suite RM$378/晚起、
Club Suite RM$668/晚起
網址： www.mhhotels.com.my/mh-ipoh/
前往方法： 由怡保火車站乘搭的士前往約15分鐘。

精選酒店推介

外形獨特的M Boutique Hotel，恍如一座大型美術館。每當晚上亮燈後，更成為區內最注目的建築物！

怡保

美式復古型格風
M Boutique Ipoh

2013年10月開業的精品酒店。以美式復古配搭型格設計，盡顯創意及驚喜。三個不同的主題樓層合共提供93間客房：一樓The Adventure Floor以動物及原野風情為主題；二樓Majestic Floor以數字及富有粗獷的工業味道；三樓The Excelsior Floor則是英倫的優雅風格，各有特色。最特別的是所有職員劃一年輕化，更以「Comes As Strangers, Leave As Friends」作為酒店標語，希望和住客成為朋友，每次前來均擁有賓至如歸的感覺。

MAP: P.237 B3-C3

百子櫃設計的酒店大堂，黑色的設計主調增添幾分型格。

每層走廊各有特色，二樓的Majestic Floor帶有粗獷的工業味道。

全國知名的白咖啡品牌Oldtown White Coffee，也有進駐酒店開設餐廳，並一改傳統形象，融入酒店的復古設計。

Standard Room，設計新穎獨特，牆身掛有多幅數字的畫像，卻缺少7和9，原來隱藏於其他角落留待住客發掘驚喜。

將酒店帶回家
M Shop

設計型格的M Boutique Hotel，所有的裝飾品、沐浴用品及擺設等均是自家設計，處處盡顯其精美之處，讓人愛不釋手。住客可於大堂樓層的店舖，購買多款富有特色的酒店用品帶回家，在家裏也可隨時營造住在酒店的感覺。

黑色圓盒木顏色筆套裝，比起傳統的設計更添特別。

照顧周到
休息區

位於一樓的休息區，提供健身房、電腦、報紙雜誌及水機等多項免費設施，更設有自助洗衣機及乾衣機可供住客免費使用，打破過往傳統酒店收費洗衣服務。

操作簡單的自助洗衣機及乾衣機，約1小時即可完成清洗，更提供免費洗衣液及柔順劑可供使用。

─Info─

地址：2 Hala Datuk 5, Ipoh, Perak
電話：+60 - 5 - 255 - 5566
房價：Premier Room RM$210/晚起、Superior Room RM$185/晚起、Suite King RM$290/晚起
網址：ipoh.mboutiquehotels.com/
前往方法：從怡保火車站乘的士前往，約需8分鐘。而從舊街場或新街場步行前往，約需15分鐘。

Deluxe Room面積達380平方呎,木質地板配搭簡約設計,一室洋溢濃厚的殖民地氣息,恍如回到昔日的英殖民時代。

金馬崙高原

古典英式大宅
Cameron Highlands Resort

　　隸屬YTL HOTELS集團旗下,乃馬來西亞最大規模的高原酒店,前身為英國高官的府邸。座落於風光如畫及被群山所圍繞的高山位置,以傳統的都鐸式建築作為特色。提供56間特色客房及套房,每房均配備私人露台,可飽賞美麗的高原景色及鄰近的高爾夫球場景觀,另設有多間特色餐廳及休閒設施,方便住客使用。多年來屢獲殊榮,於2013年榮獲Trip advisor Traveler's Choice評為「Top 25 Luxury Hotels in Malaysia」及「Top 25 Hotels for Service in Malaysia」,地位超然。

MAP: P.258 B2

精選酒店推介

Junior Suite面積達510平方呎,更可於私人露台觀賞鄰近的高爾夫球場景色。

Reading Room鄰近酒店大堂,以昔日的英式大宅客廳作設計,配上柴火暖爐,更增添幾分懷舊味道。

每個房間均設有私人露台,可盡情飽覽金馬崙高原的翠綠山景。

前身是英國高官的大宅。

於酒店JIM THOMPSON TEA ROOM供應的英式下午茶,很受旅客歡迎。

酒店內設Spa Village,多年來獲獎無數,提供多國式按摩及特色水療。

Treatment Room設計簡約,可進行單人或雙人的美容療程。

Info

地址:By The Golf Course, Tanah Rata, Cameron Highlands, Pahang
電話:+60 - 5 - 491 - 1100
房價:Deluxe Room RM$650 / 晚起、Junior Suite RM$850 / 晚起、Two Bedroom Suite RM$1300/ 晚起
網址:www.cameronhighlandsresort.com
前往方法:從Tanah Rata乘搭的士前往約5分鐘。

315

新山 •

Deluxe King面積達330平方呎，房間設計簡約時尚，配備多款現代化設備，牆上的熱帶魚裝潢增添不少海洋特色。

飽覽公主港景觀

MAP: P.271 A2

Hotel Jen Puteri Harbour Johor

　　屬香格里拉酒店集團旗下的商務酒店，位於佔地688英畝的海濱區域中心，走年輕化路線。設有283間特色客房，提供多達7種房間類型，各有特色，座擁公主港的迷人景觀，悠閒自在。頂樓設有大型的Infinity Pool，配備按摩浴池，住客可隨時享受無拘無束的舒適感。由於位置鄰近人氣樂園LEGOLAND Malaysia，這間酒店深受家庭旅客追捧。

浴室面積寬敞，就連鏡子也配備燈光自行調節光暗，非常個人化。

Harbour Cafe裝潢優雅，每天在此供應自助早餐。

健身室以落地大玻璃設計，即使跑步也可面對漂亮的港口海景。

Infinity Pool位於酒店頂層，一望無際的無邊泳池配上公主港景色令人心曠神怡。

Executive Suite更設有客廳，空間寬敞，裝潢別具格調。

窗外公主港的風景如畫，增添幾分悠閒氣氛。

酒店大堂開揚明亮，配以型格舒適座椅作裝飾。

─ Info ─

地址： Persiaran Puteri Selatan, Puteri Harbour, Nusajaya, Johor Darul Takzim

電話： +60 - 7 - 560 - 8888

房價： Deluxe Room RM$300 / 晚起 ·
Deluxe Harbour View RM$330 / 晚起
Executive Suite RM$700 / 晚起

網址： //www.shangri-la.com/en/hotels/jen/johor/puteriharbour

前往方法： 從新山關口乘搭的士前往約35分鐘。

精選酒店推介

馬來西亞旅遊須知

基本資料

全名是馬來西亞（Malaysia），簡稱大馬或馬拉。位於赤道以北2至7度之間，總面積約有33萬平方公里，首都是吉隆坡。由3個聯邦直轄區：吉隆坡、布城和納閏，以及砂勞越、沙巴、丁加奴、雪蘭莪、玻璃城、霹靂、檳城、彭亨、森美蘭、麻六甲、吉蘭丹、吉打及柔佛共13個州所組成的聯邦體制國家。被南中國海劃分為東馬及西馬兩大部分，西馬即本書所介紹的馬來半島，南接新加坡，北接泰國；東馬則指婆羅州北部的砂勞越和沙巴地區，南接印尼，詳細介紹另見I CAN旅遊系列的《沙巴》。

時差

格林威治標準時間為GMT + 8小時，與香港及台灣一樣，沒有時差。

氣候

屬熱帶雨林氣候，全年四季如夏，天氣酷熱。全年溫度維持攝氏25至33度之間。而且降雨量充沛，每年10月至翌年3月為雨季。

通用語言

官方語言是馬來語，但馬來西亞屬多族國家，除了大馬人，還有大量華人及印度人定居。故此華語（普通話）、廣東話、英文及印度話也是通用語言，溝通非常方便。

馬來西亞全國法定假期

日期	節日名稱
農曆正月初一	農曆新年
農曆正月初二	農曆新年第2天
5月1日	勞動節
5月首個滿月日	衛塞節
6月首個週六	國家元首誕辰
8月31日	馬來西亞國慶日
9月16日	馬來西亞成立日
印度曆7月滿月日後的第14天（約10月尾至11月初之間）	屠妖節
12月25日	聖誕節
回曆1月1日	回曆新年
回曆3月12日	聖紀節
回曆10月1日	開齋節
回曆10月2日	開齋節第2天
回曆12月10日	哈芝節

* 除了以上的全國假期，另有由各州政府和聯邦直轄區所定的該區公眾假期。

宗教

伊斯蘭教（回教）屬於國教，但人民擁有宗教自由。全國約有6成人口信奉伊斯蘭教，另有約2成人口信奉佛教。

電壓及插頭

電壓為220 - 240V，採用三腳插頭，與香港一樣。惟台灣旅客需攜帶轉換插頭。

通用貨幣

通用貨幣為「令吉」（Ringgit Malaysia），簡寫RM，當地華人習慣稱為「溝」。現時流通的紙幣有RM$100、RM$50、RM$20、RM$10、RM$5、RM$2、RM$1；硬幣則有RM$50仙、RM$20仙、RM$10仙、RM$5仙。

匯率

現時馬幣兌換港元匯率約為1.67，即RM$100 x 1.67= HK$167。馬幣兌換新台幣匯率約為6.85，即NT$100 x 6.85 = NT$685。

*本書所列價錢，除特別標明，均為馬幣（RM）。

提款

只要提款卡或信用卡上印有《VISA》、《PLUS》、《Cirrus》、《JCB》及《銀聯》等標誌，即可在馬西來亞的櫃員機（ATM）提取現金。櫃員機大多有英文介面，且24小時營業。但需注意每日設有提款上限，而閣下的發卡銀行亦會收取相關手續費，匯率則以提款當日計算。

注意： 香港旅客於海外提款必須預先在香港進行設定，可透過自動櫃員機、網上或電話理財服務辦理，手續簡單，但需2個工作天才生效，詳情可向所屬銀行查詢。

兌換

在馬來西亞兌換匯率會比香港略高，當地的國際機場及內陸機場、各區銀行、酒店及商場等均有提供外幣兌換服務，無需額外支付手續費。建議先在香港兌換少量馬幣作交通費用，抵達馬來西亞市中心後，再到商場或民營兌換店兌換馬幣。

在吉隆坡國際機場（KLIA）出境閘口即見多間兌換店，惟匯率較市區差，建議先行格價。

付款方式

大部分老店和小食檔只接受現金。而於COVID疫情過後，部分店舖或觀光景點只接受電子支付，建議帶備信用卡或扣賬卡，方便用作非現金付款。

景點門票

大部分觀光景點門票都分為國民價和國外訪客價，持有大馬身份證明（MyKad）的國民，收費會較低。而本書所列出的票價都是非國民的訪客價（Non MyKad/Foreigner）。

有關稅項

旅遊稅

非國民旅客於入住馬來西亞酒店、旅館或任何住宿場所時，每房每晚需繳交RM$10的稅款，一般於各大平台預訂房間時稅款已計算在內。

銷售與服務稅

稅率統一為6%。

餐廳用餐：部分餐牌上所列的價格有機會未把服務稅的6%計算在內，除稅項外，部分餐廳亦另設10%加一服務費。下單前可留意餐牌上所列出的價格說明。

購物消費：所有非國民旅客只要在貼上消費稅退稅標誌的商店消費滿RM$300或以上，即可向店員索取收據正本和退稅單。 於離境時可申請退回6%的銷售稅。

退稅流程

於離境當天在辦理登機手續之前，前往機場海關退稅認證櫃檯（GST Customs Refund Verification Counter），出示填寫好的退稅單、收據、護照、登機牌和退稅商品。得到海關驗證及蓋章後，再到禁區裡的環球藍聯櫃位（Global Blue）領取退稅款項。旅客可選擇以RM$300為上限的現金退稅。如超出的話可選擇以信用卡退稅，需時約5天。而手續費為退稅總金額的15%。

離境時必須從以下國際機場乘搭飛機離開，才可辦理退稅：

1. 吉隆坡國際機場/吉隆坡第二國際機場
2. 雪蘭莪州：蘇丹阿都阿茲沙機場
3. 沙巴：亞庇國際機場
4. 砂勞越：古晉國際機場
5. 檳城國際機場
6. 彭亨：蘇丹阿末沙機場
7. 柔佛：士乃國際機場
8. 浮羅交怡國際機場

通訊

充值電話及上網卡

在當地機場、便利店及電話網絡供應商等均可購買充值電話卡，當中以DIGI、Hotlink、Celcom Xpax、U Mobile及Maxis等最為普及。每張增值卡均可打電話及上網，收費則因應個別公司和所提供的上網速度和數據量而異。

在吉隆坡國際機場（KLIA）出境閘口已有售賣充值電話卡的攤販。

致電方法

馬來西亞的國際長途電話編號為「60」，頭一組數字為城市區號，如吉隆坡是03、檳城是04、霹靂州是05等。

馬來西亞各市區號表：

城市	各市區號
吉隆坡	03
檳城、吉打、玻璃市	04
霹靂州	05
森美蘭、麻六甲	06
柔佛	06、07
雪蘭莪、彭亨、丁加奴、吉蘭丹	09
古晉	082
砂勞越	083、084、085、086
沙巴	087、089
亞庇	088

a. 致電馬來西亞號碼

若從香港致電馬來西亞，須先撥電話網絡供應商的號碼及國家編號60，然後撥該國區號，不必輸入「0」，最後才是電話號碼，如00 - 60 - x - xxx - xxxx。若從當地致電馬來西亞號碼，只需先撥打區號，如0 - 3 - xxx - xxxx，而同一城市內互打則毋須加區號，跨市致電須加區號。

b. 從馬來西亞致電回港

香港的國際長途電話編號為「852」，沒有區號。從馬來西亞致電回港，必須先撥打網路供應商號碼，然後撥852，再撥電話號碼即可。

緊急電話

馬來西亞有用電話：

消防局：994

警察局及救護車：999

24小時在外香港居民求助熱線聯絡方式：

- 致電入境處24小時求助熱線(852)1868
- 使用「入境處流動應用程式」以網絡數據致電24小時求助熱線1868
- 發送WhatsApp訊息至(852)1868求助熱線

---Info---

中國駐馬來西亞大使館領事部
(Embassy of the People's Republic of China in Malaysia)
地址： 1 / F, Plaza OSK, 25 Jalan Ampang, Kuala Lumpur
辦公時間： 0900 - 1130
電話： 006-03-21645272
中國公民領事保護 0086-10-65612308（24小時）
網址： my.china-embassy.gov.cn/

駐馬來西亞臺北經濟文化辦事處
(Taipei Economic and Cultural Office in Malaysia)
地址： Level 7, Menara Yayasan Tun Razak,
200 Jalan Bukit Bintang, Kuala Lumpur
電話： +60 - 3 - 21614999
緊急電話： +60-19-656-9912
（馬來西亞內直撥：019-656-9912）
申請案件時間： 週一至週五 0900-1200（收件）；
1530-1700（領件）
網址： www.taiwanembassy.org/my/

簽證

1. 香港旅客

香港居民持有有效特區護照或BNO，即可免簽證在馬來西亞逗留最多30日。

─ Info ─

駐香港馬來西亞領事館
地址：香港灣仔告士打道50號馬來西亞大廈24樓
電話：(852) 2821 - 0800
辦公時間：週一至週五 0900-1200
網址：www.kln.gov.my

2. 台灣旅客

台灣居民持有有效的中華民國護照，即可免簽證在馬來西亞逗留最多30日。

實用網頁及APP

旅遊

馬來西亞觀光局官方網站

www.malaysia.travel
www.promotemalaysia.com.tw/

交通

城際交通

長途巴士

全國有多間長途巴士公司提供路線連接各大小城市，巴士網絡十分發達，為旅客帶來很方便的出行選擇。而於Bus Online Ticket官網或APP裡，只要輸入出發日期和路線，即可查看所有巴士公司的班次和價格，更可即時訂票。

注意事項：

1. 憑電子票於出發當日到達車站後，需在換票櫃臺換領實體車票。
2. 在部分車站有機會需排隊及收取少許換票手續費。

官網：cn.busonlineticket.com

火車

如果喜歡鐵路旅行，可於馬來西亞國鐵-馬來亞鐵道公司（KTMB）官網或其手機APP裡查閱班次和訂票。但城際火車班次不算頻密，較多旅客會選擇乘搭長途巴士前往各大城市。

官網： www.ktmb.com.my

叫車服務

在馬來西亞各大城市最方便省時的交通方式必然是點對點的叫車服務，其中Grab是最普遍的。只要輸入上車地點和目的地，然後APP裡會按距離、當時交通和車輛供求情況即時定價，好處是在確定叫車前旅客可了解實際車資，且沒有手續費，一般情況下通常會較的士便宜一些。可選下車時現金付款，或於APP裡綁定信用卡，到埗後可自動以該卡付款。

伊斯蘭教（回教）禁忌

當地逾6成馬來人信奉回教，碰面時會以傳統的「Salam」來問候：雙手先輕握對方雙手，再把雙手放回自己胸前，寓意是「我從心底問候您」，但要注意，異性之間是不允許握手的。

1. 飲食禁忌：

回教徒不吃豬肉，也不喝酒，故大部分當地夜市及餐廳均有提供沒有豬肉的清真料理（Halal）。

2. 寺廟禁忌：

參觀清真寺時必須脫鞋，女士參觀時更應避免穿着袒胸露臂的服裝，最好穿上長裙/長褲及帶備外套。另外，女士在月事期間也不可進入。清真寺神聖莊嚴，在參觀期間時刻必須保持安靜。而每天會進行5次禮拜，而部分清真寺會於禮拜時間禁止非教徒進內參觀。拍照時，也請先詢問是否可拍照。

大部分清真寺都會提供長袍及頭巾予旅客包裹身體。

3. 接觸禁忌：

跟馬來人握手，記得使用右手。為免引起不必要的誤會，男女應盡量避免有任何身體接觸。

馬來語教室

日常用語

中文	馬來語
你好嗎？	Apa Khabar？
多謝	Terima Kasih
對不起	Saya minta maaf
早安	Selamat pagi
午安	Selamat tengahari
晚安	Selamat malam
歡迎	Selamat datang
一路順風	Selamat jalan
再見	Selamat tinggal
是	Ya
不是	Tidak
沒關係	Tak apa

食物

中文	馬來語
水	Air
飲品	Minuman
冰塊	Ais
椰漿	Lemak
飯	Nasi
炒飯	(Nasi) Goreng
肉骨茶	Bak Kut Teh
麵	Mee
牛肉	Daging lembu
豬肉	Daging babi
雞肉	Ayam
羊肉	Daging Kambing
魚	Ikan
蝦	Udang
蟹	Ketam
水果	Buah - buahan
米粉	Mee siam
雞飯	Nasi Ayam
糕點	Kuih

日用品

中文	馬來語
蚊怕水	Ubat nyamuk
洗髮水	Syampu
牙膏	Ubat gigi
紙巾	Tisu
衛生紙	Kertas tandas
剃鬚刀	Pisau cukur
衛生棉	Tuala wanita
防曬	Pencegah matahari

稱呼

中文	馬來語
我	Saya
你	Anda/Awak
我們	Kita/Kami
他/她	Mereka
先生	Encik
小姐	Cik

數字

中文	馬來語
0	Kosong
1	Satu
2	Dua
3	Tiga
4	Empat
5	Lima
6	Enam
7	Tujuh
8	Lapan
9	Sembilan
10	Sepuluh
百	Ratus
千	Ribu
萬	Juta
Ringgit / RM	令吉（馬幣）

求助

中文	馬來語
救命	Tolong
在哪裏?	Di Mana?
如何去哪裏?	Bagaimana pergi?
多少?	Berapa?
多遠?	Berapa jauh?
多久?	Berapa lama?
這東西多少錢?	Berapa hargaya?
可以便宜一點嗎?	Boleh Kurang?
甚麼時候?	Bila?
現在甚麼時間?	Pukul berapa sekarang?
你叫甚麼名字?	Apakah nama anda?
為甚麼?	Kenapa?
我生病了	Saya sakit
我需要找醫生	Saya perlukan doktor